Frank J. Robertz
Ruben Wickenhäuser

kriegerträume

Frank J. Robertz
Ruben Wickenhäuser

kriegerträume

Warum unsere Kinder zu Gewalttätern werden

Mit 9 Illustrationen

Herbig

Bildnachweis:
Alle Illustrationen Felix Mertikat, www.zeitland.com

Besuchen Sie uns unter:
www.herbig-verlag.de
www.igak.org

Umschlagbild: istockphoto
Herstellung und Satz: VerlagsService Dr. Helmut Neuberger
& Karl Schaumann GmbH, Heimstetten
Gesetzt aus der 11,25/14,15 Punkt Minion
Druck und Binden: GGP Media GmbH, Pößneck
Printed in Germany
ISBN 978-3-7766-2647-6

Inhalt

Vorwort

»Gewalt ist keine Lösung«, schallt es bundesweit durch unsere Schulen und Jugendeinrichtungen. Das klingt aus Erwachsenensicht durchaus logisch. Wir wissen um die schwerwiegenden Folgen von Gewalt: Opfer tragen neben körperlichen Verletzungen oft auch erhebliche psychische Schäden davon, die ihr Leben dauerhaft beeinträchtigen können. Stresssymptome, Angststörungen, Depressionen und posttraumatische Belastungsstörungen sind nur ein kleiner Ausschnitt aus der langen Reihe individueller Konsequenzen. Doch auch für die Täter bleibt eine Gewalttat nicht folgenlos. Insbesondere eine Inhaftierung bringt schwerwiegende Veränderungen mit sich. Die Täter verlieren in jener Zeit neben ihrer physischen Freiheit auch ihre Privatsphäre, Habe, natürliche Umgebung und die Möglichkeit, heterosexuelle Beziehungen zu erleben. Oft müssen sie sich von ihrer Arbeit, Wohnung und Freunden trennen, die mit einem »Knacki« nichts mehr zu tun haben wollen. Sie verlieren ihre Selbständigkeit und oftmals bei langer Haft auch einiges von ihrem Realitätssinn. Daher erscheint es verständlich, dass engagierte Pädagogen immer wieder demonstrativ darauf hinweisen, Gewalt sei keine Lösung. Diese Annahme ist jedoch grundlegend falsch, ja sogar naiv.

Gewalt *ist* eine Lösung. Natürlich ist sie aus Sicht der Gesellschaft keineswegs ein tolerierbarer Weg. Und natürlich werden nicht alle unsere Kinder und Jugendlichen Gewalttäter, sondern nur eine kleine Minderheit. Aber aus Sicht dieser gewaltbereiten Minderheit ist Gewalt oft sogar die einzige

Lösung, die sie wahrnehmen. Gewalt führt zu einem schnellen Erfolg, indem sie tief verwurzelte Wünsche dieser Jugendlichen erfüllt.
Gewalt kann von ihnen ganz gezielt genutzt werden, um die eigenen Grenzen zu erfahren: von den Grenzen des Möglichen über die Grenzen der eigenen körperlichen Fähigkeiten bis hin zu den Grenzen des Aushaltbaren.
Gewalt kann auch dem Gewinn von eigenem sozialen Status dienen: Anerkennung, Achtung und die Würdigung als ein »echter Gegner« stehen dem Klischee des verachtenswerten Schwächlings gegenüber, der sich nicht durchzusetzen weiß.
Eng verbunden ist damit ein Verständnis von Männlichkeit, das sich mangels klar gezeichneter Werte des Mann-Seins in unserer Gesellschaft über die Ausübung von körperlicher Gewalt definiert. Insbesondere, wenn die eigene Ehre bedroht wird, erscheint es legitim, ja oft sogar kulturell gewünscht, den Drohenden mit nachhaltiger Gewalt in seine Schranken zu weisen. Zudem kann beim Ausüben von Gewalt Macht erfahren werden, der oftmals eine Ohnmacht im sozialen und beruflichen Alltag vorangeht.
Im Zentrum all dieser verlockenden Anreize zur Gewaltausübung steht als gemeinsamer Nenner die Verwirklichung von eigenen Idealen. Jugendliche gehen an Grenzen, erlangen Achtung, demonstrieren Männlichkeit und erfahren Handlungsmacht, indem sie sich als gerechtfertigt handelnde Krieger stilisieren. Sie setzen sich aus ihrer subjektiven Sicht heraus für eine »gute Sache« ein – sei es die Richtigstellung von Anschuldigungen, der Schutz von Familie oder Kultur, die Stellung im Freundeskreis oder auch das demonstrative Umkehren unerwünschter Gefühle. Sie glauben sich im Recht, und sie sind diejenigen, die dieses Recht durchsetzen.
Über die stilisierte Vorstellung eines Kriegers, der für das subjektiv Gerechte kämpft, kann selbst exzessive Gewalt legitimiert und als positiv erlebt werden. »Mann« verhält sich so,

wie es scheinbar von ihm erwartet wird oder wie es zumindest zielführend zu sein scheint. So baut Gewalt für viele Jugendliche auf der Sehnsucht und der Rechtfertigung eines kämpferischen Heldentums auf. Und eben hiervon handelt unser Buch: von Kriegerträumen.

Wir werden Sie am Beispiel unserer Protagonisten durch verschiedene Formen der Verherrlichung und Verwirklichung von Kriegerträumen geleiten. Doch geht es uns keineswegs nur um ein belletristisches Aufzeigen der Wirklichkeit. Die Handlung wird Sie vielmehr zu wissenschaftlichen Erkenntnissen über Jugendgewalt führen und Sie an Erfahrungen mit gewaltbereiten Menschen teilhaben lassen.

Damit sollen weder Täter idealisiert noch Opfer ignoriert werden. Das große Leid der Opfer von Gewalttaten ist uns aus unserer Fortbildung von Psychologen, Polizisten und Lehrern, aber auch aus unserer jahrelangen Arbeit mit gewaltbereiten Jugendlichen und mit inhaftierten erwachsenen Gewalttätern bewusst. Das Verhindern weiterer Schädigungen kann jedoch aus unserer Sicht nur dann gelingen, wenn die Motivation der jugendlichen Täter verstanden wird. Erst wenn deutlich ist, *warum* einige Jugendliche Gewalttaten begehen, können sie sinnvoll und nachhaltig davon abgebracht werden, Menschen zu schädigen. Daher ist dieses Buch primär als ein Beitrag zur Prävention von Opferwerdungen zu verstehen. Es legt seinen Schwerpunkt vor allem auf eine verständliche Darstellung von Jugendgewalt und auf ein erstes Aufzeigen von Lösungswegen. Die Buch- und Internettipps am Ende der Kapitel ermöglichen es, die jeweiligen Themen zu vertiefen. Weitere Möglichkeiten zur fachlichen Auseinandersetzung finden sich im Verzeichnis der verwendeten Literatur.

Als ein wichtiges Element des Buches werden in den einzelnen Kapiteln konkrete Wege aus der Gewalt aufgezeigt. Leser werden die zentralen Figuren der Rahmenhandlung nach der

Lektüre getrost mit dem Buch zur Seite legen können. Die Möglichkeiten der Vermeidung von Jugendgewalt hingegen sollen Sie fortan gewissermaßen in Ihrem »inneren Nähkästchen« bereithaben.

Denn letztlich geht es nicht nur darum, die Ursachen für Gewalt zu verstehen, sondern vor allem darum, daraus zu lernen und Gewalttaten zu verhindern. Das ist eine Aufgabe, zu der wir alle unseren Teil beitragen können.

Kapitel 1
Jugendgewalt. Eine Einführung

Gewalt existiert seit Menschengedenken. Schon die ältesten Bücher der Menschheit lesen sich wie Kriminalromane: So wird in der Bibel bereits der erstgeborene Sohn Adams getötet. Auch archäologische Funde unzähliger Kriege, Verbrechen und Rituale verraten uns, dass Gewalt die Menschheit seit jeher begleitet. Beispielsweise zeigt die Analyse der am besten erhaltenen Mumie eines Menschen, die 1991 nahezu unversehrt aus dem Eis der Ötztaler Alpen befreit wurde, dass der vor 5300 Jahren verstorbene Mann vermutlich in einen Überfall verwickelt gewesen war – in seinem Körper wurde eine Pfeilspitze gefunden.

Gewalt wird dabei keineswegs nur als negativ bewertet. Auch außerhalb von Kriegen zeigen die Aussprüche bekannter historischer Persönlichkeiten immer wieder, dass Gewalt dann, wenn sie einen Nutzen hatte, durchaus positiv beurteilt wurde. So erinnert sich der ein oder andere, der im Lateinunterricht *De bello gallico* lesen musste, vielleicht noch an Cäsars Aussage »Raubzüge, die außerhalb der Stammesgrenzen unternommen werden, betrachten die Germanen nicht als Schande. Sie vertreten den Standpunkt, dass sie erfolgen, um die Jugend zu üben und vom Müßiggang abzuhalten.«

Nach Cäsars Ansicht sahen die Germanen das Rauben also quasi als erzieherisch wertvoll an. Es liegt nahe, dass damit auch ein anderer, weniger erzieherischer Zweck verfolgt wurde: Besser nämlich, dass die Jugendlichen *außerhalb* des eigenen Stammes raubten als innerhalb. Dass Cäsars Schilderung durchaus auf einem wahren Umstand beruhen kann, beweist ein Blick in andere Kulturkreise: Es finden sich zahlreiche ähnliche soziale Vorkehrungen auch bei anderen Völkern, darunter vielen indianischen Plains-Stämmen, die ihre Jugendlichen auf rituelle Raubzüge gegen Feinde sandten. Die Mandan-Indianer beispielsweise veranstalteten große Kriegsspiele und ließen aus heutiger Sicht äußerst brutale Mutproben zu, ja förderten sie sogar mit Lob. Die Jugend brauchte ein Ventil, um ihr rebellisches Gemüt nicht gegen die eigenen Mitmenschen zu richten. Denn das Austesten von Grenzen und Brechen von Normen ist seit jeher ein Merkmal von Jugend.

Schon die griechischen Philosophen Sokrates und Platon beklagten sich Hunderte Jahre vor Christus über die damaligen Jugendlichen. So wird Sokrates der Ausspruch zugeschrieben: »Die Jugend hat schlechte Manieren, verachtet die Autorität, hat keinen Respekt vor den älteren Leuten«, während Platon die Ansicht vertrat, »unsere Jugend ist unerträglich, unverantwortlich und entsetzlich anzusehen.« Daran änderte sich im Verlauf der Geschichte nichts. 2000 Jahre später ließ Shakespeare einen alten Schäfer in seinem Wintermärchen seufzen: »Ich wollte, es gäbe gar kein Alter zwischen 10 und 23, oder die jungen Leute verschliefen die ganze Zeit; denn dazwischen ist nichts, als den Dirnen Kinder schaffen, die Alten ärgern, Stehlen und Balgen.«

Zu allen Zeiten brachen vor allem junge *Männer* besonders gerne und häufig bestehende Normen. Und zu allen Zeiten waren es auch vor allem junge Männer, die besonders gewaltbereit auftraten. Dass wir heutzutage die 14- bis 25-jährigen männlichen Jugendlichen als absolute Spitzenreiter der jährlichen Statistiken im Bereich der Gewaltkriminalität ausmachen können, ist also keineswegs ein Phänomen der Gegenwart.

Auch wenn die Unzufriedenheit über Jugendliche in zahlreichen Epochen belegbar ist und man auf verschiedene Weise versuchte, diese zu kontrollieren oder sich zunutze zu machen, so gibt es natürlich einen Unterschied zwischen »ärgern«, »balgen« und »rauben«. Ein Buch über das Thema Jugendgewalt muss sich daher zunächst mit der Frage auseinandersetzen, was denn eigentlich als »Jugendgewalt« bezeichnet wird.

Umgangssprachlich werden die Begriffe »Gewalt« und »Aggression« oftmals miteinander vermischt. Selbst die Wissenschaften nutzen mitunter wenig trennscharfe Unterscheidungen. Zumeist ist man sich einig, dass Aggression als Überbegriff für feindseliges Verhalten angesehen wird, das sich gegen Menschen, Tiere oder Gegenstände richtet. In bestimmten Kontexten, wie dem Sport, kann dies durchaus positiv gesehen werden. Will man eine generell erhöhte Neigung zur Aggression beschreiben, so spricht man von Aggressivität.

Gewalt bezeichnet dagegen die absichtliche Schädigung eines anderen Menschen. Sie kann durchaus gerechtfertigt oder gewünscht sein, etwa wenn Polizisten Gewalt nutzen, um andere Menschen zu schützen. In aller Regel und insbesondere im Bereich der Jugendgewalt handelt es sich jedoch um Handlungsweisen, die von der Gesellschaft zutiefst abgelehnt werden. Spätestens dann, wenn dadurch Opfer zu beklagen sind, herrscht Einigkeit, dass Gewalt kein probates Mittel der Durchsetzung sein darf.

Dabei kann die Bezeichnung von Handlungsweisen als »Gewalt« durchaus enger oder weiter gefasst werden. Meist unterscheidet man zwischen

- physischer Gewalt (Schädigung durch Einsatz körperlicher Kraft),
- psychischer Gewalt (Schädigung durch Zufügung seelischer Qualen),
- verbaler Gewalt (Schädigung durch erniedrigende Sprachwahl) und
- relationaler Gewalt (Schädigung durch Missachtung oder Entzug von Beziehung).

Der norwegische Friedensforscher Johan Galtung hat zusätzlich den Begriff der strukturellen Gewalt geprägt und beschreibt sie als jede vermeidbare Beeinträchtigung grundlegender menschlicher Bedürfnisse.
Obwohl der Begriff »Gewalt« auf den ersten Blick eindeutig zu sein scheint, zeigen die Definitionen, dass es sich um eine recht komplexe Angelegenheit handelt. Und das ist wichtig. Denn die genaue Definition von Gewalt ist wesentlich für die Beurteilung der Häufigkeit und der sozialen Erwünschtheit von Gewalt. Zum Beispiel beziehen einige Studien Beleidigungen auf dem Schulhof als verbale Gewalt mit in ihre Untersuchungen ein. Ist man sich dessen nicht bewusst, dann wird man zweifellos über die öffentlichkeitswirksame Feststellung dieser Studien erschrecken, dass mehr als 90 Prozent unserer Jugendlichen gewalttätig seien.
Die meisten Studien halten sich jedoch enger an die strafrechtlichen Rahmenbedingungen. Hier steht vor allem die Verletzung eines anderen Menschen durch körperliche Gewalt im Mittelpunkt.
Durch eine solche engere Eingrenzung wird auch die Zu- oder Abnahme von Gewalt messbar. Es lässt sich also prüfen, ob unsere Jugend tatsächlich von Jahr zu Jahr häufiger und härter zuschlägt, wie es regelmäßig in der Presse zu lesen ist. Um nicht zu falschen und oft überaus dramatischen Schlüssen zu kommen, muss man sich die Aussagen zu Gewalt in Wissenschaft und Berichterstattung stets genau ansehen. Äußerungen wie »Unsere Jugend wird immer brutaler« werden allzu leichtfertig getätigt. Zunächst ist es wichtig zu verstehen, dass nicht etwa »die Jugend« als Ganzes von physischer Gewalt betroffen ist. Eine 2009 publizierte Studie des Kriminologischen Forschungsinstitutes Niedersachsen (KFN) zeigte beispielsweise anhand von mehr als 40 000 Schülern neunter Klassen aus 61 repräsentativ ausgewählten Landkreisen bzw. kreisfreien Städten auf, dass mehr als drei Viertel der Jugendlichen im Jahr

vor der Befragung keine strafrechtlich relevante Gewalt miterlebt hatten. Knapp 17 Prozent wurden dagegen Opfer mindestens einer Gewalttat. Gut 13 Prozent gaben an, in dieser Zeit mindestens ein Gewaltdelikt begangen zu haben, und gut 4 Prozent gaben mindestens fünf solcher Gewalttaten zu.

Sind dabei nun tatsächlich so große Zunahmen zu verzeichnen, wie uns die Presse jedes Jahr aufs Neue signalisiert? Alljährlich wird insbesondere bei Erscheinen der neuen Polizeilichen Kriminalstatistik (PKS) über eine Zunahme der Jugendgewalt berichtet. Diese PKS zeigt uns jedoch kein reales Abbild der gesamten Straftaten in Deutschland, sondern ist eher ein Tätigkeitsbericht der Polizei. Aus dem großen Bereich der insgesamt begangenen Straftaten dokumentiert die PKS nur diejenigen Taten, die der Polizei bekannt werden. Und aus der Menge aller Straftäter tauchen nur die Tatverdächtigen in der PKS auf, gegen welche die Polizei in jenem Jahr ermittelt hat. Ob Straftaten und Tatverdächtige jedoch der Polizei bekannt werden, hängt von zahlreichen Faktoren ab. Sehr ausschlaggebend ist etwa das Anzeigeverhalten der Bevölkerung. Herrscht eine größere Bereitschaft, bestimmte Delikte anzuzeigen, erhält die Polizei von diesen eher Kenntnis und kann ermitteln: Die in der PKS verzeichneten Fallzahlen steigen dadurch an.

Ebenso wirken sich Änderungen von juristischen Rahmenbedingungen und veränderten Kontroll- bzw. Ermittlungsaktivitäten der Polizei spürbar auf die Daten der PKS aus.

Machen wir dazu ein kleines Gedankenexperiment: Nehmen wir die Graffitisprayer in Berlin. Jedem, der auch nur einen Bericht über unsere Hauptstadt gesehen hat, muss auffallen, dass Graffitis hier besonders weit verbreitet sind.

Tatsächlich besitzt die Berliner Polizei mittlerweile ein eigenes Kommissariat für diese Vorfälle und kann nach eigenen Angaben mehr als jede zweite Straftat nachermitteln bzw. aufklären. Doch stellen wir uns einfach einmal vor, dies sei noch nicht der Fall und die Berliner Polizei könne lediglich zwei Beamte für die Strafverfolgung im Bereich von Graffiti einsetzen. Wenn nun jeder Beamte pro Jahr zehn Fälle aufklären und fünf Sprayer der Strafverfolgung zuführen könnte, dann fänden sich in der PKS jenes Jahres logischerweise 20 Fälle und zehn Tatverdächtige wieder. Würden dann im Folgejahr hingegen vier Beamte eingesetzt, so könnten diese bei gleicher Erfolgswahrscheinlichkeit nun 40 Fälle aufklären und 20 Täter überführen. In der PKS hätte sich damit die Zahl der Straftaten und Täter innerhalb nur eines Jahres verdoppelt. Obwohl vielleicht gar nicht mehr – oder sogar weniger – Straftaten begangen worden wären als im Vorjahr, scheinen sich die Taten gemäß der Statistik verdoppelt zu haben. Die öffentliche Reaktion würde sicherlich reichlich empört ausfallen.

Unser Gedankenexperiment zeigt: Die registrierten Daten über Straftaten können erheblich steigen, auch wenn gar kein tatsächlicher Anstieg von Taten vorliegt. Denn was die PKS abbildet, ist nur das sogenannte »Hellfeld« der Kriminalität. Tatsächlich begangene Taten, die sie nicht erfasst, werden als »Dunkelfeld« bezeichnet.

Natürlich hat dieser Vergleich einen Haken. Würden rein theoretisch so viele Beamte eingesetzt, dass alle Straftaten ermittelt werden können, so ist durch den Einsatz von mehr Beamten keine Steigerung mehr herbeizuführen. Auch die reale Größe des Dunkelfeldes, also der überhaupt maximal ermittelbaren Fälle, verändert die jährlichen Zahlen. Daher versuchen Kriminologen eine Vorstellung davon zu bekommen, wie groß dieses Dunkelfeld denn eigentlich ist. Auf diese Weise ließe sich feststellen, ob bestimmte Straftaten tatsächlich zunehmen. Aber das Dunkelfeld hieße nicht Dunkelfeld, wenn es sich so gut erfassen ließe. Anonyme Befragungen zu begangenen oder erlittenen Taten sind ein Weg, die reale Größe besser einschätzen zu können. Hierbei wird die Menge der Straftaten und der Opferwerdungen in bestimmten

Bevölkerungsgruppen erfragt. Im Bereich der Gewaltkriminalität können die so erhobenen Daten dann mit der PKS und weiteren offiziellen Statistiken verglichen und auf diese Weise präzisiert werden. Beispielsweise können die bei den Unfallkassen bekannten meldepflichtigen Raufunfälle und Frakturen infolge von Raufereien einen wichtigen Hinweis zur Zu- oder Abnahme von Gewalt und Gewaltfolgen geben.
Doch genug der Vorrede. Es ist deutlich geworden, wie die PKS zu bewerten ist, doch was sagen die Statistiken denn nun wirklich aus? Die PKS verzeichnet die Delikte Mord, Totschlag, Raub, Vergewaltigung und gefährliche bzw. schwere Körperverletzung gesammelt als »Gewaltkriminalität«. In diesem Bereich zeigt die PKS formal zunächst tatsächlich bei Jugendlichen eine deutliche Zunahme. Um diese darzustellen, wird als statistisches Hilfsmittel die sogenannte Tatverdächtigenbelastungszahl (TVBZ) genutzt. Sie beschreibt die Anzahl der Tatverdächtigen pro 100000 Personen einer Altersgruppe. Für Jugendliche hat sich die TVBZ der Gewaltkriminalität von 1993 (620) bis 2007 (1267) mehr als verdoppelt. Ähnlich verhält es sich mit den separat verzeichneten Daten über leichte Körperverletzungen. So gesehen haben die Presseberichte also zunächst recht.
Doch so einfach ist es nicht. Denn andere Daten innerhalb der PKS widersprechen einer generellen Zunahme deutlich. So schreibt das Kriminologische Forschungsinstitut Niedersachsen (KFN) in besagter Studie, dass sich diese Tendenz in allen als Gewaltverhalten erfassten Delikten widerspiegeln müsste. Ebenso müsste auch die Bereitschaft zu anderen kriminellen Verhaltensweisen messbar steigen. Beides ist jedoch nicht der Fall. Es erscheint Kriminologen unglaubwürdig, dass jugendliche Rechtsbrecher ausschließlich die Norm des Gewaltverzichts missachten sollten, jedoch andere Normen gleichbleibend akzeptieren.
Aber woher kann der Anstieg dann kommen? An diesem Punkt wird die Rolle der Anzeigebereitschaft in der Bevölke-

rung überdeutlich: Eine Dunkelfeldstudie des KFN von 2005 belegte die geradezu lächerlich geringe Anzeigequote von rund neun Prozent für leichte und zehn Prozent für schwere Körperverletzungen. Nur jede zehnte Körperverletzung wurde der Polizei also überhaupt bekannt. Dies mag daran liegen, dass die Übergriffe als geringfügig betrachtet wurden oder dass sich Opfer und Täter nahestanden. Scham oder Angst können die Motivation zur Anzeige in solchen Fällen deutlich verringern. Bei derart niedrigen Anzeigequoten bewirkt natürlich schon eine etwas höhere Anzeigebereitschaft, dass sich die PKS-Daten sprunghaft verändern.

Ein weiteres Indiz dafür, dass diese Veränderung nur auf eine Erhöhung der Anzeigebereitschaft zurückgeht, ist, dass in den letzten Jahren von der Polizei zwar deutlich mehr Jugendliche als Gewalttäter erfasst wurden, doch die Anzahl der tatsächlich verurteilten Jugendlichen im gleichen Zeitraum nur geringfügig stieg. Offenbar weist ein hoher Anteil der zusätzlich angezeigten Jugendgewalt eine geringe Schwere auf.

So kommen Kriminologen weitgehend zu dem Schluss, dass Jugendliche zwar in den letzten Jahren erheblich häufiger als Tatverdächtige von Gewalttaten registriert wurden, dass dies jedoch die Folge eines veränderten gesellschaftlichen Umgangs mit der Jugendgewalt ist. Gewalttätiges Verhalten wird mittlerweile weniger toleriert und daher häufiger zur Anzeige gebracht.

Zahlreiche Dunkelfeldstudien der letzten 15 Jahre belegen diesen Eindruck. So zeigen die hochwertigen Längsschnittstudien über selbst angegebene Täter- und Opferschaft übereinstimmend ein recht deutliches Sinken der Menge an Gewalttaten durch Jugendliche. Dies gilt ebenso für die Statistiken der Unfallkassen.

Diese Statistiken der Unfallkassen verzeichnen darüber hinaus auch, ob es infolge von Gewaltanwendungen an Schulen zu Knochenbrüchen gekommen ist. Damit lässt sich ein Eindruck von der Intensität der angewandten Gewalt gewinnen. Interessanterweise sank in den letzten Jahren parallel zu den »Raufunfällen« an Schulen in den Statistiken auch die Menge der Brüche, die durch diese Raufunfälle verursacht wurden. Damit widersprechen diese Daten der Unfallkassen also auch der oftmals vertretenen These, dass zwar nicht die Menge der Gewalt zugenommen habe, wohl aber die Intensität. Leider enthalten amtliche Kriminal- und Strafrechtspflegestatistiken für Gewaltkriminalität keine Hinweise über die Schwere der Gewaltdelikte, doch auch hier können wir versuchen, andere Daten als Belege zu nutzen. Tatsächlich ergeben auch Aktenanalysen, ebenso wie Befragungsdaten von Opfern keinen Hinweis darauf, dass die Intensität der Gewaltdelikte zugenommen hätte. Der Konstanzer Kriminologieprofessor Wolfgang Heinz weist sogar auf Schülerbefragungen hin, die zeigen, dass sich im Verhältnis der Gewalttaten nicht die schweren Fälle, sondern jene mit leichteren Schäden erhöht haben. In den Befragungen wurden sie mit »materieller Schaden bis maximal 50 Euro« und »keine ärztliche Behandlung erforderlich« umschrieben. Sollte die Intensität der Gewalt durch Jugendliche also in den letzten Jahren tatsächlich zugenommen haben, dann macht sich das bislang jedenfalls nicht in messbaren Daten bemerkbar.

Auf dem derzeitigen Forschungsstand muss daher die logische Konsequenz lauten, dass wir zwar sensibler in der Wahrnehmung von Gewalt geworden sind, dass die Gewalt durch Jugendliche jedoch entgegen der gängigen Meinung seit Jahren eher abnimmt. Allerdings kommen in einzelnen Bereichen neue Formen von Gewalt hinzu, deren Auftreten tatsächlich rasant ansteigt. Hierzu zählen beispielsweise »Cyberbullying« und sogenannte Amokläufe durch Jugendliche an Schulen. Was sich hinter diesen speziellen Formen der Gewalt verbirgt, wird in diesem Buch noch ausführlich behandelt werden.

Wenngleich insgesamt kein Anstieg der Jugendgewalt zu verzeichnen ist, heißt das keineswegs, dass wir die Hände in den Schoß legen können. Denn es ist tatsächlich so: Wir haben ein Problem mit der Jugendgewalt. Auch wenn »nur« etwa jeder sechste unserer Schüler zum Opfer wird, so ist das dennoch eindeutig zu viel. Wir befinden uns mit der Präventionsarbeit auf einem guten Weg, doch es muss sehr viel mehr getan werden, um die körperliche Verletzung Jugendlicher und Erwachsener in der Zukunft bestmöglich zu verhindern.

Ein erster Schritt kann es sein, sich zunächst klarzumachen, wie Gewalt entsteht. Diese Frage ist außerordentlich schwer zu beantworten. Schon ein Blick ins fachlich sortierte Bücherregal fördert Hunderte von Büchern zutage, die jeweils eigene Sichtweisen und Theorien vertreten. In den einen wird Aggression als angeborener Trieb behandelt oder als direkte Folge von Frustrationen bewertet, in den anderen wird sie als erlerntes Verhalten angesehen. Doch erneut gilt: Ganz so einfach ist es nicht. Menschliches Verhalten ist derart komplex, dass simple Ursache-Wirkungs-Zusammenhänge bestimmte Verhaltensweisen nicht beschreiben können. Es geht stets um ein Netz aus vielen Ursachen und Wirkungen, die sich gegenseitig beeinflussen. Auch die besten Theorien müssen daher in erster Linie Modelle bleiben. Wir können mit diesen Modellen zwar einen Eindruck von den Zusammenhängen gewinnen, doch ist es unmöglich, einen einzelnen Faktor als präzisen Auslöser für den Einsatz von Gewalt zu benennen.

Auch wenn es nicht *die* Ursache für Gewalttaten gibt, können wir immerhin *gewaltfördernde Faktoren* beschreiben, die das Auftreten von Gewalt wahrscheinlicher machen. Ebenso können wir auf *schützende Faktoren* hinweisen, die das Auftreten von Gewalt unwahrscheinlicher machen. Diese Faktoren sind unser Handwerkszeug. Um Gewalt zu vermeiden, kommt es stets darauf an, gewaltfördernde Faktoren zu reduzieren und Schutzfaktoren zu stärken.

Doch es wird noch komplizierter: Diese Faktoren unterscheiden sich bei den verschiedenen Formen von Gewalt. Schlagen sich beispielsweise zwei Jugendliche auf dem Schulhof, so ist das völlig anders zu erklären als ein Jugendlicher, der nach vorheriger Ankündigung seinen Lehrer umbringt. Wird ein Passant in der S-Bahn zusammengeschlagen, so hat dies kaum etwas mit Mobbing gemeinsam. Demütigt ein Jugendlicher seinen Klassenkameraden und stellt einen selbstgedrehten Film davon ins Internet ein, so ist das nicht mit dem Gewaltexzess eines Hooligans zu vergleichen.

Besonders wichtige Faktoren, die Gewalt fördern bzw. vor ihr schützen, finden sich in den eigenen Gewalterfahrungen, fehlenden emotionalen Bindungen, aggressionsfördernden Gefühlen, psychischen Störungen, Hirnveränderungen oder im Einfluss von Medien. Es werden biologische, entwicklungsbedingte und im sozialen Umfeld entstandene Faktoren unterschieden, die gemeinsam in einer bestimmten Situation zur Gewalt führen können. Wie sich all diese Komponenten jedoch konkret zusammensetzen, unterscheidet sich in jedem Einzelfall. Somit wird die Erklärung von Jugendgewalt in den meisten Fällen ziemlich unübersichtlich und schwer fassbar.

Doch es gibt einen Weg durch dieses Dickicht, der Jugendgewalt besser verstehen lässt und der bislang weitgehend übersehen wurde: Die eigentliche Motivation der jugendlichen Gewalttäter. Damit ist nicht die sehr kurzfristige Erwartung gemeint, sich durch einen gezielten Faustschlag Respekt zu verschaffen. Vielmehr geht es um langfristige Vorstellungen und Phantasien, die Jugendliche hegen. Es geht um ganz grundsätzliche Annahmen, warum sich Gewalt für sie lohnt.

Wenn ein Jugendlicher Waffen einpackt, sich eine Sturmhaube überzieht und zum Töten zur Schule geht oder wenn ein anderer sich bereit macht, den Außenseiter der Klasse wieder so richtig vorzuführen, dann ist dies nicht in erster Linie mit der Beeinflussung durch biologische oder im Lebensverlauf angesammelte Einflüsse zu erklären. Denn diese Jugendlichen *wollen* in erster Linie andere Menschen schädigen. Sie ziehen einen klaren Nutzen aus diesen Handlungen. Und damit ergibt ihre Gewalttat aus ihrer Sicht einen klaren Sinn.

Diesem Sinn werden wir in den folgenden Kapiteln auf den Grund gehen. Es wird sich erweisen, dass die Bedeutung von Gewalt für diese Jugendlichen vor allem mit Ansichten über Männlichkeit, Stärke, Status, Kontrolle und Durchsetzung beschrieben werden kann. Ihre Phantasien sind von unterscheidbaren Vorstellungen erfüllt, die wir in diesem Buch anhand von Kriegertypen illustrieren. Damit sind weniger die historisch realen Kriegerklassen gemeint als vielmehr die in der Populärkultur verankerten *Vorstellungen* der Jugendlichen von diesen Kriegerklassen. Aus diesem Grund werden sie hier auch als »Kriegerträume« bezeichnet. Ein grundlegendes Verständnis dieser Kriegerträume ermöglicht es, geeignete Präventions- und Interventionsstrategien für die jeweiligen Formen von Gewalt zu entwickeln.

Aus Sicht der sogenannten Kulturanthropologie zielen solche Kriegerträume gewaltbereiter Jugendlicher vor allem auf die Wiederherstellung einer männlich dominierten Welt. Man spricht in diesem Zusammenhang im Wissenschaftsdeutsch von einer »hegemonialen Maskulinität«. Vor allem das Zeugen von Nachwuchs und das Beschützen und Versorgen der Gemeinschaft bilden im traditionellen Verständnis Grundprinzipien von Männlichkeit. Oftmals werden Bedrohungen, die Jugendliche in diesen Bereichen wahrnehmen, demonstrativ mit Gewalt beantwortet. Das Abbild der eigenen Männlichkeit kann auf diese Weise überdeutlich zur Schau gestellt werden.

Insbesondere dem Infragestellen der eigenen Heterosexualität, Zeugungsfähigkeit oder Vaterschaft eigener Kinder »muss« mit oft exzessiver Gewalt begegnet werden, um diese Männlichkeit zu wahren. Im Bereich des Beschützens und Versorgens der Gemeinschaft werden türkische Mädchen vor deutschen Freunden oder umgekehrt deutsche Frauen vor der Anmache einer anderen kulturellen Gruppe »gerettet«. Ganz egal, ob die Mädchen und Frauen überhaupt gerettet werden wollen. Ebenso verteidigen Jugendgruppen »ihren« Stadtteil, »ihre« Kultur, »ihren« Fußballverein.

Doch nicht nur die Männlichkeit an sich ist hier entscheidend, sondern die »richtige« Männlichkeit. Wenn Jungen heutzutage in unserer Gesellschaft aufwachsen, so stehen sie nicht nur vor der Herausforderung, ihre Geschlechtsidentität zu entwickeln, sondern müssen vielmehr überhaupt erst herausfinden, was denn Männlichkeit in unserer Kultur eigentlich bedeutet. Mitunter fehlt die Vaterfigur in der Familie, große Brüder sind nicht immer vorhanden und in Hort, Kindergarten und Grundschule arbeiten vor allem Erzieherinnen und Lehrerinnen. Ein Vorbild von Männlichkeit ist für sie schwer zu finden. Oftmals muss dann die Populärkultur herhalten, um dieses Ideal zu identifizieren. Doch auch das erweist sich als ganz und gar nicht so leicht.

Nehmen wir das allabendliche Werbeprogramm im Fernsehen. Wenn wir auf einem beliebigen Sender zu beliebiger Zeit zehn Minuten Werbespots aufzeichnen und diese in Ruhe anschauen, dann stellen wir fest, dass darin mehr als ein Dutzend verschiedene Männerbilder vertreten sind. Mehr noch: Sie sind oft unvereinbar miteinander. Probieren Sie das kleine Experiment ruhig einmal aus. Vom vorsorgenden Familienvater über den dreitagebärtigen Naturburschen, den romantischen Verführer, den passiven Tagträumer oder den femininen Softie geht es hin bis zum abweisenden Einzelgänger mit den richtigen Pflegeprodukten und der coolsten Zigarettenmarke.

Woran soll sich ein moderner Junge von heute nun orientieren? Was erwarten Mädchen und Frauen von ihm, was die anderen Jungs? Was erwarten die Eltern, was die Schule? Und was davon kann der kleine Mann überhaupt leisten?

Inmitten des Bilderlabyrinths der Männlichkeit wird mangels klarer Orientierung durch Erwachsene häufig Zuflucht in archetypischen Film- und Buchvorlagen gesucht. Im für Jugendliche interessanten Segment der Actionfilme und Thriller wird die Männlichkeit endlich handfester: Die männlichen Protagonisten zeigen dort Risikobereitschaft und Abenteuerlust, Konfrontationswillen und Kampfesmut, körperliche Leistung und Durchsetzungsfähigkeit. Und sie setzen immer wieder gezielt Gewalt ein, um ihre Ziele zu erreichen. Ob augenzwinkernd in *Fluch der Karibik*, brachial in *Gladiator*, exzessiv in *300* oder zweckgerichtet in *Operation Walküre*. Selbst der ehemals durch sein analytisches Denken fesselnde Sherlock Holmes besticht in der Neuverfilmung von 2010 mehr durch die effektive Nutzung von Gewalt. Es ist nicht verwunderlich, dass Jugendliche die von uns Erwachsenen dargebotenen Identifikationsfiguren dann auch als Handlungsvorbilder nutzen.
Natürlich geschieht das nicht im Sinne eines platten Auslösers zur Gewalt. Das wäre bei Weitem zu kurz gegriffen. Jahrzehnte der Medienwirkungsforschung haben klar aufgezeigt, dass das Bedingungsgefüge zwischen filmischen Vorbildern und der Nutzung von Gewalt durch die Betrachter der Filme weit komplexer ist. Statt einem einfachen Ursache-Wirkungs-Schema müssen auch hier die zusammenwirkenden Einzelfaktoren betrachtet werden. Vor allem die Art der gezeigten Inhalte, die betrachtende Person und ihr soziales Umfeld erweisen sich als bedeutsam. Wie sind etwa in einem Film das Ausmaß und der Grad von expliziter Gewalt dargestellt? Wie attraktiv wird der Gewalttäter portraitiert und wie seine Gewalt gerechtfertigt? Wie ist das Alter, Geschlecht und die intellektuelle Fähigkeit des Betrachters? Welche Einflüsse spielen Familie, Schule oder reale eigene Gewalterfahrungen? All das und mehr muss berücksichtigt werden, wenn klare Aussagen zur Wirkung eines Filmes auf einen Jugendlichen

getroffen werden sollen. Im Kern geht man heute davon aus, dass vor allem jene männlichen Jugendlichen von gewalthaltigen Filmen beeinflusst werden, die in ihren Familien und der Schule viel reale Gewalt erleben und häufig realistisch anmutende bzw. heroisch dargebotene Medieninhalte konsumieren. Doch ist mit dieser wissenschaftlich belegten Beeinflussung nicht etwa gemeint, dass filmische Gewalt als direkter Auslöser für konkrete Gewalthandlungen funktioniert. Es geht lediglich um eine Steigerung der Aggressivität, also um das Potenzial, jemand anderen absichtlich zu schädigen.

Die Forschungsergebnisse erklären indes nicht, warum von einigen wenigen Jugendlichen sogar konkrete Gewaltsequenzen aus Filmen nachgespielt werden oder wieso Gesten und Kleidung von Schauspielern bei Gewalttaten imitiert werden. Sie erklären auch nicht, warum Gedankenmuster, Gefühle oder Verhalten der Filmhelden von einzelnen Jugendlichen als Vorbild für Gewalttaten genannt werden.

Eine solche Identifikation mit Filmhelden nimmt in Einzelfällen extreme Züge an. Jugendliche Gewalttäter imitierten Szenen aus Filmen wie etwa *Taxi Driver*, *Natural Born Killers* oder *American History X* und riefen während der Tat sogar Filmzitate. Auch *Batman – The Dark Knight* aus dem Jahr 2008 führte dazu, dass zwei 18-Jährige aus Virginia im August 2008 den Filmbösewicht »Joker« nachahmten, indem sie Spielkarten mit bedrohlichen Nachrichten in Filialen von *Wal-Mart* und *K-Mart* ablegten. Ähnlich wenig später: Im Januar 2009 tötete ein 20-Jähriger in der Kindertagesstätte *Fabelland* in Dendermonde (Belgien) zwei Kinder und einen Erwachsenen. Meldungen, dass sein Gesicht analog zum Filmcharakter »Joker« geschminkt gewesen sei, wurden später von seinem Anwalt dementiert und von der Polizei nicht offiziell bestätigt. Dennoch hatte der junge Mann nachweislich eine Obsession für den Film, während der Tat Zitate eines der Filmhelden gerufen und seine Tat am Todestag des Schauspielers Heath Ledger begangen, der in jenem Film den »Joker« verkörperte.

Derlei spezifisches Nachahmungsverhalten erreicht jedoch eine Intensität der Gedankenbilder, die über herkömmliche Kriegerträume weit hinausreicht. Es stellt Ausnahmefälle dar, die erst durch ein ungewöhnlich starkes Phantasie-Erleben zu erklären sind.

Die in diesem Buch thematisierten Kriegerträume werden dagegen von sehr vielen gewaltbereiten Jugendlichen geteilt. Bei diesen Kriegerträumen handelt es sich um archaische Orientierungen zum Sinn von Gewalt. Mit ihrer Hilfe kann Gewalt als zweckmäßig, gerechtfertigt und befriedigend erlebt werden.

Wagen wir also einen Blick in die verschiedenen Ausprägungen der Kriegerträume von gewaltbereiten Jugendlichen.

Drei Web-Tipps:

- www.berlin.de/lb/lkbgg
  (Landeskommission Berlin gegen Gewalt)
- www.gangway.de
  (Straßensozialarbeit mit Jugendlichen in Berlin)
- http://pages.unibas.ch/violence
  (Interdisziplinäres Forschungsprojekt an der Uni Basel)

Drei Buch-Tipps:

Autrata, O./Scheu, B.: »Jugendgewalt. Interdisziplinäre Sichtweisen«, Wiesbaden 2009

Robertz, F.: »Gewaltphantasien«, Frankfurt 2011

Wahl, K.: »Aggression und Gewalt. Ein biologischer, psychologischer und sozialwissenschaftlicher Überblick«, Heidelberg 2009

Kapitel 2

Für die Massen inszeniert: Bullying

Der Penner hatte wirklich gar keinen Plan. Angewidert verzog Kevin den Mund. Der war so was von verpeilt, das gehörte verboten. Kam in den Duschraum rein und hatte seine Unterhose an – seine spackige Unterhose mit den roten Pferdchen drauf. Automatisch rückte Kevin ein Waschbecken weiter, lehnte sich dagegen und guckte irgendwo an die Decke. Viel zu dicht neben ihm beugte sich Leon über ein Waschbecken. Es ist ja schon ein Wunder, dass er sich überhaupt wäscht, dachte Kevin. Dabei war gerade die Sportstunde um. Widerlich. Andi fand das offenbar auch. Der bullige Junge, der schon zweimal durchgefallen und nicht nur ziemlich fett, sondern auch größer als die anderen war, hatte sich gerade unter der Brause umgedreht und Leon in der Pferdchenunterhose erspäht.

»Guckt mal, was unsere Hackfresse heute anhat!«, rief er aus und deutete auf Leon. »Trägst du die Buchse von deiner Schwester, Kleiner?«

Einige der anderen Jungen lachten. Kevin schenkte Leon einen Blick aus den Augenwinkeln. Anstatt sich zu wehren oder wenigstens irgendetwas zu entgegnen, irgendetwas, und sei es nur so was wie »Halt's Maul« oder so, beugte sich der Warmduscher doch tatsächlich nur tiefer über das Waschbecken. Kevin wusste, wie es weiterging. Andi würde den schmächtigen Jungen noch einmal provozieren, und noch einmal und vielleicht noch einmal, wenn die anderen das mit Lachen würdigten. Wenn ihre Aufmerksamkeit nachließ, dann würde er sich Leon greifen. Jetzt war noch Phase eins. Und wie immer ließ Leon es über sich ergehen. Was für ein erbärmliches Stück Scheiße. Er war selbst schuld, wenn Andi gleich

zu Phase zwei übergehen würde. Kevin starrte wieder an die Ecke über den Duschen. Konnte endlich mal einer fertig werden? Er wollte auch noch drunter, bevor die Pause anfing.
»Habt ihr gesehen, wie der vorhin am Tau gebaumelt hat? Voll das Opfer!«
Andis Bemerkung mit den Tauen hellte Kevins Laune kurz auf. Heute hatte er es geschafft, als Erster den Metallgalgen knapp unter der Decke zu berühren. Stolz stieg in ihm auf. Die meisten anderen waren nicht mal zur Hälfte hochgekommen, aber er, er hatte sich hochgewunden wie einer von diesen Minidrachen, die auch Glasscheiben hinaufklettern konnten, als wäre es flacher Boden, das hatte er mal zufällig im Fernsehen gesehen. Cool war das gewesen, der Erste ganz oben zu sein. Der Sportlehrer hatte ihn sogar dafür gelobt. Auch wenn Kevin nichts auf das gab, was der sonst von sich absonderte – diesmal hätte er es doch gern gehabt, wenn die anderen das Lob mitbekommen hätten. Aber die hatten gerade alle über diesen bescheuerten Leon gelacht.
Kevin wurde jäh aus seinen Gedanken gerissen, als ihn ein paar kalte Wassertropfen am Arm trafen.
»Hey, was soll der Scheiß!«, schrie er. Andi beachtete ihn gar nicht, sondern feixte über Leon, der einen Wasserschwall abbekommen hatte und zusammengezuckt war, nur um sich dann mit triefnassem Rücken wieder übers Becken zu beugen und Wasser unter die Achseln zu werfen.
»Deine Mutter hat dir wohl nicht mal erklärt, wie man sich richtig wäscht, hm? Deine Mutter ist wohl so ein hirnblindes Stinktier wie du, hm?«, stichelte Andi weiter. Phase zwei, notierte Kevin in Gedanken. Die Beleidigungen von Andi wurden so verletzend, dass jeder andere ihm dafür eine gelangt hätte. Selbst wenn er dann ganz üble Prügel bezogen hätte wie im Falle von Leon: Der war sogar noch einen Kopf kleiner als er und ein so dürres Kerlchen, dass es aussah, als würde er beim kleinsten Antippen zerbrechen. Jetzt, wo er fast nichts anhatte, wurde dieser Eindruck noch verstärkt.

Die Mitschüler zollten Andi diesmal nur verhaltenen Beifall. Das bedeutete, dass Phase drei kurz bevorstand. Und immer noch war keine Dusche frei geworden, ärgerte sich Kevin. Gleich würde er einen von den anderen rausschmeißen, von denen auf der linken Seite der Duschreihe, denn die auf der rechten gehörten zu Andis Crew.

Ehe er sich in Bewegung setzte, wurde seine Ahnung wahr.

»Wir bringen dir mal bei, wie das geht, Stinktier!« Andi setzte sich in Bewegung, und sofort lösten sich zwei andere Jungen, Patrick und Dennis, und folgten ihm. Kevin beobachtete gleichgültig, wie Andi hinter Leon trat.

»Bist du auch noch taub oder was? Unter die Dusche, sofort!«, befahl Andi. Als Leon sich nicht rührte, langte Andi ihm mit der Pranke von hinten zwischen die Beine, und sofort griffen Patrick und Dennis seine Arme und rissen ihn vom Waschbecken.

»Hast ja noch nicht mal richtige Eier!«, rief Andi und fasste noch einmal grob nach, sodass Leon große Augen bekam und aufquiekte. Gnadenlos trugen sie ihn zu den Duschen.

Schnell schlüpfte Kevin zwischen ihnen durch und auf einen der frei gewordenen Plätze.

»Dreh kalt! Dreh kalt!«, rief Andi ihm zu und deutete auf die Dusche ganz rechts.

»Dreh doch selber«, erwiderte Kevin gereizt. Patrick griff mit der freien Hand nach der Mischbatterie. Als das Wasser eiskalt war, hoben sie Leon darunter. Der schrie in Panik auf, bis seine Schreie vom Wasserstrahl zu einem Blubbern erstickt wurden.

»Noch kälter!«, rief Andi Patrick zu und stemmte Leon am Hintern so hoch, dass sein Kopf gegen den Duschkopf stieß. »Mach noch kälter!«

»Wir müssen los, sonst verpassen wir die Pause«, grinste ein anderer Junge. Sofort ließ Andi Leon zu Boden fallen, der sich krümmte, hustete und keuchte.

Als Leon irgendwann in die Umkleide schlich – Kevin hatte sich schon angezogen und band gerade seine Schuhe zu –, trocknete er sich nicht etwa ab, sondern zog seine kurze Hose sogar über die klatschnasse Unterhose. Na toll, dachte Kevin, jetzt siehst du auch noch aus, als hättest du eingepisst. Angewidert verließ er die Umkleide.

Leon saß in der Klasse ganz hinten neben einem Mädchen, das keinen anderen Platz gefunden hatte. Und zum Glück weit weg von Kevin, der irgendwo in der Mitte saß. Kevin hatte eigentlich nichts gegen Leon, er war ihm ziemlich egal. Aber Leon schaffte es halt immer wieder, sich als Superspacken hinzustellen. Wie vorhin beim Duschen nach dem Sportunterricht. Und jetzt würde er es gleich wieder schaffen. Das sah Kevin sofort, als Leon seine Mathesachen mit lächerlicher Sorgfalt auf dem Tisch aufstapelte und Andi scheinbar gleichgültig in seine Richtung schlenderte. Sieht nach direktem Sprung zu Phase zwei aus, dachte Kevin. Andi benahm sich schon manchmal albern.

Und tatsächlich: Blitzschnell hatte Andi das Federmäppchen von Leon gegriffen und hielt es triumphierend in die Höhe. Natürlich flogen dabei einige Filzstifte heraus.

»He, lass das!«, maulte Leons Tischnachbarin, die einen Filzer gegen die Wange bekommen hatte. Aber sie traute sich nicht, mehr zu sagen, stellte Kevin fest und spürte wieder ein Gefühl von Verachtung.

Diesmal konnte Leon nicht einfach nichts tun, denn Andi würde das Mäppchen sicher wieder aus dem Fenster werfen wollen. Er sprang auf und griff danach. Andi hielt das Federmäppchen etwas höher und Leon hüpfte verzweifelt vor Andi auf und ab.

»Spring, Hündchen, spriiiing!«, spottete Andi und drehte sich mit applausheischendem Blick um die eigene Achse. Kevin verdrehte die Augen. Leon war wirklich ein Vollidiot der ganz besonderen Sorte. Der machte sich echt gut zum Affen.

Als Leon wieder an Andi hochsprang und ihn dabei an die Brust stieß, ließ Andi plötzlich das Federmäppchen sinken. Und Phase drei, dachte Kevin. Andis Gesichtsausdruck verfinsterte sich.

»Hat dir wohl gefallen vorhin beim Duschen, du schwule Sau?

Kannst du haben!«, lachte er dreckig und griff Leon brutal in die kurze Hose.
»Boah, voll in die Eier!«, rief Nick, ein ansonsten eher schweigsamer Schüler, begeistert. Leon keuchte und stolperte zurück gegen den Tisch. Seine Tischnachbarin kreischte protestierend auf.
»Der Schultze kommt!«, rief Patrick von vorne. Andi ließ von Leon ab, warf das Federmäppchen in den Papierkorb hinten am Fenster und ging in aller Ruhe zu seinem Platz, auf den er sich gerade gesetzt hatte, als der alte Schultze die Tür öffnete.
»Leon, hinsetzen!«, rief der Schultze sofort. Mit puterrotem Gesicht und leicht vornübergebeugt hastete Leon vom Papierkorb zurück auf seinen Platz. Die ganze Stunde über starrte er nur vor sich auf sein Heft und sagte kein Wort. Aber das war Kevin gleichgültig. Er dachte lieber daran, wie er als Erster den Metallgalgen berührt hatte. Er war richtig gut gewesen …

Ist es unwahrscheinlich, was Leon hier widerfahren ist? So etwas passiert doch nur ganz selten. Und höchstens in einer Hauptschule. Oder?
Tatsächlich, und das ist durchaus erschreckend, gehört Leons Erlebnis keineswegs zu den Ausnahmeerscheinungen der Jugendgewalt. Nach aktuellen Studien wird eine beträchtliche Zahl von Kindern und Jugendlichen an ihrer Schule zu Tätern und Opfern von sogenanntem *Bullying*. Zwischen fünf und neun Prozent aller befragten Jugendlichen in Deutschland berichten von regelmäßigen Erfahrungen als Täter, etwa ebenso viele als Opfer von Bullying. Das bedeutet, dass sich im Durchschnitt in jeder Schulklasse zwei oder mehr Jugendliche befinden, die während ihrer Schulzeit davon betroffen sind.
Doch was verbirgt sich genau hinter dem Anglizismus »Bullying«? Die meisten werden den in den alltäglichen Sprachgebrauch übergegangenen Begriff *Mobbing* kennen. Im deutschen Sprachraum steht Mobbing grundsätzlich für das fortgesetzte Schikanieren eines anderen Menschen. Der aus

Deutschland ausgewanderte schwedische Arzt und Psychologe Heinz Leymann hatte den Begriff erstmals in seiner heutigen Bedeutung genutzt. Er beschrieb damit das Verhalten Erwachsener am Arbeitsplatz. Schnell fanden sich jedoch ähnliche Verhaltensweisen auch anderswo – sei es in Politik, Militär oder Schule. Daher wurde es mit der Zeit notwendig, spezialisierte Begriffe zu benutzen, um damit präzisere Aussagen treffen zu können.

So entwickelte sich zum Beispiel in Bezug auf Mobbing im Kontext von Sportteams oder des Militärs der Begriff *Hazing*, der in erster Linie die Durchführung rituell-demütigender Prozeduren und Initiationsrituale beschreibt. Wird Mobbing im Bereich von Schulen ausgeübt, spricht man dagegen von Bullying.

Interessanterweise wird hierzulande oftmals weiterhin der Überbegriff Mobbing für Schikanen benutzt, wie sie Leon erdulden musste. Präzisierend müsste man aber zumindest von *Mobbing an Schulen* sprechen, wenn man den Begriff Bullying vermeiden möchte. Denn es unterscheidet sich meist erheblich von Formen des Mobbing am Arbeitsplatz oder an anderen Orten.

Werfen wir daher einen Blick auf die Besonderheiten von Mobbing in der Schule bzw. Bullying:

Man unterscheidet grundsätzlich körperliche, sprachliche und beziehungsbetonte Formen. Zu den *körperlichen* Formen des Bullying gehören etwa Schlagen, Treten und Schubsen. Die *sprachlichen* Formen können in Verspotten, Beleidigen, Demütigen und dergleichen unterschieden werden. Mit *beziehungsbezogenem* Bullying sind verstecktere Formen des bewussten Ignorierens, Ausgrenzens oder Verleumdens gemeint.

Für alle Formen ist es typisch, dass das Opfer nachhaltig erniedrigt wird. Besonders perfide ist dabei, dass das Bullying *öffentlich* geschieht: Diese öffentliche Abwertung und Isolierung führt zu einem erheblichen sozialen und psychischen Stress für das Opfer. Da Opfer keine Möglichkeiten sehen, das Problem zu lösen, nehmen sie oft die ihnen zugewiesene Rolle an und erwarten neue Demütigungen. Zu allem Überfluss wissen sie nicht, wann und wo die nächste Attacke kommen oder in welcher Form und in welcher Stärke sie erfolgen wird – sie leben in beständiger Furcht und fühlen sich hilf- und wehrlos. Ihr schlechtes Selbstbild verfestigt sich und sie ziehen sich mehr und mehr aus dem altersgerechten Umgang mit Gleichaltrigen zurück.

Bullying kann sowohl von einem einzelnen Jugendlichen als auch von einer ganzen Gruppe ausgehen, es liegen jedoch stets zwei typische Merkmale vor: Zum einen herrscht ein ungleiches Machtverhältnis zwischen dem Opfer und dem oder den Tätern. Das kann auf Fähigkeiten, physische Stärke oder Stellung des Täters im sozialen Gefüge gründen. Das Opfer hat also geringere Handlungsmacht und daher nur eingeschränkte Möglichkeiten, das Bullying aus eigener Kraft zu unterbinden.

Zum anderen kann das Schikanieren nur dann über einen längeren Zeitraum stattfinden, wenn Mitschüler, Lehrer und Eltern die Vorgehensweise des Täters zumindest passiv stützen. Es ergeben sich also verschiedene charakteristische Rollen, die beim Bullying zusammenwirken:

Eltern erfahren oftmals erst sehr spät von Bullying-Vorfällen oder bagatellisieren sie – es fallen typische Sätze wie: »das ist doch gar nicht so schlimm« oder: »jetzt reiß dich mal zusammen«. Die Eltern des Täters verhalten sich dagegen oft unsicher oder stellen sich sogar schützend vor ihr Kind. In Einzelfällen wird der Täter von den Eltern zum Weitermachen angestachelt, weil er in ihren Augen dadurch lernt, sich besser durchzusetzen. In anderen Fällen hat der Täter durch seine Familie selbst Gewalt erfahren und versucht, die häusliche Ohnmacht durch Machtausübung gegenüber einem hilflosen

Opfer auszugleichen. Er spürt in diesen Fällen einen Kontrollgewinn. Endlich kann er einmal kontrollieren, statt kontrolliert zu werden. Endlich kann er quälen, statt gequält zu werden.

Lehrer sehen mitunter über klare Anzeichen hinweg, statt sich der Situation zu stellen. Frei nach dem Motto »das hat es doch immer gegeben« wird das Leiden des Opfers ignoriert. Dies heißt nicht, dass es sich stets um ein absichtliches Ignorieren handelt. Jedoch fehlen in einer Klasse mit starkem Bullying meist klare Klassenregeln und die Förderung der Klassengemeinschaft wurde versäumt. Dies geschieht oftmals in der guten Absicht, keine eigentlich für den Lehrstoff vorgesehene Zeit zu opfern. Sind wichtige Grundlagen des sozialen Umgangs aber nicht vorhanden, achten Schüler nicht aufeinander und das Handeln der Täter wird vertuscht. Besonders bei neu zusammengesetzten Klassen ist dies zu beobachten. Lehrer mit Autoritätsproblemen haben dabei einen besonders schweren Stand. Sie müssen sich bewusst dafür entscheiden, Bullyingvorfälle konsequent mithilfe von außen aufzuarbeiten – auch wenn hierfür Zeit und Konfliktbereitschaft notwendig sind. Dies zahlt sich letztlich aus: Es ist ein Irrglaube, dass durch die Aufarbeitung Zeit verschwendet werden würde. Denn ist erst einmal sozialer Frieden in einer Klasse hergestellt, lernt es sich ungleich leichter und schneller. Und die Beteiligten – Lehrer wie Schüler – sind im Schulalltag zufriedener und glücklicher.

Klassenkameraden sind der vielleicht wichtigste Faktor im Gefüge des Bullying. Leon wird deshalb immer wieder gequält, weil niemand gegen die Bosheiten von Andi und seinen Freunden einschreitet.

Patrick und Dennis machen aktiv beim Schikanieren mit, Kevin ist das Ganze im Grunde gleichgültig, ja lästig, während Leons Tischnachbarin Angst hat, einzugreifen. Die Angst, selbst zum Ziel der Attacken zu werden, dem Täter einfach nicht gewachsen zu sein, und die Unsicherheit darüber, wie überhaupt wirkungsvoll eingeschritten werden kann – man nennt dies mangelnde »Interventionsstrategien« –, verhindern bei vielen Schülern ein aktives Eingreifen zum Schutz des Opfers.

Ein Kernproblem ist dabei auch, dass das *Opfer* meist unbeliebt ist und nur über geringe soziale Kontakte zu seinen Klassenkameraden verfügt. Oft ist es ängstlich, körperlich schwach und hat eine Auffälligkeit, die der Täter zum Angriff nutzt. Diese Auffälligkeit kann vielerlei Gestalt haben, von einer an sich unscheinbaren Kleinigkeit bis hin zu einem unübersehbaren körperlichen Unterschied: Es kann sich um besonders viele Pickel, Körperfülle, sozial ungeschicktes Verhalten oder auch nur um rote Haare handeln. Von großer Bedeutung ist dabei stets, dass das Opfer die Angriffe des Täters auf diese Merkmale nicht kontern oder ihnen nicht ausweichen kann, weil es sich selbst hilflos vorkommt. Diese Hilflosigkeit ist oft in einem niedrigen Selbstwertgefühl und einer schlechten Problemlösungskompetenz begründet. In vielen Fällen werden Opfer von Bullying überbehütet und eingeengt erzogen, während Täter eher autoritär und bestrafungsorientiert aufwachsen.

Täter neigen zur Selbstidealisierung und haben eine positive Einstellung zu Gewalt. Unter vielerlei Begründungen machen sie das Opfer selbst für die Taten verantwortlich: Es hätte ja nicht so blöd gucken müssen, es hätte sich ja wehren können, es hätte ja gar nicht zur Schule zu gehen brauchen usw. Die Passivität der zuschauenden Mitschüler bestärkt sie noch in ihrem Handeln.

Doch es geht nicht nur um die Beschreibung von Verhaltensweisen der Täter. Viel wichtiger ist die Frage, wie es sich für die Täter anfühlt, diese Gewalttaten zu begehen, und was für die Täter der persönliche Gewinn ist, Klassenkameraden zu quälen. Ist es die Angst oder resignierte Hilflosigkeit in den Augen des Opfers? Ist es die Genugtuung, stärker zu sein und das Opfer dominieren zu können?

Studien zeigen, dass die Täter ihr Bullying genießen. Sie stehen während ihrer Tat im Mittelpunkt und können endlich einmal allen zeigen, dass auch sie etwas richtig gut können: Gewalt nutzen, um Macht zu gewinnen und diese zu demonstrieren. Der wirkliche Gewinn liegt also nicht nur in der Demütigung des Opfers und in dem Sieg über den Kontrahenten, sondern auch in der Reaktion der umstehenden Klassenkameraden.

Um ein solches Verhalten wirklich verstehen zu können, ist es wichtig, grundlegende Formen von Gewalt zu unterscheiden. Denn Mobbing hat so gar nichts mit einer typischen Schulhofschlägerei zu tun, bei der die Kontrahenten sich mit hochrotem Kopf gegenüberstehen. Bei einem einfachen, körperlich ausgetragenen Streit auf dem Schulhof wird die Gewalt typischerweise als Reaktion auf eine wahrgenommene Bedrohung ausgeübt. Wir sprechen dabei auch von einer »emotionalen Form von Gewalt«.

Nach der Wahrnehmung der Bedrohung stellt sich ein Gefühl von Wut oder Angst ein. Schon an der Körperhaltung ist abzulesen, was gleich passieren wird, wenn niemand einschreitet. Die Streithähne ballen die Fäuste, richten den Körper auf, strecken die Brust heraus und starren sich an. Ihre Atmung wird schneller und ihr Herz schlägt kräftiger. Sie zittern leicht vor Anspannung und es wird ihnen warm. Auch die Schmerzempfindlichkeit ist herabgesetzt. All das ist durchaus sinnvoll, denn unser Körper bereitet sich darauf vor, Gewalt anzuwenden und auch auszuhalten. Energie wird gesammelt und die Hemmschwelle, anderen Schaden zuzufügen, wird gesenkt. Bei der Auseinandersetzung sind die Kontrahenten hellwach und aufmerksam, erleben jedoch meist eine Art Tunnelblick. Ihr Fokus liegt komplett auf der Konfrontation. Würde man ihnen in einer solchen Situation eine simple

100-Euro-Frage aus *Wer wird Millionär* stellen, so hätten sie keine Chance, eine durchdachte Antwort zu geben.
Ihr hohes Stressempfinden bewirkt aber auch, dass schnell eine Zielverschiebung auf Dritte erfolgen kann. Tritt beispielsweise jemand zwischen zwei Streithähne, dann ist das zwar möglicherweise heldenhaft, jedoch auch ziemlich dumm. Allzu schnell wird er selbst Opfer der Gewalt. Der Einschreitende bekommt dann unter Umständen die Fäuste beider Kontrahenten zu spüren, weil er von ihnen »blindwütig« als Bedrohung wahrgenommen wird.
Und beim Mobbing? Ein typisches Mobbing-Geschehen stellt sich ganz anders dar. Hier wird die Gewalt vom Täter mit kühlem Kopf und ohne körperliche Erregung ausgeübt. Er sieht sich nicht in einer Bedrohungssituation und ist auch nicht so tief in einen offenen Konflikt involviert, dass er nur noch sein Gegenüber im Blick hat. Vielmehr nutzt er die Gewalt kalkuliert, um ein bestimmtes Ziel zu erreichen – sei es Macht, Kontrolle, Aufmerksamkeit oder Ansehen. Daher spricht man diesbezüglich auch von einer absichtlichen und »zielgerichteten Form von Gewalt«.

Andi kann in unserer Geschichte mit kühlem Kopf durch verschiedene rituelle Stadien des Konfliktes gehen. Er kennt und erwartet die Reaktionen seiner Klassenkameraden. Der stille oder auch direkte Applaus seiner aktiven und passiven Unterstützer wirkt auf den Täter berauschend, ganz ähnlich wie bei einem antiken Gladiatorenwettkampf.
Und damit sind wir bei unserem ersten Kriegertyp: Gladiatoren traten im antiken Rom von etwa 264 v. Chr. bis in die Anfänge des 5. Jahrhunderts n. Chr. als Berufskämpfer in öffentlichen Schauspielen gegeneinander an. Ursprünglich fanden ihre Kämpfe zu Ehren von Verstorbenen statt und sollten die besten Eigenschaften des römischen Volkes demonstrieren. Damals zählte man vor allem Mut, Kraft und Ent-

schlossenheit dazu. Doch schnell bemerkten die römischen Politiker, dass sie sich durch die Veranstaltung solcher Kämpfe die Anerkennung und das Wohlwollen der römischen Bevölkerung sichern konnten. Je außergewöhnlicher die Kämpfe waren, desto besser wurde das Volk unterhalten.

Gerade erfolgreiche Gladiatoren hatten einen Heldenstatus. Männer achteten sie aufgrund ihrer Kampfesfertigkeiten und selbst adlige Römerinnen fanden sie (durchaus auch sexuell) ausgesprochen attraktiv. Vasen wurden mit ihrem Ebenbild geschmückt und kleine Figuren wurden ihnen nachgebildet. Ihre Namen und Siege kritzelte man als eine Frühform des Graffitis auf die Häuser Roms.

Mit zunehmender Anzahl von Kämpfen stieg allmählich nicht nur die Erfahrung und Selbstsicherheit eines Gladiators, sondern auch seine Beliebtheit. Mit der größeren Anhängerschaft wiederum verbesserte sich auch die Wahrscheinlichkeit, vom Publikum oder von dem Veranstalter der Spiele begnadigt zu werden, falls er im Kampf unterlag. Denn das Überleben des Kriegers sicherte auch für die Zukunft spannende Kämpfe und eine gute Show. Solange das Publikum einem Gladiator zujubelte, hatte dieser vergleichsweise gute Überlebenschancen und konnte den Status eines heutigen »Popstars« genießen.

Auf den ersten Blick scheint nichts ferner zu liegen als ein Vergleich zwischen einem antiken Gladiator und dem modernen Jungen, der andere hänselt. Und doch gibt es Parallelen: Damals wie heute betritt ein überlegener Krieger zur Freude des Publikums die Arena und wird gefeiert. Nur der Ort hat sich geändert. Damals wie heute ist der Kampf bzw. das Bullying nur dann möglich, wenn das Publikum den Kämpfer weiterhin bejubelt.

Die Schlussfolgerung liegt auf der Hand: Will man Bullying vermeiden, so darf nicht nur allein beim Konflikt zwischen Täter und Opfer angesetzt werden. Lehrer, Eltern und vor allem die Mitschüler müssen in die Konfliktaufarbeitung mit einbezogen werden. Der Kriegertraum eines Bully kann nur dann von ihm ausgelebt werden, wenn er von seinen Zuschauern unterstützt wird. Entzieht man diese Unterstützung, so neutralisiert man auch seine Macht.

Während für Deutschland keine entsprechenden Zahlen zur Verfügung stehen, geben die Erkenntnisse der kanadischen Psychologinnen Wendy Craig und Debra Pepler zumindest einen Anhaltspunkt für das Verhältnis der Machtverteilung in Bullyingsituationen. Demzufolge verhielten sich in ihrer Erhebung knapp zwei Drittel aller Schüler dem Täter gegenüber freundlicher als dem Opfer gegenüber. Ein Drittel empfand Belustigung, wenn jemand anderes schikaniert wurde. Die Hälfte der Klassenkameraden beteiligte sich in unterschiedlich hohem Maße aktiv daran, jemanden zu drangsalieren. Dabei stellte sich das Einschreiten durch die Lehrer eher glücklos und uneinheitlich dar, ja beruhte gar auf Fehleinschätzungen: Während sie selbst glaubten, in 85 Prozent aller Fälle einzuschreiten, bestätigten ihre Schüler dies lediglich für 35 Prozent der Fälle.
Gerade auf eine effektive Intervention kommt es jedoch an. Der schwedische Psychologe Dan Olweus beschreibt den Bullyingprozess als einen Teufelskreis. Er muss konsequent unterbrochen werden, um diese Verhaltensweisen und damit das Leid der Opfer zu unterbinden. Indem verängstigte Opfer, uninformierte Eltern und überforderte Lehrkräfte hinnehmen, dass große Teile der Mitschüler vom Bullying fasziniert sind und es dulden, sich daran erfreuen oder es sogar bewundern, werden die Verhaltensmuster des Täters verstärkt. Er wird damit ständig zum Fortsetzen seines Tuns ermutigt.
Was kann ein Lehrer wie Herr Schultze also tun, wenn er eine Situation bemerkt, in der Bullying ausgeübt wird? Wie kann er Leon schützen, Andi in seine Schranken weisen und

der Klasse Empathie, Zivilcourage und Handlungskompetenz beibringen, damit Bullying im Klassenverbund nicht mehr auftritt?

Zunächst ist es wichtig, die Ereignisse zu dokumentieren und auf Schulebene alle fachlich Betroffenen darüber zu informieren. Schulleitung, Klassenlehrer, Beratungslehrer und im Idealfall auch ein Schulsozialarbeiter sollten am runden Tisch über das weitere Vorgehen entscheiden. Hierzu gehört beispielsweise auch, welche Helfer je nach Schweregrad der Vorfälle von außen hinzugezogen werden sollten. In der Regel ist dies zumindest der zuständige Schulpsychologe. Sinnvoll kann insbesondere beim Vorliegen von strafbaren Handlungen darüber hinaus auch das Einbeziehen von Schulaufsicht und Polizei sein. Gemeinsam können Möglichkeiten der Opferhilfe sowie pädagogische Reaktionen und Ordnungsmaßnahmen diskutiert werden.

Unabdingbar sind Einzelgespräche und das klare Ziehen von Grenzen. Einem Jungen wie Andi muss seine Verantwortung ebenso unmissverständlich deutlich gemacht werden wie die Folgen seiner Handlungen. Da es sich bei Bullying um ein berechnendes, gezieltes Verhalten handelt, muss vor allem auf die bewussten Denkprozesse eingewirkt werden. Das Beeinflussen von Einstellungen, Wünschen und Absichten eines Täters ist hier zunächst weit wichtiger, als seine Fähigkeit zur Kontrolle seiner Gefühle zu stärken.

Für Opfer kann neben der Hilfe durch Lehrer im Einzelfall auch eine Unterstützungsstruktur durch Mitschüler aufgebaut werden. Beispielsweise könnte Leon ein Schüler an die Seite gestellt werden, dem er vertraut, der in der Klasse akzeptiert ist und der Andi gewachsen ist, um Leon wortgewaltig zu schützen. Dies funktioniert jedoch nur, wenn ein solcher Schüler auch empathisch, couragiert und handlungskompetent genug ist, um Leon unterstützen zu können. Kevin könnte von außen betrachtet durchaus als sinnvolle Wahl erscheinen, hätte jedoch noch zu wenig Toleranz und zu wenig Hilfsbereitschaft, um sich für Leon einzusetzen. Leons Situation müsste ihm zunächst eindringlich verständlich gemacht werden, bevor er ihm helfen würde. Von einem Schulsozialarbeiter oder Psychologen könnte Leon lernen, sich selbstsicherer zu verhalten und angemessene Formen der Selbstbehauptung zu lernen.

Auch mit den Eltern sollten Einzelgespräche geführt werden. Den Eltern von Bullyingtätern sollte zunächst verdeutlicht werden, dass sie der Versuchung widerstehen müssen, das eigene Kind unbesehen in Schutz zu nehmen. Sie müssen ihm stattdessen klarmachen, dass Bullyingverhalten nicht toleriert wird. Es geht darum, die Vorfälle zu besprechen, Beweggründe herauszufinden und klare Grenzen zu setzen. Diese Grenzen erfordern auch das Aufzeigen von Konsequenzen, wenn ihr Kind nicht damit aufhört.

Eltern von Bullyingopfern sollte ebenso die Wichtigkeit ehrlicher und häufiger Gespräche mit ihrem Kind vermittelt werden, in denen auch körperliche und psychische Auffälligkeiten beachtet werden. Dem Kind sollten dabei Möglichkeiten erklärt werden, wie es in Zukunft Hilfe von Mitschülern und Lehrern bekommen kann.

Sowohl Eltern von Bullyingtätern als auch Eltern von Bullyingopfern sollten ihren Kindern Hilfestellungen anbieten, ihr Verhalten zu ändern und auch keine falsche Scheu davor haben, die Hilfe eines Schulpsychologen oder einer Erziehungsberatungsstelle in Anspruch zu nehmen.

Ebenso sollten die Eltern der Klassenkameraden per Infobrief oder Elternabend über das Geschehen informiert werden, denn alle Eltern können zur Prävention weiterer Taten beitragen.

Auf einem Elternabend sollten dann alle Eltern darum gebeten werden, mit ihrem Kind fortan offene, ehrlich interessierte und vertrauensvolle Gespräche zu führen. So können sie erkennen, ob alles in Ordnung ist. Zudem sollte darauf hingewiesen werden, dass sie

- sich Zeit für das Kind und seine Bedürfnisse nehmen;
- ihr Kind darum bitten, von eventuellen Problemen zu berichten;
- ein deutliches Signal ihrer Hilfsbereitschaft setzen;
- über weitere Elternabende, Elternsprechtage und Sprechstunden einen engen Kontakt zur Schule halten, bei dem es nicht nur um Noten geht, sondern vor allem um das Verhalten und die Eingebundenheit des eigenen Kindes in den Klassenverband.

Neben dem Einwirken auf die Eltern ist auch die Arbeit in der Klasse von grundlegender Bedeutung. Sehr wichtig ist es, Klassenregeln gegen Mobbing zu etablieren. Es ist meist wenig wirksam, wenn diese Regeln einfach von oben verordnet werden. Günstiger ist es, sie im gemeinsamen Gespräch mit den Schülern zu entwickeln und per Unterschrift aller Beteiligten symbolisch zu besiegeln. Dabei sollten die Regeln so verfasst sein, dass sie am Verhalten konkret überprüfbar sind. Nur so können Schüler und Lehrer bei Verstößen auf die gemeinsame Übereinkunft hinweisen. Typische Regeln können etwa lauten »Wir verzichten auf kränkende Spitznamen und Schimpfworte« oder »Wir sehen hin und helfen, wenn jemandem Unrecht geschieht«.

Das Klassenklima sollte zusätzlich verbessert werden, indem eine offene Atmosphäre geschaffen und eine faire, konstruktive Gesprächs- und Streitkultur begründet wird. Auf diese Weise kann den Tätern dauerhaft die soziale Unterstützung entzogen werden, die sie benötigen, um ihr Handeln fortzusetzen. Erst wenn Andi der Beifall seines Publikums entzogen wird und er Kritik für sein Handeln erntet, verliert sein Weg der Selbstverwirklichung als moderner Gladiator seinen Sinn.

Verschiedene Präventionsmodelle, wie etwa »Konfliktlotsen« (z.B. nach Ortrud Hagedorn), »Schülermentoren«-Systeme

(z. B. das Buddy-Projekt) oder »Bullying-Interventionsprogramme« (z. B. nach Dan Olweus) können hier sehr hilfreich sein.

Doch eine Aufarbeitung fand in Kevins Schule nicht statt. Die Lehrer bemerkten wenig von den Vorkommnissen und beschränkten sich auf ein gelegentliches »Ruhe jetzt!«. Sie fühlten sich überfordert. Die einzige Schulsozialarbeiterin hätte ohne Weiteres einen 48-Stunden-Tag füllen können. Den zuständigen Schulpsychologen informierte man erst gar nicht, denn der war nicht nur für diese Schule zuständig, sondern für über 25 000 weitere Schülerinnen und Schüler. Die Eltern ins Boot zu holen, hätte aus Sicht der Lehrer auch nur wertvolle Zeit gekostet. Noch dazu wäre die Schule öffentlich in ein schlechtes Licht gerückt worden, wenn die Presse davon Wind bekommen hätte. Selbst als die Situation eine Woche später eskalierte, griff niemand durch.
Als sich montags vor der ersten Stunde die Tür vorsichtig öffnete, kam Leon wie immer mit gesenktem Kopf hereingetappt. Ohne aufzusehen, setzte er sich an seinen Platz. Der sieht ja schon wieder so aus, als wenn »Schlag mich!« auf seinem Käppi steht, dachte Kevin. »Da kommt ja das Unterhosenpferdchen!«, rief Andi von hinten. »Hey, Leon! Wie iss'n das, is' deine Buchse heute rosa?«
Springt gleich auf Phase zwei, dachte Kevin und zog die Augenbrauen hoch. Aus mehreren Ecken des Klassenzimmers erklang Gekicher. Andi sagte etwas zu seinem Banknachbarn Patrick. Der stand auf und ging vor zur Tafel, um mit einer Handvoll Kreide zurückzukommen und sie Andi unter der Bank zu reichen. Gleich darauf betrat Lehrer Schultze das Klassenzimmer.
Die Mathestunde zog sich an diesem Tag hin wie Kaugummi. Sie wollte und wollte einfach nicht enden. Kevin war in Gedanken noch ganz bei dem Videospiel Gears of War, das er die ganze Nacht an seiner Konsole gespielt hatte. Während der Lehrer irgendetwas von geometrischen Figuren faselte, sah er sich durch die eigenartigen Höhlen der Maden rennen, war immer noch stolz darauf, dass er

ganz allein mit einem Scharfschützengewehr und dem einfachen Lancer einen ganzen Wachposten auf einem Felsgrat ausgehoben hatte und spürte geradezu die Einschläge der Geschosse, als das versteckte MG-Nest ihn aufs Korn genommen hatte … aber er hatte es gerade noch geschafft und – »Kevin, erklär uns das bitte mal an der Tafel.«

Kevin bekam einen Schreck, fast so wie bei den ersten Treffern des verborgenen MGs. Mit einem leisen Seufzen stand er auf und schlenderte vor zur Tafel. Was für 'n Scheiß. Er überflog das, was an der Tafel stand, und verstand rein gar nichts.

Der Schultze rief einen Streber nach vorn, als Kevin nur blöde an der Tafel herumstand, und ließ sich die Aufgabe lösen. Kevin sah währenddessen betont gelangweilt über die Klasse. Und bemerkte ein Kreidestück zu Leon fliegen. Patrick und Dennis kicherten verhalten. Während der Schultze nur Augen für die Tafel hatte, beobachtete Kevin das Fortschreiten von Phase drei: Andi sortierte seine Kreidestücke unter der Bank, sah zum Schultze und warf Leon eines gezielt an den Kopf. Leon sah kurz auf, fegte das Stück Kreide von der Bank und beugte sich wieder tief über sein Heft.

Nach einer Weile beteiligten sich Patrick und Dennis an dem Bombardement, immer wenn der Schultze wegsah. Ein Teil der Klasse grinste und kicherte, ein Teil schien gar nichts zu bemerken. Einige, wie Leons Tischnachbarin, sahen ziemlich genervt drein, wagten aber nicht zu protestieren.

Andi gab seinen beiden Kumpels ein Zeichen und zwinkerte dem Rest der Klasse verschwörerisch zu. Mit den Lippen formte er die Ziffern eins, zwei, drei. Gerade korrigierte der Schultze einen Zahlendreher. Drei.

»Hey, Leon!«, zischte Andi und richtete sich gleichzeitig mit Dennis und Patrick auf. Aus der Drehung warfen sie drei große Kreidestücke nach Leon, der gerade aufgesehen hatte. Eines traf ihn am Auge, das andere auf die Nase und das dritte prallte mit einem hörbaren Klicken von der Bank ab. »Aua!«, entfuhr es Leon. Depp, dachte Kevin.

Der Schultze drehte sich herum und blickte über die Klasse. Andi saß da wie die reine Unschuld. Die halbe Klasse versuchte, nicht zu grinsen. Leon rieb sich sein Auge. Um ihn herum lagen überall Kreidestücke.

»Leon, du schon wieder, was machst du da! Du hast doch wohl nicht die ganze Kreide geklaut! Ja, kann das denn wahr sein! Du kommst gleich nachher mit zum Direktor!«, donnerte Schultze.

O mein Gott, dachte Kevin. Leon ist wirklich ein Idiot! Der fängt gleich das Heulen an!

Tatsächlich kämpfte Leon mit den Tränen. Dann, plötzlich, stand er mit einem Ruck auf, griff seinen Rucksack und flüchtete aus dem Klassenzimmer.

Die nächste Woche kam Leon nicht zur Schule.

Drei Web-Tipps:

- www.schueler-gegen-mobbing.de/portal/
  (zahlreiche Berichte von Bullyingopfern)
- www.bullying-in-school.info/de/
  (Portal mit Grundlagenartikeln, Hinweisen und Links)
- www.mobbing.seitenstark.de
  (Infoseite für Kinder, Eltern und Lehrer)

Drei Buch-Tipps:

Scheithauer, H.; Hayer, T. und Petermann, F.: »Bullying unter Schülern: Erscheinungsformen, Risikobedingungen und Interventionskonzepte«, Göttingen 2003

Schubarth, W.: »Gewalt und Mobbing an Schulen: Möglichkeiten der Prävention und Intervention«, Stuttgart 2009

Spröber, N.; Schlottke, P. und Hautzinger, M.: »Bullying in der Schule: Das Präventions- und Interventionsprogramm PROACT + E«, Weinheim 2008

Kapitel 3

Gewalt aus dem Verborgenen: Cyberbullying

ninja

Kevin wusste nicht, wie spät es war. Noch nicht einmal, ob es noch Samstag oder schon Sonntag war. Die Jalousien hatte er nicht mehr hochgezogen, seit er von der Schule gekommen war. Seine Mutter hatte er aus dem Zimmer gejagt und ihr nur erlaubt, ihm Pizzen hereinzubringen. Ging sie gar nichts an, was er hier machte. Er war schließlich kein kleiner Junge mehr.

»GG«, tippte er in den Teamspeak. Das bedeutete »Good Game« und war ein Abschiedsgruß nach einer Online-Computerspielsitzung. Er loggte sich aus Counterstrike aus. Neben dem Bildchen einer feuerroten Schlange erschien der Schriftzug seines Teamkumpels vEn0m.

»Warum nicht öfters on? Brauchen headshooter«

»Geht nicht platoon wartet«

»?«, erschien es fragend neben vEn0ms Benutzerbildchen.

»CS schon kewl«, tippte Kevin, »aber in AA kann man platoons aufbauen, anführer sein, CS = immer irgw gleich«

»Omg«, erwiderte vEn0m als Zeichen dafür, dass er Kevins Ansichten für ziemlich dumm hielt und verabschiedete sich mit einem »Ok su«.

Gerade wollte Kevin sich schnell eine Cola aus der Küche holen, als jemand ihn im Chat anpingte.

Widerwillig schaltete er ins Chatfenster zurück. Es war sein Kumpel Patrick aus der Schule, der hier »Artan« hieß.

»Was«, tippte er. Neben dem Darth-Maul-Gesicht, das Patrick alias Artan als Benutzerbild gewählt hatte, erschien: »Omfg guck mal leon #0wned #spast«, und Kevin bestätigte den Empfang einer größeren Filmdatei, die Patrick ihm senden wollte. Während die

Datei geladen wurde, schrieb er in der kryptischen Abkürzungssprache, die bei Chats verwendet wird:
»? später jetzt AA«
»Jetzt«
»WTF?«
»Leon @ klo«
»WTF????«
»Angucken=ROFLMAO«
ROFLMAO, sich krankzulachen, versprach Patrick also.
»Flash = n00b«, schrieb Kevin zurück, der irgendein gezeichnetes Flash-Filmchen erwartete, das sich über Leon lustig machte. Er erinnerte sich noch gut daran, wie Andi dem zierlichen Jungen vor zwei Jahren so übel mitgespielt hatte, dass er nach der Kreideattacke die Schule für eine ganze Woche nicht mehr besucht hatte. Nachdem Andi die Schule verlassen hatte, war Leon zwar nicht mehr gehänselt worden, aber für Kevin blieb er der blöde Spacko von damals.
»Fck flash, vid = rl leon owned«, riss Patrick ihn aus seinen Gedanken. Also kein billiges Flash-Teil, dachte Kevin, sondern Leon im »realen Leben« in die Pfanne gehauen?
»K«, antwortete er eher lustlos und startete die Videodatei.
Zuerst sah er auf dem Video nur ein unscharfes, dunkles Bild voller Schwarz- und Brauntöne und wollte schon wieder den Browser beenden, als ein Licht anging. Kevin erkannte die Kabine einer ihrer Schultoiletten an dem Graffiti, das quer über den Klodeckel gemalt worden war. Die Kamera musste irgendwo neben der Lampe an der Decke verborgen worden sein.
Leon betrat die Kabine. Ganz offensichtlich hatte er keine Ahnung, dass er beobachtet wurde, denn er verriegelte die Tür und ließ die Hosen herunter.
Super, dachte Kevin, Leon beim Scheißen zusehen, wollte ich ja schon immer. Patrick hat schon allein dafür eins in die Fresse verdient, dass er mir gerade meine wertvolle Zeit … mit einem Mal saß er kerzengerade da und glaubte seinen Augen nicht zu trauen.

Was tat Leon da? Er machte mit dem Arm in seinem Schoß ruckartige Bewegungen – der holt sich doch nicht etwa einen runter? Doch, das tut er wirklich! Auf der Schultoilette!
Kevin glotzte auf den Bildschirm und folgte Leons Bewegungen. Am Schluss erschien der Schriftzug »Leon, der Profi«, dessen Buchstaben zu zerlaufen begannen, als würden sie schmelzen, und das Video war vorbei.
Kevin saß für einen Augenblick sprachlos vor dem Rechner. War Leon scheiße! Orgelte der sich einen auf der Schultoilette! Und merkte gar nicht, wie er dabei gefilmt wurde! Wie hohl in der Birne musste man denn sein!
»Krass«, schrieb er an Patrick alias Artan zurück, als er sich wieder gefangen hatte. Dann wandte er sich endlich seinem Spiel zu.
Als er am nächsten Morgen in die Schule kam, warf er einen Blick auf die Vertretungspläne – und ihm stockte der Atem. Dort hing ein Din-A4-Farbausdruck von Leon, wie er gerade auf dem Höhepunkt den Kopf in die Kamera bog. Jemand hatte seine Faust nachgeschärft, die ein Stück unter ihm noch zu sehen war, und mit einem Fließeffekt einige lange Spritzer hinzugefügt. Eine Horde Unterstufenschüler hatte sich um das Bild versammelt, und auch immer mehr Ältere blieben stehen. Der eine oder andere knipste ein Foto davon mit dem Handy. Erst jetzt bemerkte ein vorbeikommender Lehrer das Bild und nahm es sichtlich entsetzt ab.
Dieses Bild war aber nicht das einzige. Auch im Klassenzimmer und in der Pausenhalle fanden sich die Ausdrucke wieder. Wo kamen die nur alle her? Nachdem die Lehrer die Bilder hektisch entfernt hatten, wollten sie wissen, wer das getan hatte, aber sie bekamen keine Antwort.
Kevin erfuhr des Rätsels Lösung, als er sich nach der Schule im Chat mit den anderen darüber unterhielt: Ein gewisser Artan brüstete sich damit, das Video auch auf die Videoplattform YouTube hochgeladen zu haben. Patrick hatte es also verbreitet! Und er hatte ganze Arbeit geleistet. In ein paar Internetforen hatte er unter einem anderen Pseudonym darauf hingewiesen und es außerdem

beim Kurznachrichtendienst Twitter erwähnt. Innerhalb von zwei Stunden hatte die Nachricht dort 30 »Retweets« hervorgebracht, bei denen andere seine Nachricht zitierten. Jedes Mal mit dem Link zum Video auf YouTube. Bis zum Morgen war das Video schon viele hundert Mal angesehen worden, und als es dort gesperrt wurde, hatten es sich schon mehrere Dutzend Schüler auf ihren Rechner heruntergeladen.
Obwohl das Video rasend schnell zu einer zweifelhaften Berühmtheit gelangte, blieb Kevin einer der wenigen, die Patrick als denjenigen kannten, der die Lawine ins Rollen gebracht hatte. Nicht einmal er wusste, ob Patrick das Video auch angefertigt hatte. Den Lehrern und Eltern blieb die Identität des Täters ganz verborgen. Von Leon selber fehlte jede Spur. Geh sterben, dachte Kevin. Du bist und bleibst halt ein Opfer.

Gegen diesen Vorfall erscheint das im letzten Kapitel dargestellte herkömmliche Bullying geradezu harmlos. Die moderne Technik ermöglicht es seit einigen Jahren, dass sich Bullying mithilfe von mittlerweile alltäglichen Mitteln zu einer nachhaltigen Lebenskatastrophe auswachsen kann.
War es zuvor nötig, dass Andi und seine Freunde Leon im direkten Kontakt und unter dem Beifall der anwesenden Klasse schikanierten, genügt mittlerweile eine Videoaufnahme, um Leon den sozialen Todesstoß zu versetzen.
Statt einer persönlichen Konfrontation, bei der sich das Opfer zumindest theoretisch noch wehren könnte, werden versteckt kompromittierende Aufnahmen angefertigt und einem breiten Publikum zur Verfügung gestellt. Die Bilder von Leon konnten durch die unbemerkt angebrachte Kamera in wenigen Minuten einen unglaublich breiten Zuschauerkreis erreichen.
Oft werden Fotos oder Filme mit dem Handy angefertigt, das von den Jugendlichen ohnehin überall mitgeführt wird. Diese Bilder können dann per Bluetooth-Funktion auf die Han-

dys der Freunde weitergeleitet werden, sobald sich diese in der Nähe befinden. Mit der im Frühjahr 2010 in Produktion gegangenen Version 4.0 soll es zwei Bluetooth-Geräten bereits möglich sein, in weniger als fünf Millisekunden eine Verbindung aufzubauen und diese bis zu einer Entfernung von 100 Metern zueinander aufrechtzuerhalten. Doch selbst bei älteren Geräten reicht die Sendestärke problemlos, um Fotos und Filme auch durch Wände hindurch auf Geräte von Freunden in Nachbarklassen zu verschicken.

Ebenso können Fotos und Filme direkt vom Handy oder über den PC online gestellt werden. Spätestens zu diesem Zeitpunkt ist jede Kontrolle des Filmers dahin, denn im Internet können sich Fotos und Filme, die als aufregend empfunden werden, rasend schnell weltweit verbreiten. Früher hatte die Einsicht des Täters auch das Ende des direkt zugefügten Leids für die Opfer zur Folge. Heute können Täter, die Neue Medien genutzt haben, das Ende des Leids gar nicht mehr selbst kontrollieren.

Auch der Zuschauerkreis ändert sich. Waren es zuvor nur die anwesenden Klassenkameraden und vielleicht einige weitere Schüler, denen das Geschehen erzählt wurde, erreichen Bilder und Filme nun unter Umständen weltweite Aufmerksamkeit. Noch dazu ist jeder Betrachter der Fotos und Filme Zeuge des tatsächlichen Geschehens, nicht nur einer mündlich weitergegebenen Information. Leon wird von diesem Moment an sein Leben lang befürchten müssen, dass jemand an seinem neuen Wohnort, an seiner neuen Schule oder an seinem späteren Arbeitsplatz das Video gesehen hat und ihn damit öffentlich zur Schau stellt. Was werden seine Verwandten dazu sagen, was ein späterer Vorgesetzter, was seine erste Freundin, wenn ihnen dieses Video zugespielt wird oder sie es selbst im Internet finden?

Damit ist nun auch die letzte Schranke durchbrochen: Zuvor konnte ein Opfer sich zumindest zu Hause in den eigenen vier Wänden sicher fühlen. Wird Bullying jedoch über Neue Medien ausgeübt, so ist ein Opfer selbst im eigenen Zimmer immer neuen Nachstellungen ausgeliefert. Elektronische Kommentare mittels E-Mails, Chats, SMS-Nachrichten und in sozialen Netzwerken überhäuften Leon mit Erniedrigungen.

In Bezug auf derartige Vorkommnisse spricht man mittlerweile auch in Deutschland von *Cyberbullying*. Damit wird die absichtliche und wiederholte Schädigung eines Menschen unter Nutzung von elektronischen Geräten wie Computern und Mobiltelefonen bezeichnet.

Über die Häufigkeit des Cyberbullying herrscht derzeit noch einige Unklarheit. In den letzten Jahren ist weltweit eine erste Welle von Studien zur Tragweite dieses Phänomens durchgeführt worden, die deutlich voneinander abweichende Ergebnisse erzielt haben. 2009 analysierte Shaheen Shariff die verfügbaren Studien aus den USA, Großbritannien, Kanada, Australien sowie aus Japan, China und Korea. Dabei entdeckte sie Opferzahlen in einer Bandbreite von zehn bis 42 Prozent der Befragten. Natürlich hängt dies zumindest teilweise damit zusammen, dass die technologischen Möglichkeiten zum Cyberbullying noch nicht lange verfügbar sind. Daher zeigt der internationale Überblick auch, dass Cyberbullying vor allem ein Phänomen der Industrienationen ist und erst in hohem Maße auftritt, seit Handys über Videofunktionen verfügen. Doch auch kulturelle Besonderheiten können diese Erhebungen stark beeinflussen. So berichtet eine Studie aus Indien, dass sage und schreibe 65 Prozent der indischen Schüler Opfer von Cyberbullying mithilfe von Telefonen geworden seien. Ein genauerer Blick zeigt allerdings, dass einige Formen von Bullying gegen niedrigere Kasten in Indien als akzeptable Verhaltensformen gelten und dass die Sonderform des sogenannten *Eve teasing* (dt.: Jungfrauen necken) sogar in einigen Bereichen Indiens kulturell positiv bewertet wird. Daher feh-

len Gesetze und soziale Normen, die sich gegen diese Verhaltensweisen richten.
Erstaunlicherweise sind die in Deutschland von Wissenschaftlern geschätzten und teilweise auch erhobenen Daten weit niedriger als der weltweite Trend. Allerdings existieren auch noch keine repräsentativen und damit wissenschaftlich fundierten Studien. Hinter die noch weitgehend vertretene Annahme, dass nicht mehr als 5,5 Prozent der deutschen Schüler »in den letzten zwei Monaten achtmal oder öfter« Opfer von Cyberbullying werden, ist daher ein Fragezeichen zu setzen.
Wird Cyberbullying in Deutschland seltener bemerkt oder tatsächlich seltener begangen? Oder wird in Deutschland ein anderer Schweregrad zugrunde gelegt, um eine Handlung als Cyberbullying zu bezeichnen, als in anderen Ländern? All das wird erst mit dem Vorliegen repräsentativer »Längsschnittstudien« über Cyberbullying in Deutschland zu klären sein. Doch selbst wenn nur ein Kind pro Klasse in seiner Schulzeit bislang einschneidende Erfahrungen dieser Art machen musste, darf das von unserer Gesellschaft nicht toleriert werden.
Neben dem Versenden und Verbreiten von kompromittierenden Aufnahmen zählen noch weitere Verhaltensweisen zum Bereich des Cyberbullying. Dabei sind glücklicherweise nicht alle Formen so schwerwiegend, wie sie Leon erleiden musste. Betrachten wir einige Beispiele:
Nach aktuellen Erhebungen nutzen mehr als 70 Prozent unserer Schüler inzwischen mehrfach pro Woche soziale Netzwerke, wie etwa SchülerVZ, Facebook oder Lokalisten. Diese Kommunikationsstrukturen im Internet gehören mittlerweile zum Alltag von Jugendlichen und eignen sich auch in besonderer Weise dazu, den Fallstricken jugendlicher Unsicherheit zu entgehen. Völlig losgelöst vom eigenen Aussehen oder plötzlich ausspriеßenden Pickeln kann man mit ihrer Hilfe Kontakte schließen, neue Formen des Verhaltens aus-

probieren und anonym über Themen diskutieren, die Jugendliche bewegen. Doch bedeutet die Möglichkeit der Anonymität gleichzeitig, dass dieses mächtige Kommunikationsmittel leicht missbraucht werden kann. Unter falscher Identität können schnell und gezielt verleumderische Gerüchte gestreut werden. So bestätigten 38 Prozent der befragten Schüler in einer repräsentativen deutschen Studie bereits 2008, dass ohne ihr Wissen persönliche Videos und Fotos ins Internet eingestellt worden sind. 17 Prozent berichteten über falsche und beleidigende Informationen, die über sie verbreitet worden waren. Dass schon mal ein Bekannter in einer Community »fertiggemacht« worden sei, bestätigten 2009 sogar 25 Prozent der befragten Jugendlichen.

Die Jugendlichen machen es ihren Mitschülern allerdings auch durchaus leicht, Material dafür zu finden. 2009 stellten 83 Prozent Informationen über ihre Hobbys und Tätigkeiten, 69 Prozent eigene Fotos und Filme sowie 50 Prozent Fotos und Filme von Freunden und Familienmitgliedern online ein. Auch Angaben über sexuelle Präferenzen, Videos von überzogenem Alkoholkonsum und freizügige Fotos werden der Weltöffentlichkeit präsentiert und öffnen dem Missbrauch Tür und Tor.

Finden sich solche Bilder nicht, können sie leicht hergestellt werden. Vorzugsweise wird dabei in Nackt- oder Sexszenen, die aus den Weiten des Internets stammen, das Gesicht des Opfers mit Bildbearbeitungsprogrammen hineinkopiert. Werden dann noch Bildunterschriften über seinen zweifelhaften Ruf sowie seine Kontaktdaten hinzugefügt, steigert sich das Problem um ein Vielfaches, wie auch Leon erfahren musste. In besonders schwerwiegenden Fällen wurde unter der Identität des Opfers und mit dessen realer Adresse ein Gesuch in pädosexuellen Foren gestreut oder es wurden im Namen des Opfers Beschimpfungen gegen Dritte ausgesprochen. Auch das Bestellen von anzüglichen Waren im Namen des

Opfers, die an Dritte versendet werden, sind bekannte Mittel des Cyberbullying.

Neben den Vorgehensweisen unterscheiden sich auch die Tatmotive von Cyberbullies nach heutigem Kenntnisstand von denen eines herkömmlichen Bullies. Es kann durchaus passieren, dass Fotos und Filme von spektakulären Fehltritten in jugendlichem Übereifer auf die Mobiltelefone von Freunden und Klassenkameraden weitergeschickt bzw. ins Internet eingestellt werden und dann ungewollt ein fatales Eigenleben entwickeln. In der Mehrzahl der Fälle ist jedoch eine Schädigungsabsicht zu unterstellen. Auch wenn die Jugendlichen meist nicht überblicken dürften, wie schwerwiegend die Folgen ihrer Handlungen sind, handeln sie doch bewusst aus dem Verborgenen und wollen sich auf Kosten ihrer Opfer profilieren.

Den Sozialforscherinnen Petra Grimm und Stefanie Rhein zufolge ist aus Sicht der Jugendlichen dabei die Grenze zwischen Handyvideos, bei denen jemand in einer peinlichen Situation gezeigt wird, und Handyvideos mit sexuellen oder gewaltdarstellenden Inhalten fließend. Dies ist nicht erstaunlich, da gerade für Jugendliche der eigene Körper und die erwachende Sexualität wichtige Themen sind. So berichteten Jugendliche den Forscherinnen von Fotos eines Penisgrößenvergleichs, in deren Folge einer der Jungen beständig als »der mit dem Kleinsten« bezeichnet wurde, und von heimlichen Videoaufnahmen beim Sex, nach denen ein Mädchen nur noch »Blasehase« genannt wurde.

Die Motivation zum Filmen und Veröffentlichen der Clips fassen Grimm und Rhein in vier große Bereiche. Im ersten ist Langeweile das Handlungsmotiv, denn das Planen und Durchführen der Aufnahmen wird als aufregend und spaßig wahrgenommen. Es können auf Kosten der Opfer intensive Gefühle erlebt werden, die im Alltag selten auftreten. Die anderen drei Faktoren richten sich dagegen auf die Wirkung in der Gleichaltrigengruppe. Die Jugendlichen bekommen Aufmerksamkeit, können sich durch den Tabubruch als »cool« darstellen und haben die Möglichkeit, die Bilder als Beweis ihrer Stärke im Sinne von Abschreckung zu nutzen. Einer der befragten Jugendlichen schilderte die Tätermotivation so: »Ja, damit andere Leute sehen, wie stark der Junge ist, und wie cool die sind, damit man die nicht anmacht und so.«

Die *Cyberkrieger* arbeiten mit den Mitteln der Neuen Medien also auch an ihrer Mythologisierung. Was über ihre Taten für alle Welt einsehbar ist, schüchtert andere Schüler ein. Und diese Wirkung ist sehr effektiv: Nicht nur werden die Täter gefürchtet und genießen ihr Machtgefühl – auch das soziale Leben der potenziellen Opfer wird eingeschränkt. Ein jugendlicher Studienteilnehmer erzählte, dass er im Jugendzentrum nicht mehr die Toilette besucht. Seine Erfahrung zeigte ihm, dass dies ein wahrscheinlicher Schauplatz für die Erstellung von Aufnahmen ist, die für Cyberbullying genutzt werden können.

Die Steigerung von Ansehen, Furcht oder auch Beliebtheit durch Cyberbullying erhöht bei den jugendlichen Tätern auch den Anreiz, weitere und noch extremere Aufnahmen zu machen.

Interessanterweise spielt aber auch die Angst einiger Täter eine wesentliche Rolle. Jene Schüler zeichnen oft ein vereinfachtes Bild der Realität, in der es auf der einen Seite starke und coole Täter gibt, auf der anderen schwache und uncoole Opfer. Aus ihrer Sicht ist es nur folgerichtig, dass diese Schüler ebenfalls entsprechende Aufnahmen aus dem Verborgenen machen, um sich von den Uncoolen und Schwachen abzuheben.

Weil die moderne Technik keine direkte Konfrontation mehr erfordert, ist dies relativ einfach in die Tat umzusetzen. Der Jugendliche braucht keinen Mut oder körperliche Stärke, sondern nur ein gutes Mobiltelefon. Er kann im Verborgenen agieren und dann triumphierend das Ergebnis seiner Aufnahmen zeigen.

Während ein Bully also demonstrativ Macht über ein Opfer ausübt und sich dafür direkt von seinen Mitschülern feiern lässt, handeln Jugendliche beim Cyberbullying meist so verdeckt, dass das Opfer die Folgen der Handlungen erst dann bemerkt, wenn es schon zu spät ist.
Der Vergleich mit einem Gladiator ist beim Cyberbullying daher nicht zutreffend. Eine andere Kriegerklasse der Geschichte eignet sich jedoch als Parallele: der Ninja.
Ninja waren Söldner in der japanischen Feudalzeit, deren spezielle Kenntnisse und Dienste insbesondere ab dem 15. Jahrhundert gesucht waren. Der Kriegerstand der Samurai hatte einen strengen Verhaltenskodex entwickelt, der es unter anderem verlangte, offen und ehrenhaft zu kämpfen. Um die damaligen Unruhen siegreich zu überstehen, griffen jedoch einige Herrscher auf Krieger zurück, deren Techniken die Samurai als unehrenhaft erachteten. Zu den Einsatzbereichen dieser Ninja zählten vor allem Spionage, Sabotage, Agitation und Attentate. Sie waren Experten in psychologischer Kriegführung und handelten mit Vorliebe aus dem Verborgenen heraus. Sie praktizierten das derart geschickt, dass man ihnen im Volksmund die Fähigkeit zuschrieb, sich unsichtbar machen zu können. Ausgefeilte Verkleidungen erlaubten es ihnen, unerkannt Informationen zu sammeln und gegen den politischen Feind zu benutzen. Sie stachelten das Volk auf, beschädigten den Ruf und die Habe von Zielpersonen und führten so deren sozialen, vielfach auch realen Tod herbei.
Als Gegenmaßnahme versuchte man meist, sich entweder weniger angreifbar zu machen oder die Ninja rechtzeitig zu bekämpfen. So wurden Alarmsysteme in Gebäude einge-

baut, Sicherheitslücken geschlossen und Wege gesucht, die Tätigkeit von Ninjas sichtbar zu machen. Eine Burganlage in Kyoto hatte beispielsweise lange »Nachtigall-Flure« auf Metallscharnieren, die laut quietschten, wenn man darüberlief. Ein spezieller Kiesboden diente dem gleichen Zweck und trennte zusätzlich die Gebäude zur Absicherung gegen ausbrechende Feuer.

Lassen sich derlei Maßnahmen im übertragenen Sinne auch gegen Cyberbullies nutzen? Fest steht: Die geschilderten herkömmlichen Maßnahmen gegen Bullying sollten auch gegen Cyberbullying eingesetzt werden. Sie genügen jedoch keineswegs, um sich vor Cyberbullying ausreichend zu schützen. Vielmehr müssen analog zu den Sicherheitsvorkehrungen gegen Ninja auch gegen Cyberbullies Schutzmaßnahmen ergriffen und die Täter schnell entdeckt werden. Sobald die Videos oder Filme in Umlauf geraten, ist der Schaden kaum mehr abzuwenden.
Die Täter von Cyberbullying können als moderne Ninja nur dann den größtmöglichen Schaden anrichten, wenn sie vor, während und kurz nach ihren Taten unerkannt bleiben. Hätte Kevin beispielsweise nicht lobende Worte für Patricks Video gefunden, die Patrick noch in seiner Handlung bestärkten, sondern sofort Hilfe bei Erwachsenen gesucht, dann hätte das Video nicht derart schnell Verbreitung finden können.
Und noch schlimmer: Den Lehrern bleibt in diesem fiktiven Fall das tatsächliche Ausmaß der Schädigung verborgen, genau so, wie es sich auch in zahlreichen realen Fällen zugetragen hat. Mit der versuchten Intervention – nämlich die Quelle der Farbausdrucke ausfindig zu machen –, kratzen sie gerade mal an der Oberfläche von Leons neuen Problemen. Cyberbullying wird oftmals im Vorfeld unterschätzt, bei den eigentlichen Handlungen nicht bemerkt und nach der Hand-

lung nicht in seiner Tragweite erfasst. Der Cyberbully und sein Tun bleiben wie der Ninja im Japan des 15. Jahrhunderts oftmals unsichtbar, obwohl das Cyberbullying häufig entscheidend für das gesamte weitere Leben des Opfers ist. Leons Beispiel spricht hier Bände.

Welche Rolle spielen Erwachsene bei diesem Phänomen? Sind wir in der Lage, unsere Kinder und Jugendlichen angemessen vor derart schweren Opferwerdungen zu schützen? Ganz grundsätzlich ist die Tragweite durch die naive oder böswillige Nutzung von Neuen Medien weder Eltern noch der Schule im nötigen Umfang wirklich bewusst. Nach aktuellen Studien des Medienpädagogischen Forschungsverbundes Südwest (mpfs) lag der Mobiltelefonbesitz Jugendlicher 1998 bei acht Prozent. Zehn Jahre später besaßen bereits 95 Prozent der deutschen Jugendlichen eines. Der Zuwachs ist gigantisch. Von diesen 95 Prozent unserer Jugendlichen haben deren Handys zu 94 Prozent eine Kamera integriert, 79 Prozent sind internetfähig und 86 Prozent verfügen über eine Bluetooth-Funktion zum schnellen Versenden von Fotos und Filmen.

Die Möglichkeit zur Nutzung ist also vorhanden. Doch gehört das Fotografieren und Filmen per Handy wirklich zum Alltag von Jugendlichen? Tatsächlich verwendeten 2009 schon 47 Prozent der Mädchen und 35 Prozent der Jungen ihr Handy »täglich oder mehrfach pro Woche«, um Fotos und Filme damit anzufertigen. 28 Prozent der Mädchen und 26 Prozent der Jungen verschickten die Fotos und Filme »täglich oder mehrfach pro Woche« mit der Bluetooth-Funktion. Natürlich sind das üblicherweise keine schädigenden Inhalte.

Aber durch die Naivität und Spontaneität der Jugend liegt hier ein ganz erhebliches Schädigungspotenzial vor. Wir Erwachsenen bieten ihnen dabei kaum Anleitung und Hilfestellung, um die Neuen Medien sozial adäquat zu nutzen. Für das Fahren eines Autos benötigen Jugendliche zu Recht einen Führerschein, an eine Kreissäge lassen wir sie nur nach

ausgiebiger Einführung, doch was ist mit den modernen Möglichkeiten des Handys? Lehren wir ihnen die verantwortungsvolle Nutzung?
Am Beispiel des *Happy Slapping*, dem Inszenieren von Schlägereien oder Körperverletzungen für die Handykamera, wird schnell das Gegenteil deutlich. Unser Signal an die Jugend lautet nicht etwa »verhaltet euch verantwortungsbewusst«, sondern wir zeigen unseren Jugendlichen in der von Erwachsenen gestalteten Populärkultur, dass sie für das Aushalten, Aufzeichnen und Zufügen von Leid sogar noch belohnt werden bzw. setzen diese Handlungen in einen humorvollen Kontext. Schauen wir uns selbstkritisch einige Beispiele dafür an:

- Jugendliche bekommen von uns das Signal, dass sie mit Geldbeträgen und dem Abdruck ihrer Fotos oder dem Ausstrahlen ihrer Filme belohnt werden, wenn sie aufsehenerregende Aufnahmen an die Boulevardpresse (z. B. »Leserjournalismus«) oder Heimvideo-Sendungen (z. B. »Pannenshows«) schicken. Die Ausstrahlung von schmerzhaften Unfällen anderer Menschen wird dabei mit Lachern unterlegt.
- Jugendliche bekommen von uns das Signal, dass Schadenfreude und verletzende Bemerkungen anderen Menschen gegenüber positiv und lustig sind, wenn eine TV-Show mit jugendlich wirkendem Moderator in kurzen Einspielern immer wieder Menschen in peinlichen Situationen zeigt oder wenn der populäre Hauptjuror einer Casting-Show hämisch-boshafte Bemerkungen über das fehlende Talent seiner Kandidaten macht.
- Jugendliche bekommen von uns das Signal, dass das Aushalten schmerzhafter Handlungen lustig ist (z. B. in der TV-Sendung »Jackass«) und belohnt wird (z. B. in »Fist of Zen«), wenn jugendliche Teilnehmer sich unter dem Gelächter ihrer Kameraden mit nacktem Oberkörper in aufgestellte Mausefallen werfen oder sie unter dem Gekicher der Mitspieler mit Kakteen beschossen werden.

Vor dem Hintergrund, dass Nachahmung vor allem dann ausgelöst wird, wenn Zuschauer sich mit einem Darsteller identifizieren können (Alter), er positiv und prominent erscheint (TV-Persönlichkeiten) und den Handlungen ein Sinn zugewiesen wird (Geldbeträge, Ausstrahlung der Aufnahmen), ist dies höchst bedenklich. Wir dürfen nicht darüber klagen, dass unsere Jugend immer grenzenloser auftritt, wenn wir selbst die entsprechenden Schlüsselsignale aussenden.

Doch damit nicht genug. Wir geben unserer Jugend auch keine ausreichende Sicherheit im Umgang mit dem Internet. Schon die reine Internetnutzung ermöglicht den Zugang zu Gewaltpornographie, Anleitungen zum Bau von Rohrbomben oder effektiven Methoden der Selbsttötung. Sie ermöglicht ebenso, auf Propaganda und indizierte Materialien zuzugreifen. Und sie ermöglicht, Bilder und Filme von Hinrichtungen, Obduktionen, Unfällen und im Extremfall von Szenen, welche die bewusste Verletzung oder Ermordung von Menschen zeigen (sogenannte *Snuff Movies*), anzusehen. Auch über die Nutzung von gewaltverherrlichenden Computer- und Videospielen ließe sich trefflich diskutieren.

Scheinbar einfache Lösungen, wie die Forderung nach Löschung und Sperrung entsprechender Inhalte, werden dem Problem nicht gerecht, denn es ist schlicht unmöglich, dies umfassend umzusetzen. Es wäre vielmehr notwendig, diese Probleme mit unserer Jugend intensiv zu thematisieren. Doch setzen wir uns wirklich eingehend mit diesen Fragen auseinander, um Jugendliche vor Gefahren zu schützen? Leider sind informierte Eltern und im Umgang mit Neuen Medien geschulte Lehrer immer noch Ausnahmeerscheinungen in Deutschland. Auch dies ist ein Grund, warum Cyberbullying sich derzeit so ungehindert ausbreiten kann. Wird der Cyberbully nicht entdeckt, so kann er schalten und walten, wie er will. Wir alle sind daher dringend dazu aufgerufen, hier entgegenzuarbeiten.

Zunächst müssen sich vor allem Eltern und Lehrer viel aktiver mit der Lebenswelt von Kindern und Jugendlichen befassen. Wir scheuen oftmals die Komplexität der Neuen Medien, mit denen wir nicht in demselben Maße aufgewachsen sind, wie unsere Kinder es heute tun. Wir müssen uns also mit den Neuen Medien auseinandersetzen und den Kindern und Jugendlichen aktive Kommunikationsangebote machen. Die Erfahrung zeigt, dass sich Jugendliche freuen, uns ihr Können im Umgang mit Mobiltelefon, Computer, Internet und Spielekonsole zu zeigen. Diese Themen sind wahre Türöffner, um Gespräche mit ihnen zu beginnen. Neben den Gestaltungsmöglichkeiten mit Neuen Medien und ihren technischen Voraussetzungen können auch Themen wie Persönlichkeitsrechte, Medienwirkung oder Verbraucherschutzinformationen genutzt werden, um in Gespräche mit ihnen einzusteigen. Diesen Rahmen können wir dann in Schule und Elternhaus nutzen, um ihnen wichtige Kenntnisse zum Umgang mit Neuen Medien aller Art – die sogenannte Medienkompetenz – beizubringen. Wichtig ist dabei, die Folgen von Handlungen zu verdeutlichen, Abstumpfung entgegenzusteuern und Neue Medien als etwas aufzuzeigen, das auch positiv genutzt werden kann. Eine solche positive Nutzung, die der Gemeinschaft und dem Zusammenleben zuträglich ist, wird als *prosozial* bezeichnet.
Glücklicherweise sind wir auf diesem Weg nicht alleine, denn eben das Medium, welches uns Sorgen bereitet, stellt uns auch Möglichkeiten zur Prävention zur Verfügung. Immer mehr Webseiten bieten Handreichungen an, zum Beispiel fertig ausgearbeitete Hilfsmittel und Unterrichtseinheiten. Wir müssen sie einfach nur kostenlos im Internet herunterladen und anwenden.
Um Ihnen einen Zugang zu diesen Seiten zu erleichtern, können Sie beispielsweise kurz dieses Buch beiseitelegen und folgende Webseiten besuchen, um an weitere Informationen zu gelangen:

Für Unterrichtsmaterialien und Basisinformationen

www.klicksafe.de
www.verbraucherbildung.de
www.lehrer-online.de

Für Medienkompetenz von Eltern

www.handy-in-kinderhand.de
www.internet-abc.de/eltern
www.schau-hin.info

Sie sind wieder da? Schön! Schauen wir uns gemeinsam einige weitere Möglichkeiten des Schutzes gegen Cyberbullying an.

Die »Unsichtbarkeit« des Cyberbully macht nicht nur Opfern Angst und erleichtert die Durchführung der Taten, auch werden dadurch die Täter im Internet wagemutiger. Die Annahme, dass ihr Tun nicht zurückverfolgt werden kann, dass sie sich hinter Pseudonymen verbergen können und dass ihnen folglich Strafe oder soziale Ablehnung unwahrscheinlich erscheint, führt zu immer extremeren und rücksichtsloseren Taten. Diese Unsichtbarkeit ist jedoch wie bei den Ninja nur eine Illusion. Mit modernen Mitteln aus Technik und Strafverfolgung können die Täter ermittelt werden. Sie hinterlassen sozusagen Cyber-Fingerabdrücke, was auch immer sie tun. Diese Spuren zu verwischen, erfordert eine Sachkenntnis, über die viele der Jugendlichen nicht oder nicht ausreichend verfügen. Verdeutlicht man Jugendlichen also, dass ihr Handeln gar nicht so anonym ist, wie sie denken, und dass es für die Täter auch nicht folgenlos bleibt, wird ihr schädigendes Verhalten weniger wahrscheinlich.

Ein weiterer Faktor ist, dass im »realen Leben« die emotionale Reaktion eines sichtbaren Gesprächspartners auch die Handlungsweise des Sprechers beeinflusst. Können wir im Gesicht unseres Gegenübers ablesen, dass er aufgrund eines falsch interpretierten Witzes verärgert ist, werden wir unser Verhalten überdenken und uns entschuldigen. Sehen wir jedoch unser Gegenüber nicht, fehlen solche direkten Reaktionen. Das Opfer nicht zu sehen, senkt für den Täter zusätzlich die Hemmschwelle. Es ist daher sinnvoll, Jugendlichen stets zu verdeutlichen, dass sie nicht mit gefühlsleeren Computern interagieren, sondern dass am anderen Ende ein verletzlicher Mensch aus Fleisch und Blut sitzt.
Auch die Rolle des Umfeldes unterscheidet sich beim Cyberbullying vom herkömmlichen Bullying. Je nach Medium, sei es ein Chatraum oder eine direkte E-Mail, können sich Beobachter am Cyberbullying beteiligen, es eingrenzen oder es ignorieren. Unglücklicherweise ist es aber beim Cyberbullying für diese Beobachter aufgrund der scheinbaren Anonymität leichter, mitzumachen. Gleichzeitig ist es noch viel notwendiger als beim herkömmlichen Bullying, schnell einzugreifen, um das Cyberbullying einzugrenzen. Es ist daher dringend notwendig, eine breite Prävention zu betreiben, indem Jugendlichen die Folgen von Cyberbullying deutlich gemacht und sie zur Zivilcourage aufgefordert werden. Hätte Kevin seinen Klassenkameraden kritisiert, anstatt nur lächelnd und mit aufmunternder Bemerkung an Patrick zu seinem Spiel zurückzukehren, wäre die Situation möglicherweise ganz anders ausgegangen.
Ebenso zeigt unser Beispiel, dass Cyberbullying nicht nur an der Schule auftritt, sondern auch die häusliche Privatsphäre des Opfers mittels E-Mails, Anrufen, Chatkommentaren, Nachrichten in Sozialen Netzwerken usw. durchdringt. Die Schule kann in erster Linie tätig werden, wenn die Schädigung durch Nutzung von Schulrechnern oder auf dem Schulgelän-

de stattfindet. Da Cyberbullying aber das gesamte Lebensumfeld der Jugendlichen betrifft, sind hier Eltern noch viel stärker gefordert. Sie müssen ihrem Kind zeigen, wie Neue Medien effektiv, aber vor allem sicher genutzt werden können. Dies beinhaltet deutliche Appelle an den Jugendlichen, keine zu persönlichen Informationen oder Fotos online zu stellen, niemandem Passwörter weiterzugeben und sich online nicht zu leichtfertigen Äußerungen provozieren zu lassen.
Gehen dennoch verletzende Nachrichten ein, so sollten diese Beweismittel als Ausdruck und Datei gesichert, jedoch auf keinen Fall beantwortet werden. Ein Cyberbully würde sich über jede Reaktion nur freuen.
Gefälschte Profile oder Fotos sollten so schnell wie möglich dem Betreiber einer Webseite gemeldet werden, damit sie zumindest dort nicht mehr zur Verfügung stehen. Außerdem sollte schnellstmöglich die Hilfe der Polizei und gegebenenfalls der Schule in Anspruch genommen werden.
So wie die »Nachtigall-Flure« der japanischen Burg Eindringlinge verraten haben, ehe diese großes Unheil anrichten konnten, dienen derlei Maßnahmen dazu, möglichst schnell und effektiv den Cyberbully zu enttarnen und seinem Tun ein schnelles und deutliches Ende zu bereiten.

Wie ging es aber mit Leon weiter? Zwar wurde das Video noch am selben Tag von der Videoplattform gelöscht. Aber zahlreiche Schüler hatten es heruntergeladen oder das Bild mit ihren Handys getauscht und man brauchte nicht lange zu suchen, um es auf anderen Webseiten wiederzufinden. »Leon, der Profi« war ein echter Geheimtipp, den offenbar jetzt schon jeder aus Kevins Schule kannte.
»Ich hab es ihm gemailt«, erklärte Patrick, als Kevin sich am nächsten Tag wieder mit seinen Leuten traf. »Stellt euch mal vor, wie geil das ist: Der kommt extra nicht zur Schule, weil er meint, dann hat er seine Ruhe. Zu Hause sperrt er seine Zimmertür ab, macht seinen Rechner an, und Bäm!, sieht er sich wieder.«

»Viel besser, Alter«, übertrumpfte ihn Nick. »Ich hab gesehen, einer hat das Video bei so 'nem Sexportal reingestellt, Unterschrift: ›Ich treib's mit jedem, ruf mich an‹, und dann Leons kompletten Namen, Mail und Telefonnummer!«

»Voll krass«, sagte Nick.

»Ja! Voll krass!«

»Ich glaub, der Leon geht jetzt nicht mehr so schnell ans Telefon«, bemerkte Kevin trocken.

»Und seine Alte auch nicht«, ergänzte Patrick und lachte höhnisch. »Zeiten ändern disch, Alta.«

Einen Monat später waren Leons Eltern mit ihrem Sohn weggezogen. Wohin, wusste niemand.

Drei Web-Tipps:

- www.klicksafe.de/themen/kommunizieren/cyber-mobbing (Informationen und Broschüren zum Cyberbullying)
- www.saferinternet.at/themen/cyber-mobbing (Tipps und Materialien zu Cyberbullying)
- www.digizen.org/cyberbullying/fullfilm_de.aspx (Film zum Thema Cyberbullying mit deutschem Untertitel)

Drei Buch-Tipps:

Palfrey, J./Gasser, U.: »Generation Internet. Die Digital Natives: Wie sie leben. Was sie denken. Wie sie arbeiten«, München 2008

Robertz, F./Wickenhäuser, R.: »Orte der Wirklichkeit. Gefahren in medialen Lebenswelten Jugendlicher«, Heidelberg 2010

Schröder, M./Schwanebeck, A.: »Schlagkräftige Bilder. Jugend, Gewalt, Medien«, München 2008

Kapitel 4

Davongetragen: Gruppengewalt

stammeskrieger

Die Party war total geil gewesen, fand Kevin, als sie sich auf die Sitzbänke in der U-Bahn fallen ließen. Sein großer Bruder Chrystian hatte ihn mitgenommen zu seinen Kumpels. Sie hatten tierisch laute Musik gehört und zwei Kästen Bier niedergemacht, dazu Wodka. Den fand Kevin total eklig, deswegen hatte er sich an den Erdbeerschnaps gehalten und an den mit Kirsche drin. Patrick war auch da gewesen. Und dieser Volldepp hatte natürlich nichts Besseres zu tun, als sich ausgerechnet an die Ische vom Chrystian ranzumachen, die Chantal. Das war schon abgefahren gewesen, fand Kevin: Bis dahin hatte Chrystian extrem cool in seinem Sessel gesessen, die Sonnenbrille auf der Nase und seine Rechte mit dem Goldkettchen über die Lehne baumeln lassen. Aber als Patrick seiner Liebsten zu nahe kam, da war er blitzschnell wie eine Schlange vorgeschossen, hatte Patrick gegen die Wand geworfen und am Hals gepackt; und obwohl Patrick mit dem Älterwerden nicht gerade leichter geworden war, hatte Chrystian ihn mühelos hochgehoben, bis nur noch seine Zehenspitzen den Boden berührten. Er hatte ihm etwas zugezischt und den völlig verängstigten Patrick aufs Sofa zurückplumpsen lassen. Einen Augenblick später saß er wieder genauso ruhig da wie vorher, als wäre nichts geschehen. Patrick hatte dann nach einer Weile versucht, sich bei Chrystian einzuschleimen, indem er ein Gespräch mit ihm anfing.

»Warum wirst du eigentlich mit einem Ypsilon geschrieben?«, fragte Patrick.

»Unsere Alte hat mal gesagt, sie fand damals Kristalle so geil. Deswegen«, gab Chrystian kurz angebunden zur Antwort.

»Aber Kristall wird doch auch mit ›i‹ geschrieben.«

»Na, was weiß denn ich, wie die Alte tickt! War halt ein Kristall-Ypsilon. Mann, nerv nicht.«
Und damit hatte Chrystian Patrick wieder schmoren lassen.
Kevin verspürte wieder diesen unglaublichen Stolz auf seinen Bruder, als die U-Bahn loszuckelte. Sein Bruder saß neben ihm, während Patrick mit einer halbleeren Wodkaflasche in der einen Hand im Gang schwankte und sich mit der anderen festhielt. Seit Chrystians Einschreiten sah Patrick ihn voll Ehrfurcht an. Die solltest du auch haben, die Ehrfurcht, dachte Kevin.
Die U-Bahn war mäßig voll. Einige Spätheimkehrer saßen müde in der anderen Hälfte des Waggons. Als die U-Bahn im nächsten Bahnhof hielt, stieg ein junger Mann zu. Kevin war er sofort unsympathisch. Er hatte verfilzte Rastalocken, trug eine ausgebeulte Jeans und eine abgerissene Jacke mit aufgestickten Regenbogensymbolen. Sein Blick war wässrig. Der hat sich doch gerade 'ne ganze Bong reingezogen, dachte Kevin. Er hatte ein Mal an solch einem Glaskolben gezogen, mit dem Haschisch geraucht wurde, und der Rauch aus dem armdicken Rohr hatte ihm geradezu die Schädeldecke weggesprengt. Das war schon geil gewesen, aber er hatte danach die Finger davon gelassen, denn Chrystian fand Hasch uncool und eine Sache von Losern, die blöde dreinblickend in der Ecke saßen. So wie der Typ hier. Jetzt meinte Kevin ihn auch zu riechen und ihm wurde beinahe übel. Und dann setzte er sich auch noch ihm und Chrystian gegenüber! Neben Chantal! Währenddessen hörte der Typ versunken Musik aus Kopfhörern seines Handys. Erst beim Anfahren der U-Bahn sah er kurz auf, erblickte Patrick, Kevin und Chrystian – und kauerte sich wieder zusammen. Er kam Kevin vor wie ein verstörtes Kaninchen. Ein Kaninchen auf Gras.
Patrick fand den Typen offenbar genauso nervig. Er hangelte sich zu dem Kerl vor. Der blickte weiter zu Boden, aber Kevin sah, wie es in seinen Augenwinkeln zuckte. Er rümpfte die Nase.
»He, du sitzt auf meinem Platz«, sagte Patrick mit vom Alkohol ganz lahmer Zunge. Der andere reagierte nicht. Patrick warf einen anerkennungsheischenden Blick zu Chrystian, der aber nur den Arm

über die Lehne gelegt hatte und keine Miene verzog. Der Waggon ruckelte, Patrick griff hastig nach, und dabei rutschte ihm die Wodkaflasche aus der Hand. Er sah ihr mit einem dämlichen Gesichtsausdruck hinterher, wie sie den Gang hinunterrollte. Dann wandte er sich wieder dem Rastamann zu.

»Boah ey, der macht mich fertig, der macht mich fertig«, stöhnte Patrick und meinte damit den Unbekannten. »He, du Junkie, machst du gefälligst Platz?«, brüllte er ihn an. Jetzt hörte der Rastamann ihn, blickte verängstigt und träge zugleich zu Patrick auf und nestelte an seinem Telefon.

»Hast 'n tolles Handy, hä, hast 'n tolles Handy, oder was? Bist stolz auf dein tolles Handy, du blöde Sau?« Patrick lief rot an, während er sich in Rage redete. Immer wieder sah er dabei zu Chrystian hinüber. Der nahm den Arm von der Lehne und neigte sich vor. Patrick nahm das als Bestätigung.

»Ey, verpiss dich, du bekiffte Drecksau, verpiss dich, ja! Verpiss dich schon! Aber dein Handy bleibt hier, ja!«

Der junge Mann stand erschrocken und verwirrt auf. Dabei wurde er von Patrick angerempelt, als der Zug erneut ruckte, und streckte unwillkürlich den Arm aus, um sich abzustützen. Offenbar war er so stoned, dass er danebengriff und Chantal genau auf die Brust langte. Sie kreischte auf, und Patrick schrie hysterisch:

»Er hat die Chantal angegrabscht! Er hat Chantal angegrabscht!«

Schon war Chrystian aufgesprungen und stieß den jungen Mann zurück.

»Was geht denn mit dir, was geht denn mit dir, hä?«, brüllte er den Unbekannten an. Kevin wollte auch aufspringen, aber sein Bruder stand ihm im Weg. Der junge Mann hob schützend eine Hand vors Gesicht und begann vor Angst am ganzen Körper zu zittern, als Chrystian einen Schlüssel zwischen die Finger nahm. »Lass deine scheiß Drecksgriffel von meiner Liebsten!«

Als er ausholte, zog der Angegriffene etwas aus der Tasche, aber da wurde er auch schon in den Bauch getroffen. Ein Gegenstand fiel ihm aus der Hand und rollte über den Boden.

»Er hat sein Pfefferspray verloren!«, rief Kevin.
»O du Schwein, pfeffern wolltest du uns also? Ja? Pfeffern? Könnte dir so passen!« Gemeinsam mit Patrick begann Chrystian, wie von Sinnen auf den jungen Mann einzuprügeln.
Eine blonde Frau tauchte hinter ihnen auf.
»Hört auf damit! Sofort aufhören!«, schrie sie.
»Was willst denn du, du blöde Fotze!«, schrie Patrick sie an. Es war eine zierlich gebaute Frau mit scharfgeschnittenem Gesicht und Kevin fragte sich, ob sie wohl lebensmüde war.
»Aufhören! Seid ihr verrückt geworden!«, schrie die Frau erneut und wandte sich dann den anderen Fahrgästen im hinteren Bereich zu.
»Die Alte holt Verstärkung!«, schrie Kevin. Er sah, wie sie mehrere Männer direkt ansprach, »Sie mit dem Käppi, helfen Sie bitte, da wird einer krankenhausreif geschlagen! Kommen Sie! Kommen Sie!« Tatsächlich erhoben sich zwei, dann drei Männer, die vorher nur dumm geglotzt hatten.
»Chrystian! Wir müssen weg!«, schrie Kevin. Sein Bruder ließ schweratmend von dem jungen Mann ab, der zusammengekrümmt am Boden lag und sich vergeblich vor den Tritten zu schützen versuchte.
»Kommt keinen Schritt näher, ihr Penner!«, donnerte er den drei Männern und der Frau entgegen. Da öffneten sich die Türen – der nächste Bahnhof war erreicht.
»Kommt, wir verschwinden«, befahl Chrystian. Er nahm die weinende Chantal in die Arme und ging mit ihr hinaus. Die Frau kümmerte sich sogleich um den am Boden liegenden Jungen. Die Männer machten Anstalten, die Gruppe zu verfolgen.
»Lauft schon!«, befahl Chrystian Patrick und Kevin. Ihre Verfolger blieben am Ausgang stehen und telefonierten.
Kevin war erleichtert, als sie den U-Bahnhof verlassen hatten. Auf einer Bank in der Nähe drückte Chrystian ganz fest seine Chantal und tröstete sie, bis ihr Weinen zu einem Schniefen geworden war. Er machte eine traurige Miene.

In seltenen Fällen kann es aus alltäglichen Situationen heraus zu extremen Gewaltausbrüchen durch lose, nicht organisierte Gruppen von Jugendlichen und jungen Erwachsenen kommen. Derartige Taten haben Deutschland in den letzten Jahren immer wieder aufgeschreckt. Erinnern wir uns nur an zwei 18 und 21 Jahre alte Männer, die einen 76-jährigen Fahrgast in der Münchener U-Bahn zu Boden schlugen und ihm Tritte gegen Kopf und Oberkörper zufügten, weil er sie auf das Rauchverbot hingewiesen hatte. Der alte Herr trug einen dreifachen Schädelbruch und Einblutungen ins Gehirn davon. Oder an den Fall von zwei 17 und 18 Jahre alten Jugendlichen, die den 50-jährigen Manager Dominik Brunner getötet haben. Der Münchner Geschäftsmann hatte sich in der S-Bahn schützend vor vier Kinder gestellt, die beraubt werden sollten, und mit seinem Mobiltelefon die Polizei verständigt. Als er den Zug verließ, attackierten ihn die Angreifer, schlugen ihn zu Boden und traten auf ihn ein. Er verstarb noch am Tatort durch zahlreiche innere Verletzungen. Wie sind solche irrationalen Gewaltausbrüche zu erklären?

Internationale Studien beschäftigen sich seit vielen Jahrzehnten mit der Frage, welche Gemeinsamkeiten Jugendliche haben, die derart schwere Gewaltdelikte begehen. Dabei erkennen die Forscher zunehmend, dass auch hier nicht ein einzelner Aspekt im Mittelpunkt steht, sondern eine Wechselwirkung von verschiedenen Aspekten. Diese Aspekte kann man als Risikofaktoren verstehen, die zusammenwirken und sich gegenseitig verstärken. Je zahlreicher diese Risikofaktoren und je schwerer ihre Ausprägung, desto größer ist demnach die Wahrscheinlichkeit, dass ein Jugendlicher eine schwere Gewalttat ausübt.

Diskutiert werden hierbei vor allem sogenannte psychosoziale, psychopathologische und neurobiologische Faktoren:

Als *psychosoziale Faktoren* gelten vor allem negative Ereignisse beim Aufwachsen eines Kindes. Erfahrungen von körperlicher Misshandlung, sexuellem Missbrauch und Vernachlässigung stehen hier im Zentrum der Aufmerksamkeit. Allerdings wäre es allzu vereinfacht, anzunehmen, dass allein derartige Erfahrungen in der Kindheit zwangsweise zu eigener Gewaltausübung führen würden. Die New Yorker Psychologieprofessorin Cathy Spatz Widom hat bereits vor 20 Jahren belegt, dass misshandelte, missbrauchte und vernachlässigte Kinder zwar ein weitaus höheres Risiko tragen, später selbst gewalttätig zu werden, dass die von ihnen erlittenen Erfahrungen sich jedoch auch ganz anders auswirken können – etwa in selbstschädigenden Verhaltensweisen.

Thematisiert werden im Rahmen der psychosozialen Faktoren auch Aspekte wie Scheidung, Streitigkeiten, Alkoholismus und Straffälligkeit der Eltern. Sind Eltern aufgrund solcher Probleme zu sehr mit sich selbst beschäftigt, können sie dem eigenen Kind nicht die benötigte emotionale Sicherheit und Zuneigung zukommen lassen.

Psychopathologische Faktoren werden vor allem in älteren Fallstudien als besonders starker Einfluss genannt. Das häufige Vorliegen von schwerwiegenden psychiatrischen Störungsbildern in diesen Studien dürfte jedoch an wissenschaftlich unsauberen Grundannahmen liegen: Man begutachtete damals ausschließlich jugendliche Gewalttäter, die gerade wegen ihrer psychischen Auffälligkeiten in eine therapeutische Einrichtung gebracht worden waren, nicht aber die viel größere Gruppe der sofort in einer Justizvollzugsanstalt inhaftierten Jugendlichen. Daher ist es nur logisch, dass bei den begutachteten jugendlichen Gewalttätern auch deutlich häufiger entsprechende Diagnosen auftauchten.

Aktuellere Studien der letzten 20 Jahre finden dagegen nur selten schwere psychische Erkrankungen. Zu diesen schweren Formen zählt beispielsweise die Schizophrenie. Bei dieser Erkrankung können Denkstörungen, Wahnvorstellungen und Halluzinationen zu einer Störung der Realitätswahrnehmung und einem unzusammenhängenden Denken führen. Etwa einer von 100 Menschen leidet in seinem Leben an dieser Erkrankung, wobei sie nur bei zehn Prozent dieser Menschen schon in der Jugend ausbricht. Schizophrene Menschen verüben viermal so häufig Gewaltakte wie nicht-schizophrene Menschen. Dies passiert etwa, wenn sich ein schizophrener Jugendlicher im Wahn gegen eine Verfolgung wehrt oder wenn ihm Stimmen in seinem Kopf befehlen, eine Gewalttat zu begehen. Eine Studie an 21 untersuchten jugendlichen Gewalttätern fand jedoch gar keine und eine weitere Studie an 72 untersuchten Jugendlichen nur fünf Gewalttäter mit einer ähnlichen, schweren psychischen Störung.

Wichtig für den Bereich der Jugendgewalt ist auch das Vorliegen von Persönlichkeitsstörungen. Während die Symptome meist in der Pubertät beginnen und sich durch das ganze Leben ziehen, darf die Diagnose eigentlich formal erst bei über 18-Jährigen gestellt werden und sollte selbst bei unter 25-Jährigen nur zurückhaltend benutzt werden, da die Psychiatrie davon ausgeht, dass die Persönlichkeitsentwicklung zu diesem Zeitpunkt noch nicht abgeschlossen ist. Entsprechend kann es auch keine sinnvollen Zahlen geben, die die konkrete Anzahl von jugendlichen Gewalttätern mit Persönlichkeitsstörungen beziffern.

Dennoch werden in Fallberichten Gewalttaten und Persönlichkeitsstörungen immer wieder in einen Zusammenhang gebracht. Zuletzt wurde der Amokläufer von Ansbach 2010 mit einer schizoiden Persönlichkeitsstörung diagnostiziert, die sein einzelgängerisches und in sich gekehrtes Verhalten beschreibt.

Generell weichen Menschen mit Persönlichkeitsstörungen in der Wahrnehmung, im Denken und Fühlen und in Beziehungen zu anderen deutlich von der Mehrheit der Menschen ab. Neben der schizoiden Persönlichkeitsstörung ist für Jugendgewalt insbesondere die *dissoziale Persönlichkeitsstörung* rele-

vant, bei der Jugendliche extrem große Probleme damit haben, sich an geltende Normen zu halten. Sie suchen Fehler nie bei sich und sind kaum in der Lage, sich in andere Menschen einzufühlen. Wichtig ist auch die *narzisstische Persönlichkeitsstörung* mit überhöhtem Selbstwertgefühl und dem intensiven Wunsch nach Bewunderung.
Werden bei einer psychischen Störung zusätzlich Alkohol oder Drogen konsumiert, dann erhöht sich das Risiko einer Gewaltanwendung enorm.
Das Vorliegen *neurobiologischer Schäden*, die als drittes Feld von Risikofaktoren jener sehr schweren Gewaltdelikte diskutiert werden, wurde bislang nur wenig untersucht. Einzelne neurologische Studien von Dorothy Otnow Lewis und Jonathan Pincus mit gewalttätigen Jugendlichen zeigen jedoch sehr hohe Auffälligkeiten. So fand Lewis bei sieben von acht untersuchten jugendlichen Tötungsdelinquenten schwere neurologische Auffälligkeiten und diagnostizierte in einer weiteren Studie bei allen 14 Probanden Krankheitsgeschichten, die auf Gehirnschädigungen schließen ließen. Diese reichten von schweren Schädelverletzungen aus der Kindheit bis hin zu dokumentierten schweren neurologischen Abnormalitäten. Die Annahme der Forscher lautet daher, dass auch Gehirnschädigungen die Gewaltbereitschaft erhöhen können. Vermutlich beruht diese Erhöhung auf dem Umstand, dass Gehirnschädigungen die Lösung von Problemen erschweren, gezieltes Verhalten stören und die Kontrolle über eigene Impulse herabsetzen können.
Gerade die Wechselwirkungen zwischen psychosozialen, psychopathologischen und neurobiologischen Faktoren erweisen sich als kritisch. Beispielsweise kann eine körperliche Misshandlung neurologische Folgen haben, indem bestimmte Hirnregionen verletzt werden. Diese Verletzungen können wiederum zu Lernstörungen oder zu einer Erhöhung der Reizbarkeit und Unüberlegtheit führen. Lewis schreibt dazu

treffend: »Wenn man bestimmte neurologische und psychiatrische Probleme aufweist und zudem von gewalttätigen, übergriffigen Eltern großgezogen wurde, dann kann wirklich jeder von uns zu einem Mörder werden.«

Demnach weisen also besonders Jugendliche mit schwerwiegenden psychosozialen, psychopathologischen und neurobiologischen Schädigungen viele Risikofaktoren auf, gewalttätig zu werden.

Und dennoch muss nicht jeder Jugendliche, der derart schwere Gewalttaten ausübt, solche Schädigungen aufweisen. Umgekehrt wird auch nicht jeder Jugendliche mit diesen Schädigungen zum Gewalttäter. Es besteht allerdings eine höhere Wahrscheinlichkeit.

Diese Aspekte allein reichen trotzdem nicht zur Erklärung jener schweren Gewaltdelikte aus: Denn einen anderen Menschen zu verletzen oder zu töten, kann bestimmten Tätern auch ohne schwerwiegende psychosoziale, psychopathologische und neurobiologische Schäden schlicht als sinnvoll erscheinen. So beschreibt der amerikanische Psychologe David Buss die Tötung eines anderen Menschen als eine evolutionär höchst erfolgreiche Handlungsstrategie. Im alltäglichen Kampf um das Dasein und die Fortpflanzung konnten sich unsere Vorfahren aus seiner Sicht durch Tötungen klare Vorteile verschaffen. Mithilfe der Gewalttaten bauten sie sich einen Ruf auf, der Rivalen abschreckte, beschützten ihre Familie und konnten so die soziale Leiter über die Besetzung der »plötzlich« frei gewordenen Positionen hinaufklettern. Buss konnte folgerichtig nachweisen, dass die meisten Menschen in gerade jenen Situationen an Tötungen denken, für die sich das Nicht-mehr-Vorhandensein eines Konkurrenten als Lösungsstrategie anbietet bzw. in denen sie glauben, ihren Status verteidigen zu müssen.

Andere Menschen können die Gefahr einer Tötung zur Konfliktlösung noch bestärken. So beschrieb ein junger Mann dem Forscher, dass er mit seiner Freundin in einer Einkaufspassage war, als ihnen ein »riesiger Schwarzer mit seinen Kumpels« entgegenkam. Es habe genug Platz zum Ausweichen gegeben, doch »als Macho-Idiot, der ich nun mal bin, wollte ich nicht ausweichen, weil ich mit diesem Mädchen unterwegs war«. Also stoßen die beiden aneinander, verächtliche Bemerkungen werden ausgetauscht und die Situation eskaliert. Die Gruppe des farbigen Mannes feuert nun ihren groß gewachsenen Freund an, handgreiflich zu werden. Der junge Mann schildert die Situation selbstkritisch: »Ich habe ihn vor seinen Freunden lächerlich gemacht und das konnte er nicht auf sich sitzen lassen.« Als das große Gegenüber zischte: »Ich bring dich um, du Arschloch!« und in seine Tasche griff, trennte sie glücklicherweise der Wachschutz der Einkaufspassage.

David Buss schreibt dies einer »evolutionären Logik der Statuskonkurrenz« zu. Er glaubt, dass Männer, die keinen guten Stand in ihrem sozialen Umfeld haben, schlechtere Chancen hätten, sich fortzupflanzen und zudem von ihren überlegenen Rivalen gedemütigt würden. Daher sei es logisch, dass Männer versuchen, mit aller Kraft Ansehen zu erringen und sich errungenes Ansehen nicht nehmen zu lassen.

Ähnlich sieht es auch das kanadische Ehepaar Margo Wilson und Martin Daly. Sie forschten ebenfalls ausgiebig im Bereich der evolutionären Psychologie und stellten fest, dass Männer von ihren Mitmenschen in Typen eingeteilt würden, »die man herumschubsen kann« und in solche, »die sich nichts gefallen lassen«. Auf den Punkt gebracht schreiben sie, in den meisten sozialen Milieus hänge das Ansehen eines Mannes auch davon ab, »wie ernst man eine Gewaltandrohung aus seinem Munde nehmen muss«.

Über die Geschichte der Menschheit hinweg betrachtet, stellt Mord demnach eine archaische Handlungsoption dar. Zwar ist Mord in unserer modernen Welt zweifellos keine erfolgreiche Strategie mehr, um gesellschaftlich voranzukommen, dennoch bleibt auch heute noch die öffentliche Provokation des Status eines Mannes gefährlich. Sie kann als Test von Männlichkeit und Stärke wahrgenommen werden, bei der der Provozierte sein Gesicht verliert, wenn er nicht vehement genug reagiert. Erweckt er den Eindruck, dass er keinen Wert als Verbündeter hat oder dass er seine Partnerin nicht vor Übergriffen schützen kann, büßt er seinen Status ein. Wenn sein Anspruch auf die Partnerin damit quasi verhandelbar wird, senkt er, archaisch betrachtet, auch seine Paarungschancen.

Dies kommt vor allem dann zum Tragen, wenn der Beleidigte sich in einer Gruppensituation befindet und glaubt, vor anderen beweisen zu müssen, dass man ihn eben nicht herumschubsen kann. Wichtig ist es daher, vor allem die *Tatsituation* und die *Gruppendynamik* als auslösendes Moment für jene so plötzlich auftretenden schweren Gewalttaten zu betrachten.

Die Forschung unterscheidet klar zwischen der Dynamik in gut strukturierten Gruppen und der Dynamik in Gruppen, die sich nur kurzfristig und spontan zusammengefunden haben.

Feste Gruppen sind meist komplex organisiert. Sie haben einen deutlichen Führer und die Mitglieder der Gruppe haben unterscheidbare Rollen. Ähnliche Einstellungen, Werte und Absichten sichern eine starke Verbundenheit. Zu derartigen Gruppen zählen auch Gangs, Rocker oder extremistische Gruppierungen.

Für dieses Kapitel sind sie jedoch nicht von Bedeutung: Bei dem hier geschilderten Phänomen handelt es sich allenfalls um *lose organisierte* und nur *kurzlebige Gruppen*. Klare Aufgaben haben sich die Gruppenmitglieder nicht zugewiesen und es gibt auch keine Aufnahmerituale. Die Mitglieder dieser spontanen Gruppen kennen sich meist von Freizeitaktivitäten

und finden sich nur zusammen, um etwas gemeinsam zu unternehmen. Ist diese Aktivität vorbei, zerfällt auch die Gruppe wieder.
Der Mainzer Professor für Psychiatrie Johann Glatzel beschreibt, dass solche Gruppen mitunter durch bereits vorher bestehende Angst und Anspannung einzelner Gruppenmitglieder übergriffig werden. Diese Jugendlichen sind sich dabei ihres Bedürfnisses bewusst, ihre diffusen Angstgefühle und Anspannung lindern zu wollen, wissen aber nicht, wie sie die erwünschte Entlastung erreichen können.
Wird in einer derart aufgeladenen Gruppensituation zufällig ein hilfloses Opfer erspäht, dann kann dies der Auslöser dafür sein, die Spannung durch Provokation, Demütigung, ungebremstes Prügeln und in Einzelfällen durch eine Tötung abzureagieren. Das Opfer entstammt dabei häufig einer Randgruppe, die vom Umfeld der Jugendlichen verachtet wird. Die demonstrative Reduzierung des Gegenübers als »Penner«, »Kanacke«, »Schwuler« o.Ä. ermöglicht es, die eigene Gewalthemmung abzubauen. Ein Mensch, der als minderwertig angesehen wird, darf eher geschädigt werden. Je nach Umfeld ist ihnen dabei sogar der Applaus von Freunden und Verwandten sicher. So äußerte etwa die Mutter eines jugendlichen Gewalttäters beim Besuch ihres Sohnes im Gefängnis: »Also eigentlich hat er doch nichts Schlimmes getan. Er hat nur mit seinen Freunden einen Penner bestraft, der rumpöbelte.« Dass der obdachlose Mann nach tagelangen Quälereien nur knapp mit dem Leben davonkam, war ihr gleichgültig. Es ist zu bezweifeln, ob ihr Sohn jemals das Unrecht seiner Tat einsehen wird, wenn er beständig in der Sichtweise eines »unwerten Lebens« bestärkt wird.
Es ist typisch für derlei eskalierende Situationen, bei denen eine emotional aufgeladene Gruppe ihre Spannung an einem Außenseiter abreagiert, dass die Tötung zumeist nicht von Anfang an beabsichtigt ist. Ganz im Sinne der Erkenntnisse

von David Buss stehen Jugendliche, die bereits die Schwelle zur Gewalt überschritten haben, unter einem ganz bestimmten Bewährungsdruck: In ihrer subjektiven Sichtweise steht ständig ihr Ruf in der Gruppe auf dem Spiel. Meist sind dem provozierenden oder bereits prügelnden Jugendlichen nicht alle Mitglieder der spontan gebildeten Gruppe gut bekannt. Es gibt damit die Möglichkeit, von den Gruppenmitgliedern als »Schwächling« angesehen zu werden, wenn das eigene Verhalten nicht cool, hart und gefühllos genug ist. Das medial bekannte Männlichkeitsbild muss demonstrativ nach außen hin vertreten werden, indem heftiger provoziert, stärker zugeschlagen und länger zugetreten wird.

Der Stuttgarter Kinder- und Jugendpsychiater Reinhart Lempp wies in seiner richtungsweisenden Studie darauf hin, dass die Achtung der Gruppenmitglieder in einer solchen eskalierenden Gruppensituation unmittelbarer wirkt als alle Zukunftsvorstellungen und Wertvorstellungen des Jugendlichen. Auch wenn dem Jugendlichen die Konsequenz seiner Tat bekannt ist, auch wenn er eigentlich das Leben eines anderen Menschen achtet, so kann die aufgeladene Gruppensituation zusammen mit der gegenseitigen unausgesprochenen Erwartung besonderer Härte mit dem Tod des Opfers enden.

Wir haben uns bislang mit dem Einfluss von Risikofaktoren und dem Einfluss der Gruppendynamik beschäftigt. Es gibt jedoch noch weitere wichtige Aspekte: die sogenannten *situativen Faktoren* können ebenfalls eine Eskalation der Gewalt begünstigen. Mit situativen Faktoren sind die Rahmenbedingungen einer Gewalttat gemeint. Ein abgelegener Feldweg eignet sich als Tatort sicher besser als eine belebte Fußgängerzone. Haben die Jugendlichen Waffen zur Verfügung, so ist eine schwere Gewalttat ebenfalls leichter möglich. Akute Frustrationen der Täter, die Verfassung des Opfers, ja selbst die Tageszeit können einen Einfluss ausüben. Ein ganz besonders relevanter Faktor ist die sogenannte Intoxikation, denn der

Drogen- oder Alkoholkonsum spielen oftmals eine wichtige Rolle in der Tatentstehung.
Kriminologen und Psychiater sind sich einig, dass insbesondere der Einfluss von Alkohol sehr bedeutsam für die Entstehung vieler Gewalttaten ist. Man schätzt, dass Alkohol jede zweite bis vierte Gewalttat beeinflusst. Eine kanadische Forschergruppe um den Psychologen Douglas Murdoch analysierte 1990 über 9300 Gerichtsakten mit Gewalttaten aus elf Ländern und fand heraus, dass 62 Prozent der Täter kurz vor oder während ihrer Tat Alkohol getrunken hatten. Die imposanten Zahlen klären allerdings nicht, ob Alkohol die Taten verursacht oder »nur« zu ihrer Entstehung beigetragen hat. Auf jeden Fall ist es ratsam, Alkohol als einen Risikofaktor zu verstehen, der die Wahrscheinlichkeit von Gewalttaten erhöht.
In erster Linie wirkt sich dabei die alkoholbedingte Senkung der Hemmschwelle auf eine Anwendung von Gewalt aus. Menschen werden unter der Wirkung von Alkohol meist nicht nur geselliger und offener, sie können auch Gefühle eher ausleben. Was bei Liebe, Freude und Glücksempfinden durchaus erwünscht sein mag, erweist sich bei Angst oder Ärger als hoch problematisch.
So sinkt etwa die Angst in ansonsten bedrohlich erscheinenden Situationen ebenso wie die Angst vor den Folgen des eigenen Handelns. Dagegen steigt die Risikobereitschaft und der Wille, der eigenen Wut nachzugeben beziehungsweise sich in sie hineinzusteigern. Die Vernunft wird ausgeschaltet und Konflikte eskalieren allzu schnell. Da Jugendliche Gefühle noch intensiver erleben als Erwachsene, sind sie auch anfälliger dafür, bei übermäßigem Alkoholkonsum die Kontrolle über ihre Gefühle zu verlieren.
Die Rolle von situativen Faktoren, wie etwa der Beschaffenheit des Tatortes, dem Vorhandensein eines geeigneten Opfers, dem Vorliegen von Waffen oder der Konzentration von Alko-

hol im Blut des Täters, scheint erstaunlich groß zu sein. Lempp beschreibt, dass nur bei zehn Prozent der von ihm untersuchten 80 Tötungsdelikte durch Jugendliche eine im Vorfeld bewusste Tatplanung oder Inkaufnahme einer Tötung vorlag. Bei 90 Prozent der Fälle handelte es sich somit um eine spontane Reaktion auf eine bestimmte Situation. Lempp spricht in Bezug auf diese Tötungsdelikte auch von »zwischenmenschlichen Unfällen«, die durch eine Verkettung ungünstiger Konstellationen ausgelöst worden seien. Dabei darf aber nicht vergessen werden, dass neben diesen situativen Faktoren auch die psychosozial, psychopathologisch und neurobiologisch begründeten Persönlichkeitsstrukturen und Handlungsmuster des Jugendlichen eine wichtige Rolle spielen. Man kann sich das am besten so vorstellen: Die Person des Jugendlichen und die Situation, die er vorfindet, greifen zum Tatzeitpunkt wie Zahnräder ineinander und werden von der Gruppendynamik letztlich in eine mitunter tödliche Richtung gelenkt. Dabei kann weder eine bestimmte Situation bei jedem beliebigen Jugendlichen eine Gewalttat auslösen, noch kann ein Jugendlicher in jeder Situation gewalttätig werden.

Stark beeinflusst von Lempps Überlegungen finden sich in der deutschen Forschungsliteratur zwei häufig beobachtete Verläufe, die eine spontane Gewalttat begünstigen. Werfen wir zunächst einen Blick auf die sogenannte *Handlungskette.* Eine Handlungskette entsteht durch die Aneinanderreihung von einzelnen kleinen Handlungen. Dabei wird die jeweils nächste Handlung erst in Gang gesetzt, wenn die vorherige durchgeführt worden ist. Ein neuer Handlungsimpuls ergibt sich also erst dann, wenn die Auswirkung der vorangegangenen Handlung wahrgenommen wird.

Hierzu ein Beispiel: Lempp berichtet von einem 15-jährigen Jungen, der mit Freunden einen Fernsehapparat aus einem Wohnwagen stahl und diesen Wohnwagen anschließend gemeinsam mit dem darin schlafenden Hilfsarbeiter anzündete. Es handelte sich dabei jedoch nicht um einen vordergründigen Versuch, den Diebstahl zu verschleiern. Vielmehr wollte der Junge seine Hände mit Wasser aus einem Kanister in der Nähe des Wohnwagens waschen. Aus dem Kanister lief jedoch Benzin. Verärgert kippte er daraufhin die Flüssigkeit in den Wohnwagen, weil er dessen Bewohner für das Missgeschick verantwortlich machte. Der Anblick des auslaufenden Benzins wiederum provozierte ihn dazu, es anzuzünden, ohne sich Gedanken über die Folgen seiner Handlung zu machen. Daraus folgt: Erst die Gesamtsituation, nämlich die brennbare Flüssigkeit in einem brennbaren Wagen, führte bei gleichzeitiger Frustration des Jungen zu der Versuchung, diesen Wagen anzuzünden.

Deutlich wird eine solche Handlungskette in Bezug auf Gruppensituationen an einem Fall aus England. Im April 2010 standen dort mehrere Jugendliche vor Gericht, die unter Alkoholeinfluss öffentlich einen wehrlosen Mann zu Tode geprügelt hatten. Die Jugendlichen hatten den bekennenden Homosexuellen zunächst aufgrund seiner sexuellen Orientierung beschimpft. Dieser wehrte sich, indem er einem Mädchen der Gruppe eine Ohrfeige verpasste. Dies wiederum provozierte einen Jugendlichen der Gruppe dazu, seine Männlichkeit zu demonstrieren, indem er dem Mädchen zu Hilfe eilte. Er ließ es jedoch nicht bei dem bloßen Schutzverhalten oder einer Ohrfeige bewenden, sondern schlug den Mann zu Boden. Schon beim Aufschlag auf dem Asphalt war dieser bewusstlos. Diese Situation veranlasste dann zwei weibliche Jugendliche, auf den hilflosen Mann einzutreten. Eine Handlung ergab sich aus der anderen. Keiner der Jugendlichen hatte zuvor geplant, in die Stadt zu gehen und einen Menschen zu töten. Erst die zuletzt vorliegende Situation gab den tödlichen Ausschlag, mit einem unglaublich überzogenen Gewaltakt zu reagieren. Der Alkohol und die Persönlichkeit der Jugendlichen waren jedoch dafür verantwortlich, dass diese Situation überhaupt derart eskalieren konnte.

Es wird mitunter angenommen, dass Jugendliche mit frühkindlichen Hirnschädigungen oder mit einer Aufmerksamkeitsstörung besonders für solche Handlungsketten empfänglich sind. Sie reagieren oft spontaner und situationsgebundener auf momentane Reize als andere Jugendliche. Auch durch Schläge auf den Kopf oder durch Unfälle entstandene hirnorganische Schäden können die charakteristische Unüberlegtheit verstärken. Andererseits sind aber auch völlig gesunde Jugendliche unter den Tätern.

Doch warum wird mitunter noch auf ein am Boden liegendes und eindeutig hilfloses Opfer eingetreten? Einen Hinweis darauf erlaubt der zweite, in der Forschung beobachtete Handlungsverlauf: Haben Jugendliche sich in eine Situation hineinmanövriert, die plötzlich nicht mehr mit ihrem Selbstbild und ihren Wertvorstellungen zu vereinen ist, kann es zu einer *Flucht nach vorne* kommen. Werden sie beispielsweise plötzlich von einem Opfer erkannt oder nehmen sie wahr, dass eine Situation außer Kontrolle geraten ist, dann versuchen sie mitunter voller Panik oder auch voller Wut, Beweise des Geschehens zu vernichten oder Opfer als Zeugen ihres moralischen Versagens auszulöschen. Dabei geht es nicht in erster Linie um das Vertuschen der Handlung, sondern um den irrationalen Versuch, die Handlung ungeschehen zu machen.

Die Gewalt wird dann explosiv überschießend, oft bis lange nach dem Tod des Opfers fortgesetzt. Dies zu erklären ist nicht einfach. Im angloamerikanischen Sprachraum gehen die Forscher zumeist davon aus, dass die jugendlichen Gewalttäter schlagartig eine Angst erleben, das Opfer könne irgendwann wieder aufstehen und sich rächen. In der deutschsprachigen Diskussion wird dagegen eher angenommen, dass die Folgen der Handlung, also das Blut, Stöhnen, Zucken und Schreien des Opfers, zu einer panischen und impulsiven Kurzschlussreaktion führen.

Weder die Handlungskette noch die Flucht nach vorne muss in jedem spontanen, überschießenden Gewaltakt einer Jugendgruppe vorliegen. Beides führt jedoch dazu, dass die Gewalt noch exzessiver ausgeübt wird und damit auch noch schwerwiegendere Auswirkungen hat.

Schauen wir uns vor diesem Hintergrund noch einmal die Erlebnisse von Kevin und seinen Freunden an. Wir wissen nicht, inwiefern Chrystian und Patrick in ihrer Lebensgeschichte Erfahrungen wie etwa Misshandlungen, Unfälle oder Ähnliches erlitten haben, die zu schwerwiegenden psychosozialen, psychopathologischen und neurobiologischen Schädigungen geführt haben. Diese und andere Risikofaktoren lassen sich erst durch eine ausführliche Begutachtung der Jugendlichen durch spezialisierte Fachkräfte klären. Aus diesem Grund werden bei gravierenden Gewaltdelikten von Jugendlichen sehr oft Psychiater hinzugezogen, die derartige Einflüsse auf die Tatentstehung klären sollen. Was wir aber wissen, ist, dass »unsere« Jugendlichen einerseits beide schon bei anderen Gelegenheiten eine hohe Bereitschaft gezeigt haben, Gewalt auszuüben, und dass sie andererseits in der U-Bahn angetrunken waren, was ihre Hemmschwelle für eine Gewalttat herabsetzt. Doch selbst wenn schwerwiegende Risikofaktoren bei beiden vorliegen und selbst wenn sie zusätzlich angetrunken sind, bedeutet das nicht, dass sie quasi automatisch gewalttätig werden. Die Persönlichkeit der Jugendlichen trifft hier auf eine Situation, die Gewalt wahrscheinlicher macht.

Chrystian glaubt, sich vor seiner Freundin als besonders »männlich« darstellen zu müssen, um im Sinne von David Buss seinen Ruf zu retten und seine Partnerin vor einem Übergriff zu schützen. Dass das Opfer nur versehentlich an Chantals Brust gegriffen hatte, spielt für ihn dabei keine Rolle. Sein Status muss aus seiner Sicht mit Nachdruck verteidigt werden. Er darf sich nichts gefallen lassen, damit sein Ruf (und laut Buss seine Fortpflanzungschance) gewahrt bleibt.

Patrick dagegen ist unausgeglichen, noch stärker betrunken als Chrystian und sucht nach Spannungsabfuhr. Der »Rastamann« kommt ihm gerade recht, um mit Provokationen für »action« zu sorgen und sich seinerseits bei Chrystian anzubiedern. Er plant zunächst keineswegs, dem Opfer schwere Verletzungen beizufügen, sondern reagiert im Anschluss an seine Provokationen in erster Linie auf das Geschehen. Die Frustration, sich nicht zu den Freunden setzen zu können und dann auch noch beim Ruckeln der U-Bahn die Wodkaflasche zu verlieren, schreibt er kurzerhand dem sitzenden Opfer zu. Dessen Angst feuert ihn nur weiter an. Er provoziert das Opfer immer weiter und redet sich dabei in Rage. Den Fahrgast als »Junkie« anzuprangern und das Hineinsteigern in die Situation begünstigen ebenso wie der Alkohol, dass sich seine Hemmschwelle zur Gewaltanwendung senkt. Dabei sucht er zusätzlich ständig in der Gruppe Signale, die seine Handlungen bestärken könnten. Schon das Vorbeugen Chrystians sieht er als Bestätigung an, und da er bereits so weit gegangen ist, kann er es sich auch nicht erlauben, nun aufzuhören. Kevin und Chrystian beobachten ihn: Sein Ruf steht auf dem Spiel. Er sucht eine Rechtfertigung, um den schwächeren Mann anzugreifen und durch die Gewaltanwendung die Achtung der Gruppe zu gewinnen. Ein falscher Blick, eine Geste oder eine Antwort auf die Provokation würde ihm zu diesem Zeitpunkt möglicherweise schon ausreichen. Das Nesteln am Handy erlaubt weitere Provokationen und die versehentliche Berührung der Brust von Chrystians Freundin sowie das wegrollende Pfefferspray geben Patrick in seiner Sichtweise jede Berechtigung, loszuprügeln. Die Handlungskette führte also von einem »unsympathischen« Fahrgast, der auf seinem Wunschplatz saß, über das Verlieren der Wodkaflasche und die ängstliche Reaktion des »Rastamannes« auf Patricks Provokationen hin zur Anklage des »Busengrabschens« und dem Beginn der Gewalt. Noch immer plant er nicht, den Mann derart schwer zu verletzen. Doch durch das gemeinsame Einschlagen entsteht eine machtvolle Gruppendynamik, die mit hoher Wahrscheinlichkeit in einer »Flucht nach vorne«, dem fortgesetzten Eintreten auf den am Boden liegenden Mann, geendet hätte, wenn nicht andere Fahrgäste eingeschritten wären.

Auch für diese Form der Gewalt lässt sich eine historische Entsprechung finden, die das Geschehen von einer weiteren Seite beleuchtet und Rückschlüsse auf effektive Wege zur Eindämmung derartiger spontaner Gruppengewalt erlaubt. Die historische Entsprechung findet sich in vorstaatlichen Stammesverbänden. Von Bedeutung sind hier gerade kleine Sippen von typischerweise etwas mehr als 20 Personen, die zumeist Jäger- und Sammlerkulturen angehörten. Ein Beispiel liefern die auch als »Sioux« bekannten Lakota-Indianer in ihrer Blütezeit: Während sie normalerweise als kleine Familie in Gruppen über die Ebenen zogen, fanden sie sich im Sommer zu großen gemeinsamen Jagden auf die vorbeiziehenden Bisonherden und zu gemeinsamen Kultfeiern zusammen. Diese Zusammenkünfte hatten praktische Gründe. Nicht nur ließ sich im Verband effektiver jagen, sondern hier war auch der Austausch von Neuigkeiten, die Planung gemeinsamer Unternehmungen, die Hochzeit zwischen Vertretern verschiedener Familien und dergleichen mehr möglich. Nach diesen Sommertreffen jedoch war es einfacher, als kleine, bewegliche Gruppe weiterzuziehen. Da das Wild sich nun gleichfalls verstreute oder fortzog, konnten sich viele kleine Einheiten besser durchschlagen als eine große. In einer solchen eigenständigen Familien-Bande lebten nur eine Handvoll kampffähiger Männer. Der Einfachheit halber wollen wir sie in diesem Buch als »Stammeskrieger« bezeichnen.
Der Anthropologe Lawrence Keeley schätzt ein, dass 90 Prozent dieser Kleingruppen mehr oder weniger regelmäßig Kämpfe durchführten. Eine Studie an 157 Gruppen nord-

amerikanischer Ureinwohner zeigte, dass 87 Prozent mehr als einmal im Jahr in Kämpfe verwickelt waren. Diese Zahl darf jedoch nicht zu einem falschen Eindruck führen: Es handelt sich dabei in den allermeisten Fällen nicht um Kriege, sondern vielmehr um Raubzüge und kleine Überfälle auf die anderen Sippen, deren Stammesgebiete angrenzten oder die sich gar überschnitten. Während in den seltenen Fällen einer Blutsfehde auch sämtliche Mitglieder eines nomadisierenden Dorfes ermordet wurden, handelte es sich üblicherweise um den Diebstahl von Pferden oder Gütern. Viele Überfälle hatten die Funktion einer Mutprobe, in der sich gerade jugendliche Krieger zu bewähren hatten. Die Tötung eines Gegners wurde häufig als weniger bedeutsam gewichtet, als mutiges Vorgehen gegen ihn. So wurde ein Gegner beispielsweise nur mehrfach mit einem harmlosen Stab berührt, während er sich bewaffnet zur Wehr setzte. Je nach Stammeskultur kann sich das Verhältnis von Raub und Mord bei solchen Unternehmungen jedoch dramatisch verschieben. Die Kung San der Kalahari-Wüste etwa wurden von Ethnologen als »die harmlosen Leute« bezeichnet, wiesen jedoch von 1920 bis 1955 eine Mordrate auf, die 20- bis 80-mal so hoch war wie die von größeren Industrienationen in der Mitte des letzten Jahrhunderts.
Wichtig zum Verständnis, dass Sippen hier ohne Not Fremde töteten, ist der Wunsch, auf diese Weise Ansehen zu erringen. Zu diesem Ansehen gehört zum einen der Beweis von Mut, zum anderen der von kriegerischem Geschick: Wer selbstlos sein Leben riskieren kann und damit Erfolg hat, der wird sowohl ein guter, zäher Jäger sein, als auch die Familie in Krisensituationen quasi bis zum letzten Atemzug beschützen können. Dass ein solcher Mutbeweis bis zur Verwegenheit ausgeführt wurde, wurde bereits früh im Kindesalter gefördert. Von Anfang an nahmen beispielsweise bei vielen nordamerikanischen Völkern schmerzhafte und aggressive Spiele mit Mutproben und Schlägen einen wichtigen Stellenwert ein.

Verletzungen waren nicht unüblich, gelegentlich gar Ziel eines Spiels und mussten mit größter Fassung getragen werden, wollte man sich nicht dem Spott der anderen aussetzen. Natürlich waren solche Spiele nicht auf den amerikanischen Kontinent beschränkt. Ein von Catlin geschildertes Kriegsspiel der Mandan-Indianer findet sich in ganz ähnlicher Form bei den Eipo in Neuguinea wieder.

Bezeichnend ist zudem, dass der Name eines solchen Stammes in seiner eigenen Sprache oft »Mensch« bedeutet, andere Stämme jedoch mit Schimpf- oder Spitznamen belegt werden. Hier liegt die Vermutung nahe, dass die »Entmenschlichung« der anderen, nicht zur eigenen Gruppe gehörigen Personen, zugleich eine legitimierende Funktion für schwere Gewalttaten gegen sie bedingt.

Die Parallelen vom Verhalten der »Stammeskrieger« zu den geschilderten spontanen Gewalttaten der losen Jugendgruppen liegen auf der Hand. In beiden Gruppen geht es darum, das eigene Konzept von Ansehen oder Manneskraft demonstrativ auf Kosten von anderen zur Schau zu stellen. In beiden Gruppen muss den anwesenden übrigen Gruppenmitgliedern imponiert werden, sodass sich fatale Gruppendynamiken entwickeln. Und in beiden Gruppen wird der »Feind« entmenschlicht, um effektiver Gewalt ausüben zu können.

Wie können die »modernen Stammeskrieger« nun dazu gebracht werden, dass die mitunter tödlich endenden Gewaltexzesse gegen unschuldige Opfer unterbleiben? Die von den Jugendlichen im Lebensverlauf angesammelten Risikofaktoren durch die Auswirkungen von psychosozialen, psychopathologischen und neurobiologischen Schädigungen lassen sich kaum gezielt verhindern, ja nicht einmal flächendeckend feststellen. Wenn die Person der Jugendlichen schwer zu ändern ist, wie sieht es dann mit der Situation aus? Da es sich um harmlose, alltägliche Situationen handelt, die von den

Jugendlichen so interpretiert werden, dass Gewalt angemessen sei, ist es nahezu unmöglich, hier effektive Änderungen zu bewirken. Allenfalls gesetzliche Änderungen zum Umgang mit Alkohol und Drogen könnten angedacht werden, um die Hemmschwelle zur Gewalt nicht allzu schnell zu senken.

Ein Blick auf die Stammeskrieger der Lakota ist zur Lösung des Problems hilfreich. Was sie von den Raubzügen und Gewalttaten gegen andere Menschen abgehalten hätte, wäre vermutlich allenfalls eine Veränderung ihrer Einstellung gewesen. Wenn sie die »Feinde« nicht kulturell entmenschlicht hätten und das eigene Ansehen nicht auf die effektive Nutzung von Gewalt konzentriert gewesen wäre, dann wären ihre Gewalttaten nicht notwendig gewesen. Ja, sie hätten für die Stammeskrieger gar keinen Sinn gehabt. Analog müsste für unsere Jugend daher die Entmenschlichung von Randgruppen reduziert und ein Verständnis von gewaltloser Männlichkeit geschaffen werden. Nur wenn die Jugendlichen einem Kriegerideal nacheifern, bei dem sie von der Freundesgruppe Anerkennung für »kriegerische Taten« erhalten wie für das Zusammenschlagen von »minderwertigen« Passanten, ergibt eine solche Gewalttat für die Jugendlichen Sinn. Nur wenn sie Anerkennung dafür ernten, werden sie motiviert, möglichst brutal zuzuschlagen.

Es kommt daher auf die flächendeckende Förderung von Toleranz, Verständnis und Mitgefühl an, um Entmenschlichung entgegenzuwirken. Würde Patrick nicht auf den »Rastamann« herabsehen, wäre eine Gewaltanwendung nur schwerlich möglich. Seine Hemmung, ihm Gewalt anzutun, wäre zu groß. Ebenso müsste gewaltlose Männlichkeit zum Thema der Erziehung werden. Natürlich ist es weltfremd, Aggression bei Kindern und Jugendlichen komplett unterbinden zu wollen. Es kommt jedoch auf eine sinnvolle Kanalisierung der Aggression und auf die Vermittlung eines gewaltlosen Bildes von positiver Männlichkeit an. Wenn in der

Gruppe kein Nutzen aus der Gewaltanwendung gezogen werden kann, wenn effektive Gewaltausübung nicht als Männlichkeit missverstanden und nicht hoch angesehen wird, macht es auch keinerlei Sinn für die Jugendlichen, derartige Gewaltexzesse auszuüben.

Doch es gibt noch ein weiteres wichtiges Hilfsmittel gegen diese spontane Form der Gruppengewalt. Dass es in der U-Bahn nicht zu schwereren Verletzungen des Opfers durch Patrick und Chrystian gekommen ist, lag am beherzten Eingreifen einer fremden Frau, die nach dem ersten Einschreiten erfolgreich weitere Fahrgäste zur Unterstützung aufforderte. Diese »Verstärkung« führte zum Tatabbruch und dazu, dass sich die Täter verantworten mussten. Es war also die »Zivilcourage« der Fahrgäste, die das Opfer gerettet hat. Und diese Zivilcourage lässt sich trainieren.

Möglicherweise werden Sie jetzt zu bedenken geben, dass gerade diese Zivilcourage den 50-jährigen Manager Dominik Brunner das Leben gekostet hat, als er sich Ende 2009 schützend vor einige Kinder stellte und damit die Aggression von pöbelnden Jugendlichen auf sich lenkte. Nach heutigem Stand des Wissens behauptete er sich mit Nachdruck und nahm dank seiner Boxkenntnisse letztlich eine Kampfposition ein. Aus Sicht jener »Stammeskrieger« fand sich damit allerdings ein würdiger Gegner, an dem ein gewalttätiges Exempel statuiert werden konnte. Dem »Krawattenträger, der ihnen die Tour vermasselt hatte«, wollten sie »die Grenze aufzeigen«, wie sie später von einem Staatsanwalt zitiert wurden. Was Dominik Brunner letztlich das Leben gekostet hat, war jedoch weder sein couragiertes Eingreifen noch seine möglicherweise nicht immer deeskalierende Herangehensweise. Was ihn getötet hat, war der fehlende Wille der übrigen Fahrgäste, einzugreifen.

Immer wieder zeigt sich in derartigen Fällen, dass das gemeinsame Eingreifen von mehreren Fahrgästen solche Taten schnell und effektiv beendet. Ein einsamer Helfer wie Dominik Brunner ist mutig – bildet jedoch aus Sicht der Täter eher eine interessante Herausforderung, an der sie sich beweisen können. Eine ganze Gruppe von Menschen, die klar Stellung beziehen, wäre dagegen effektiv genug gewesen, die Schüler und das Leben des mutigen Mannes zu retten.

Es gibt einiges, was ein potenzielles Opfer zur eigenen Sicherheit beachten sollte. In der Praxis machen Opfer oftmals den Fehler, ihre Not nicht deutlich genug zu signalisieren. Sie sprechen leise, duzen den Täter mitunter sogar und hoffen, dass die Situation so schnell wieder vorbeigeht, wie sie gekommen ist. Natürlich ist das oft eine irrationale Hoffnung. Passanten wird durch diese stille Reaktion in erster Linie signalisiert, Täter und Opfer würden sich kennen und ein Eingreifen sei nicht nötig.

Auch Selbstschutzmaßnahmen wie das Pfefferspray des Fahrgastes geben keine Sicherheit, da die Opfer das Spray in aller Regel nicht schnell genug in den Taschen finden oder falsch anwenden, sich mitunter in der Aufregung damit sogar selbst in die Augen sprühen. Ein Schrillalarm, der unkompliziert durch das Ziehen einer Schnur ausgelöst wird und dann einen Höllenlärm verursacht, erweist sich als wesentlich effektiver. Die Umstehenden werden durch einen derartigen Alarm unmissverständlich auf die Situation aufmerksam gemacht und häufig flüchten die Täter daraufhin.

Öffentlichkeit herstellen kann ein Opfer ebenfalls, indem es den Täter mit lauter Stimme dazu auffordert, die Belästigungen zu unterlassen. Das Wechseln des Platzes hin zu anderen Menschen oder in Linienbussen in die Nähe des Busfahrers erscheint ratsam. Vor allem aber sollte die Hilfe von zivilcouragierten Personen demonstrativ eingefordert werden, denn wenn viele Menschen eine beunruhigende Szene beobachten, tritt meist der sogenannte *Bystander-Effekt* auf. Das bedeutet, die Umstehenden handeln nicht, sondern stehen tatsächlich nur da und beobachten das Geschehen. Niemand fühlt sich verantwortlich, weil ja so viele andere Personen anwesend sind. Man glaubt, andere könnten sicher viel besser einschreiten und würden schon noch helfen. Es herrscht die Angst, sich zu blamieren oder nicht gut genug handeln zu können … und so handelt dann niemand. Ein Opfer kann dies jedoch ändern, indem es deutliche und klare Aufforderungen ausspricht wie etwa: »Ich werde von diesem Kerl bedroht. Sie mit dem grünen Pulli, bitte helfen Sie mir.« Das direkte Ansprechen einer bestimmten Person und die klare Aufforderung, Hilfe zu leisten, überwindet meist den Bystander-Effekt. Die Umstehenden sehen überdeutlich, dass Hilfe gewünscht ist und benötigt wird. Die Aufmerksamkeit der Gruppe konzentriert sich nun auch auf den Mann mit dem grünen Pullover, dem jetzt Verantwortung zugeschrieben wird. Handelt er in einer solchen Situation nicht, setzt er sich möglicherweise einer sehr peinlichen Situation aus. Beides motiviert, dem Opfer zu Hilfe zu eilen.

Um nun als zivilcouragierte Person helfen zu können, sollte man, auch wenn sich das Opfer noch keine Hilfe gesucht hat, sofort aufstehen, sich einen Überblick verschaffen und das Opfer laut fragen, ob es Hilfe benötigt. Dabei ist es wichtig einzuschätzen, wie hoch der Bedrohungsgrad ist. Bei einer sichtlich unangenehmen, aber ungefährlichen Situation, in der es keinen Hinweis auf eine körperliche Gewaltanwendung gibt, ist es ratsam, dem Opfer die Hand zu reichen und es mit Schwung aus der unangenehmen Situation herauszuholen. In unserer Kultur gibt es den Impuls, eine angebotene Hand zu ergreifen. Verbunden mit aufmunternden Worten wie etwa »Kommen Sie, setzen Sie sich zu uns!« kann das Opfer körperlich in einen sicheren Bereich geleitet werden.

Besteht hingegen Sorge, dass die Situation auch körperlich eskalieren könnte, dann sollten unverzüglich Einsatzkräfte alarmiert werden. Dies kann über einen Busfahrer oder das eigene Mobiltelefon geschehen. Den Trick, Passanten direkt anzusprechen, sollte dabei auch der zivilcouragierte Helfer zum Mobilisieren zusätzlicher Unterstützung nutzen. So kommt schnell eine ganze Gruppe in die Situation, dem Opfer aktiv oder zumindest sprachlich zu helfen, und die Täter geraten aus dem Konzept.

Auf gar keinen Fall sollten Täter dabei jedoch angefasst oder beleidigt werden. Dies würde sie in die Enge treiben und dazu verleiten, ihre vermeintliche Männlichkeit oder Ehre doch noch mit Gewalt zu »verteidigen«. Es ist viel sinnvoller, die Grundprinzipien der sogenannten Deeskalation zu nutzen. Statt die Täter zu provozieren und damit die Gefahr zu erhöhen, sollte nach Kräften versucht werden, ihre Emotionen zu beruhigen. Um zu deeskalieren, ist es wichtig, sehr bestimmt, aber höflich aufzutreten. Die Körperhaltung sollte dabei möglichst offen und aufrecht sein. Weder sollte Angst signalisiert werden noch Aggression. Wichtig ist dabei, sich als Helfer nicht selbst provozieren zu lassen. Man sollte dem Angreifer möglichst ruhig entgegentreten. Es geht nicht darum, Beleidigungen zu rächen, sondern dem Opfer zu helfen. Kleine Hilfsmittel, wie etwa betont ruhiges Atmen oder kurz an etwas Schönes zu denken, können in kritischen Situationen nützlich sein, um die Kontrolle über die eigenen Nerven zu behalten.

Derartige Fertigkeiten können auch eingeübt werden. Beispielsweise haben die Trainings der Polizei München, »Aufgschaut« für Kinder im Grundschulalter und »Zammgrauft« für Kinder ab zwölf Jahren, bereits gute Ergebnisse erzielt. Mit ihrer Hilfe wird für Gewaltsituationen sensibilisiert, es wird Mitgefühl für Opfer gestärkt, Handlungsmöglichkeiten werden aufgezeigt und Themen wie »Vertrauen« und »Ausgrenzung« werden für die Kinder verstehbar gemacht. Durch die erlernten Fähigkeiten fällt es ihnen übrigens auch weitaus leichter, für Opfer von Bullying und Cyberbullying einzutreten.

Für Erwachsene ist etwa das zweitägige Training »Kleine Schritte statt Heldentaten« oder das noch bekanntere eintägige »Göttinger Zivilcourage-Impulstraining« geeignet.
Glücklicherweise traten in unserer Geschichte nach einer Weile tatsächlich couragierte Menschen für das Opfer ein. Noch schlimmere körperliche Schäden konnten so verhindert werden. Folgenlos blieb die Gewalttat dennoch nicht.

Über den Angriff in der U-Bahn war nur wenig berichtet worden. Die Lokalzeitung hatte einen Einspalter gebracht, in dem auch ein Jugendexperte zu Wort gekommen war, der nach Kevins Eindruck völligen Müll über Killerspiele und so weiter gefaselt hatte, dabei spielte Chrystian doch überhaupt nicht. Obwohl ein halber U-Bahn-Waggon Zeuge des Vorfalls geworden war, gab es kein einziges Handyfoto. Der junge Mann hatte Glück gehabt: Außer einer gebrochenen Nase und schweren Prellungen war er noch einmal glimpflich davongekommen. So wie wir einfach verschwunden gewesen wären, dachte Kevin, wenn die Polizei uns nicht gefunden hätte. Nur weil dieser Volldepp von Patrick nicht gleich nach Hause gegangen war, sondern unbedingt bei Chrystian hatte bleiben wollen. Sie hatten die vier bei der Parkbank erwischt und die Blutflecken bei Patrick und Chrystian bemerkt, die von der Nase des Rastamanns stammten.
Chrystian und Patrick waren sofort in Gewahrsam genommen worden. Chantal und Kevin hingegen sollten nur als Zeugen auftreten, denn nach einhelliger Aussage der Frau und eines Mannes – merkwürdigerweise konnte sich kein anderer an Details erinnern, am allerwenigsten das Opfer – waren sie beide nicht an der Prügelei beteiligt gewesen, sondern sitzen geblieben. Am nächsten Morgen wurden Patrick und Chrystian wieder nach Hause geschickt, mit dem Hinweis, dass sie ihren Prozess abwarten sollten.
Scheiße, dachte Kevin. Jetzt muss mein großer Bruder schon wieder in den Bau. Dabei war er doch gerade erst rausgekommen!

Der Termin des Prozesses zog sich hin. Mehrmals wurde er verschoben, und so vergingen etliche Monate, ohne dass sie etwas von der Staatsanwaltschaft hörten. Als dann die Vorladung kam, war die Erinnerung an den Überfall schon verblasst.
Die Gerichtsverhandlung verlief schleppend. Der Rastamann war zwar erschienen, ließ sich aber durch seinen Anwalt vertreten und starrte die ganze Zeit über teilnahmslos vor sich hin. Du hast doch schon wieder 'ne Bong gezogen, dachte Kevin und verspürte das Bedürfnis, ihm eins in die Fresse zu hauen. Wegen einem Kiffer wie dir soll mein Bruder in den Bau.
Chrystian war das genaue Gegenteil des Opfers. In sein elegantes Jackett gekleidet, saß er mit gelangweiltem Blick auf der Anklagebank und spielte mit seiner Sonnenbrille, während Patrick nervös auf seiner Lippe kaute. Und als Chrystian befragt wurde, da war er die Korrektheit in Person, freundlich, sachlich, sprach leise und sicher, bedauerte zutiefst, was passiert war, und versicherte, dass er niemals so gehandelt hätte, wenn der andere ihn nicht dazu gezwungen hätte, aber falsch sei es trotzdem gewesen. Kurzum, er erweckte den Eindruck von jemandem, der unmöglich einem Unschuldigen ein Haar krümmen konnte. Hatte er ja auch nicht, dachte Kevin. Der Arsch da drüben war ja nur ein dreckiger Kiffer. Der hatte doch nicht einmal das Recht, mit einem wie seinem Bruder in einem Raum zu sitzen! Und schon gar nicht, sich in der U-Bahn neben seine Freundin zu pflanzen. Aber das alles behielt Kevin für sich, als er seine Zeugenaussage machen sollte – Chrystian hatte ihm eingebläut, was sein Verteidiger ihm für das Verhalten der Zeugen geraten hatte.
Zunächst ein wenig unsicher, begann er mit seiner Aussage: Nein, er hatte nichts mitbekommen, er hatte die Augen geschlossen gehabt, bis das Geschrei losgegangen war. Nein, wer angefangen hatte, könne er nicht sagen, aber er hatte den Eindruck, der Nebenkläger – er nannte das Arschgesicht wirklich »der Nebenkläger«, das beeindruckte ihn selbst – habe versucht, die Chantal zu betatschen und habe dann nach Patrick geschlagen. Woher er das wis-

se, wenn er die Augen geschlossen hatte? Weil Chantal geschrien habe, deswegen, und dann habe er nur mitbekommen, dass da eine Rangelei im Gange war, mehr nicht. Und dann sei er halt mit seinem Bruder, Patrick und Chantal aus der U-Bahn gegangen … und so weiter.

Es überraschte Kevin selbst, wie leicht es ihm fiel, vor Gericht zu sprechen. Je weiter er redete, desto mehr kam ihm das alles vor wie ein Raum voller Narren. Wie sie ihn so ernsthaft anstarrten, wie einige so unheimlich betreten dreinblickten, wie er erzählen konnte, was er wollte, und sie kauften es ihm einfach so ab – ihr seid alle verdammte Scheißkerle, dachte er. Ihr habt alle nicht einen Hauch von dem Schneid, den Chrystian hat!

Die Verhandlung zog sich über mehrere Tage hin. Und dann endlich kam das Urteil: Patrick bekam eine Jugendstrafe auf Bewährung, Chrystian hatte gerade noch einmal Glück gehabt und wurde zu Sozialstunden verdonnert. Kevin hätte am liebsten aufgelacht über diese Weicheier von Richtern, die Chrystian ja geradezu in die Tasche gesteckt hatte. Aber die Sozialstunden sollten Chrystian alles andere als gefallen. Zumal er in der Zeit kein Geld verdienen konnte, das er aber brauchte für sein Auto und die Partys.

Und dann erfuhren sie auch noch, dass Chantal schwanger war. Von Chrystian.

Drei Web-Tipps:

- www.aktion-tu-was.de
  (Informationen der Polizeilichen Kriminalprävention der Länder und des Bundes)
- www.aktion-zivilcourage.de
  (»Webring« zum Thema Zivilcourage mit Infos und weiterführenden Links)
- www.friedenspaedagogik.de/themen/zivilcourage
  (Zahlreiche Materialien zum Thema Zivilcourage vom Institut für Friedenspädagogik)

Drei Buch-Tipps:

Buss, D.: »Der Mörder in uns«, Heidelberg 2008
Heinke, D.: »Tottreten – eine kriminalwissenschaftliche Untersuchung«, Lengerich 2010
Jonas, K./Boos, M./Brandstätter, V.: »Zivilcourage trainieren! Theorie und Praxis«, Göttingen 2007

Kapitel 5

Schlachtgesänge: Hooliganismus

Berserker

Heute war ein großartiger Tag. Kevin hatte sich schon die ganze Woche darauf gefreut: Heute ging er mit seinem Bruder zu einem Fußballspiel. Das war eine echte Ausnahme, denn die Sozialstunden, die Chrystian in der Verhandlung wegen der Schlägerei aufgebrummt bekommen hatte, waren nicht zu knapp bemessen. Regelmäßig war Chrystian nun auf einer Jugendfarm zugange und schippte Schweinemist, was ihn total ankotzte. Aber Chrystian wäre nicht Chrystian gewesen, wenn er sich das hätte anmerken lassen. Er hatte seine Betreuer sogar dazu überreden können, ihm diesen Samstag frei zu geben. Ohne seinem Jugendgerichtshelfer davon etwas zu verraten. Denn an diesem Samstag spielte ihr FC Köln gegen den HSV. Und Kevin und sein großer Bruder waren dabei! Kevin hatte die Karten wie einen Schatz gehütet. Bis zuletzt stand es auf der Kippe, ob Chrystian wirklich mitkommen konnte, aber der Gerichtsfuzzi hatte nichts geschnallt und die Fusselbartsozialis – Kevin hatte keine Ahnung, wie sie aussahen, aber für ihn hatten alle Sozialarbeiter Fusselbärte – hatten ihn gehen lassen. Bestimmt hatten die Angst, dass er ihnen sonst die Reifen ihrer Fahrrädchen aufsticht, dachte Kevin höhnisch.
Gerade streifte er die mit Aufnähern übersäte Jeanskutte über, als es an der Tür klingelte und Patrick hereinkam.
»Du hast ja gar keine Kutte an?«, wunderte sich Kevin. »Gehst du nicht zum Spiel?«
»Klar geh ich!« Patrick ließ die Brust schwellen. »Aber nicht als blöder Zuschauer. Als Krieger!«
»Hast du uns gerade als blöde Zuschauer bezeichnet?«, erklang Chrystians Stimme gefährlich leise aus dem Hintergrund.

»Nein, nein«, beeilte sich Patrick zu versichern, »Ihr seid doch Ultras! Aber ich, ich geh mit einem guten Kumpel und dem seinen Kumpels, dem Mob. Das sind Hools. Die ganz Harten!« Der Stolz in Patricks Gesicht war nicht zu übersehen.
»Aha. Und deswegen trägst du keine Kutte«, sagte Kevin.
»Ey, klar oder! Wenn uns jeder erkennt, wir werden doch von den Scheißbullen gleich vor dem Stadium rausgezogen! Streetware reicht, Mann. Wir erkennen uns. Unauffällig, weißt du? Ganz unauffällig! Und dann so … Bäm!, sobald sich die anderen Hools zeigen!«
»Krass«, sagte Kevin und war sich nicht sicher, ob er Patricks Mut Achtung zollen oder ihn für völlig übergeschnappt halten sollte. »Aber die sind doch alle viel stärker als du. Wenn die dir was in die Fresse hauen …«
»Nee. Ich bin ja nicht allein! Und außerdem …«, sagte Patrick und grinste listig, »ich habe mich ausgestattet.« Er wies ein Messer und drei bleistiftgroße Leuchtraketen vor. »Wenn mir einer von den Schweinen zu nahe kommt … bäng. Ich bin einer von den Guten, das sollen die wissen!«
»Lass den Scheiß da«, sagte Chrystian in einem Befehlston, der Kevin warnte: Wenn sein Bruder so sprach, dann meinte er es ernst. Wenn Patrick das nicht schnallte, dann würde es gleich bei ihm »bäm« machen. Doch Patrick guckte erst mal blöd.
»Lass es da«, sagte Kevin zu ihm. Im Stillen betete er, dass Patrick sich nicht weigerte. Doch der legte die Sachen auf den Tisch und sah Chrystian immer noch fragend an.
»Ein paar Kumpels aus'm Knast sind bei den Hools«, sagte Chrystian leise. »Keine Waffen. Wenigstens nicht, wenn es nicht gegen die Schweine aus Osteuropa geht, die bringen so einen Scheiß selber mit. Den Russen und den Polen ist es scheißegal, ob einer draufgeht, die haben alle Scheiße im Hirn. Aber unsere Hools, die haben einen Ehrenkodex. Verstehst du? Ehrenkodex! Keine Waffen, nicht Nachtreten auf Jungs am Boden. Wenn du den Kram da mitnimmst, dann kicken dich alle. Und ich meine alle. Und die haben recht. Weil du dann ein Schwein bist. O.k.?«

»Ja ja, ist ja gut«, erwiderte Patrick und sah weg, um seine Unsicherheit zu überspielen. »Ich dachte nur, wenn wir uns schon hauen …«
»Vergiss es.«
»Ist ja gut!« Patricks Stimme klang nun genervt. »Ich muss los.«
»Bei den Guten«, lachte Chrystian humorlos, als die Tür hinter Patrick zuschlug. »Der scheißt sich doch ein, wenn er auch nur einem Guten vom Gegner gegenübersteht. Der und ganz vorne beulen … Was für ein Vollidiot.«
Das Spiel war ein ganz einmaliges Erlebnis. Die Fankurve hatte farbige Schilder ausgeteilt, und als sie die beim 1:0 hochhielten, bildeten sie das riesenhafte Wappen des Vereins. Kevin fühlte sich mitgerissen von der Begeisterung der Menge. Das war reines Adrenalin.
Als er am nächsten Tag Patrick traf, war er immer noch ganz begeistert. Patricks Gesicht leuchtete gleichfalls vor Glück.
»Hast du das Tor gesehen in der fünfunddreißigsten Minute?«, fragte Kevin. »Mann, was ein Schuss! Nie, nie hätte ich gedacht, dass der durchkommt. Nie!«
Patrick schüttelte den Kopf.
»Wie, hast du nicht?«, fragte Kevin und lachte. »Wie geil, verpasst die beste Zeit im Spiel! Boah, Mann!«
»Ich war nicht beim Spiel.«
»Da gibt's einen Jahrhundert…, was? Du warst nicht dabei?« Kevin sah ihn entgeistert an.
»War mit meinen Jungs in einer Kneipe in der Nähe. Unser Mob hat beschlossen, wir gehen nicht ins Stadion, weil … sonst kriegen uns die Bullen gleich. Geht gar nicht. Dafür haben wir's den anderen aber danach ordentlich gegeben. Alter! Das gab 'ne Keilerei nach dem Spiel, dass du das nicht miterlebt hast! Das war so richtig geil. Schau hier«, Patrick wies auf den unübersehbaren blauen Fleck am Jochbein, »ich bin einer von den Guten!«
»Das hast du vom Kampf?«, fragte Chrystian. »Vom Gegner?«
»Äh …«

Kevin fasste nach: »Na, sag schon, woher hast du den denn?«
»Äh … ach, ist doch egal. Bin hingefallen, Mann. Und der eine von uns, der hatte halt seinen Ellenbogen da, und … ist doch egal, Mann!«
»Aber das Fußballspiel hast du nicht gesehen.«
»Ach, das Spiel«, Patrick machte eine wegwerfende Handbewegung. »Das schau ich mir auf Video an.«
Kevin starrte seinen Freund an und wusste wieder einmal nicht, ob er ihn nicht doch für komplett bescheuert halten sollte.
Die Ausschreitungen von Patricks Mob konnten jedoch nicht sehr beeindruckend gewesen sein, denn in der Zeitung fand sich gerade mal eine Randnotiz darüber. Umso mehr wurde aber zwei Monate später über das Ereignis berichtet, zu dem Patrick Kevin unbedingt hatte mitnehmen wollen.
»Na komm mit, Alter, komm mit! Das ist genial, um dich den anderen vorzustellen. Einer wie du, der wird da richtig gut ankommen! Also, was ist?«
Kevin sah Patrick skeptisch an.
»Weiß nicht, ob ich Zeit habe«, sagte er ausweichend. »Sage dir morgen Bescheid.«
»Aber auf jeden, Alter! Hab dir einen Link geschickt, da steht 'ne Menge über uns Hools. Wirst sehen, ein klasse Haufen ist das! Bis morgen!«
Nachdem Patrick gegangen war, packte Kevin dann doch die Neugier. Patrick war schon oft ein Volldepp, aber damit er ein komplettes Fußballspiel absichtlich nebenan in einer Kneipe verpasste, musste doch so einiges geschehen. Er schaltete den Rechner ein, rief seine Mails ab und fand den versprochenen Link.
Es war eine Webseite ausschließlich für Hools. Nicht eine von diesen peinlichen Teilen, die irgendein Bundesministerium baute, um die Leute wieder auf den rechten Weg zu bringen. In der Seitenliste leuchteten die aggressiven Totenkopflogos von Fanwear-Modeläden, das Kopfbild der Seite zeigte ganz normal gekleidete Personen, die offensichtlich gerade einem Gegner entgegenbrüllten, und

beherrscht wurde der Bildschirm von den aktuellen Nachrichten aus der Szene: »Verletzte Polizisten bei Derby«, »Vorstand verärgert Fans«, »Video von Prügelei in Stadion«. Kevin war enttäuscht, dass der Video-Link nur zu Standbildern führte, das Video selbst war vom Portal YouTube bereits entfernt worden. Stattdessen fand er Gruppenaufnahmen verschiedener Mobs: Beeindruckende Reihen kräftiger Hools, die entschlossen in die Kamera sahen, manche Bilder verfremdet, manche unverfremdet. Sogar der Mob, von dem Patrick erzählt hatte, die Big Guys, zeigte sich dort. Kevin spürte, dass er langsam wirklich neugierig wurde. Irgendwann stieß er auf ein Forum, in dem über das diskutiert wurde, was sein Bruder erwähnt hatte: den Ehrenkodex. Kevin las, dass Waffen und Nachtreten auf Gegner am Boden tabu wären. Und dass es in Osteuropa krasser zuging. Aber einige, die angeblich schon früher dabei gewesen waren, schrieben, dass schon immer auf Hilflose von den Feiglingen aus der zweiten Reihe eingetreten worden sei, und unwillkürlich tauchte vor Kevins Auge Patrick auf – so ein Feigling zu sein, das würde ihm stehen, dem Depp mit seinen Waffen.
»Du hast doch erzählt, da waren zwei Typen bei dir im Knast, die Hools waren«, fragte er Chrystian am Abend.
»Hmmm ja.« Chrystian zappte die Fernsehkanäle durch, während er den Bauch seiner schwangeren Chantal streichelte.
»Erzähl doch mal. Was haben die erzählt? Wie war das?«
»Warum willst du das denn wissen«, erkundigte sich Chrystian.
»Na … na ja … der Patrick hat gesagt, am Wochenende treffen sich zwei Mobs im Wald, da soll's richtig abgehen … da würde ich gern hin … ohne Waffen natürlich.«
Sein Bruder setzte sich auf.
»Was willst du? Du willst mit diesem Idioten von Patrick mitgehen? Kevin? Geht's noch?«
»Aber du hast doch selbst gesagt, dass sie richtig kämpfen … das ist doch geil!«
»Geil? Weißt du, wie es in den letzten Jahren abging? Ich hab Geschichten gehört, die beiden alten Hools kotzt das an!« Chrysti-

an schüttelte den Kopf. »Wenn dein Kumpel Patrick so hohl in der Birne ist, dass er sich zusammenschlagen lassen muss, dann soll er doch. Aber du bleibst hier!«

»Aber …«

»Kein ›Aber‹!« Sein Bruder hatte das ganz leise ausgesprochen, aber er brauchte kein Wort mehr zu sagen. Zwar würde Chrystian niemals die Hand gegen Kevin erheben, aber der Tonfall machte Kevin deutlich, dass Widerspruch oder gar ein Hinwegsetzen über den Befehl des älteren Bruders ein absolutes No-Go war. Einmal hatte er es gewagt, und Chrystian hatte eine Woche lang kein Wort mehr mit ihm gesprochen und ihn nur mit solcher Traurigkeit angesehen, dass Kevin sich schon gewünscht hätte, Chrystian hätte ihn lieber ordentlich durchgeprügelt. Es war die schlimmste Woche in seinem Leben gewesen.

Hooliganismus ist die Schattenseite der beliebtesten Sportart der Welt. Während Fußballspieler sich im Stadion von den bunten Farben und leidenschaftlich skandierten Gefühlswellen ihrer Fans zu Höchstleistungen antreiben lassen, während Zuschauer Wochenende für Wochenende in die Stadien pilgern, um Teil des Erlebnisses zu sein und ihre Mannschaft lautstark zu unterstützen, haben Hooligans meist andere Beweggründe. Ihnen geht es nicht um die Anzahl der Tore und ein spannendes Spiel, sondern um ihre Leidenschaft an der Gewalt. Sie gehen bewusst das Risiko ein, andere Fans und sich selbst zu verletzen, sie brechen ohne ersichtlichen Grund klare gesellschaftliche Normen und sie ziehen Woche für Woche nach eigenen Angaben »in die Schlacht«.

Bevor wir uns ansehen, was sie dazu verleitet, blicken wir zunächst einmal hinter die Kulissen des Begriffes Hooligan. Eine Nähe zum irischen Wort »hooley«, was so viel wie Trinkgelage bedeutet, erscheint nicht ganz zufällig. Meist geht man jedoch davon aus, dass eine irischstämmige Arbeiterfamilie mit dem Namen »Houlihan«, die Ende des 19. Jahrhunderts

als notorische Raufbolde und Trinker London unsicher machte und in volkstümlichen Liedern besungen wird, für den Ursprung des Begriffes verantwortlich ist. Genutzt wird die Bezeichnung in Großbritannien seit etwa 1900, zunächst für Straßenkriminelle. Seit den 1980er-Jahren schwappte sie auch nach Deutschland über und wird mittlerweile ausschließlich für gewalttätige Fußballfans verwendet.
»Hooliganismus« ist aber keineswegs ein Phänomen der Neuzeit. Ein Blick in die Geschichtsbücher zeigt Erstaunliches. Eine Verhaltensweise vergleichbar der der Hooligans tritt im Laufe der Jahrhunderte immer wieder auf. Ausschreitungen bei öffentlichen Sportereignissen sind in vielen Zeiten und Kulturkreisen bekannt. So verfügte etwa die Heiligtumsverwaltung des Stadions von Delphi um 450 v. Chr. nach Ausschreitungen betrunkener Zuschauer, dass die Mitnahme von Wein in den inneren Bereich des Stadions untersagt sei. Der 58 n. Chr. geborene römische Historiker Tacitus schreibt über die Sicherheitsmaßnahmen bei den Dionysien in Chios, dass es besondere Einheiten gegeben habe, die bei Sportfesten für die Aufrechterhaltung der Ordnung zu sorgen hatten und dazu auch körperlich züchtigen durften. 1314 verbot der Bürgermeister von London Ballspiele, da es in ihrem Zusammenhang immer wieder zu Ausschreitungen kam. Und der britische Soziologe Eric Dunning zählte von 1895 bis 1914 ungefähr 200 Fälle von Zuschauerausschreitungen.
Dennoch ist ein Unterschied zu heutigen Hooligans erkennbar. Während es bei damaligen Ausschreitungen eher um politische Unstimmigkeiten, unfaires Spiel oder Fehlentscheidungen der Schiedsrichter ging, richten sich die Gewalttaten heute gegen andere Fans oder gegen die Polizei. Besonders bekannt wurden beispielsweise die Ausschreitungen im Brüsseler Heysel-Stadion am 29. Mai 1985, bei denen 39 Menschen starben und 276 weitere verletzt wurden, nachdem Zuschauer wegen prügelnder Hooligans in Panik gerieten. Der franzö-

sische Gendarm Daniel Nivel sorgte 13 Jahre später dafür, dass Opfer von Hooligans nicht anonym bleiben, indem er ihnen durch Auftritte in den Medien ein persönliches Gesicht verlieh. Während der Fußballweltmeisterschaft 1998 in Lens trug Nivel durch die Tat deutscher Hooligans bleibende Schäden davon. Eine unter Beteiligung des DFB und der FIFA gegründete Stiftung und ein europäisches Hobbyfußballturnier tragen seither seinen Namen.

Trotz solcher einzelner »Medienereignisse« darf jedoch nicht vergessen werden, dass die Gewalt im Rahmen von Fußballspielen ein weitaus höheres und alltäglicheres Ausmaß hat.

Die 2007 gestartete Schweizer Hooligan-Datenbank *Hoogan* zählte bis Mai 2010 bereits 860 Personen, von denen 610 im Umfeld von Fußballspielen auffällig geworden waren.

Die deutsche Datei *Gewalttäter Sport* enthielt Anfang 2009 sogar über 10 000 polizeilich registrierte Personen. Noch präzisere Daten enthält der *Jahresbericht Fußball* für die Bundesliga-Saison 2008/09. In diesem jährlich erstellten »Saisonbericht« wird nach Ligen und Kategorien der Gewalttäter unterschieden. Darin sind nach Angaben der Polizeibehörden für jene Saison 7910 Gewalttäter registriert, gegen die 6030 Strafverfahren eingeleitet wurden. Zwei Drittel wurden im Rahmen von Bundesligaspielen auffällig, ein Drittel bei Zweitligaspielen. Die Brisanz der Fälle wird ebenfalls gewichtet: Gut 5785 Täter werden als »bei Gelegenheit gewaltgeneigt« bezeichnet und 2125 als »Gewalt suchend« bzw. »zur Gewalt entschlossen«. Verletzt wurden in jener Saison 579 Menschen, davon 155 Polizeibeamte.

Durch die Einordnung der Fußballfans nach ihrer Gewaltbereitschaft kann die Kategorie der Hooligans eingegrenzt werden. Die Gewaltforscher Wilhelm Heitmeyer und Jörg-Ingo Peter schufen die wohl gängigste Einteilung, indem sie konsumorientierte, fußballzentrierte und erlebnisorientierte Fußballfans unterschieden.

Gut 90 Prozent der Fußballzuschauer zählen zum *konsumorientierten Typ*. Die sportliche Bedeutung des Fußballspiels ist für diese Gruppe hoch, die Leistung des Vereins wichtig und den Stadionbesuch machen sie von der erwarteten Attraktivität des bevorstehenden Fußballspiels abhängig. Ähnlich wie Theater- oder Kinobesucher entscheidet sich der konsumorientierte Typ spontan für einen Spielbesuch und geht alleine oder mit einer Handvoll Freunden zum Spiel. Den einzigen Bezug zur Gewalt bildet seine Schaulust, die die Gewalttäter jedoch zu noch extremeren Aktionen anstacheln kann.
Der *fußballzentrierte Typ* scheut dagegen keine Kosten und Mühen, um bei jedem Spiel seines Vereins dabei zu sein. Fußball sieht er als Lebensinhalt und bleibt seinem Verein meist auch bei einem Abstieg in eine niedrigere Spielklasse treu. Die Spiele verfolgt er stehend in der Fankurve und schließt sich oft mit anderen in Fanclubs oder festen Cliquen zusammen. Diese starke Gruppenorientierung zeigt sich auch in der vereinsfarbenen Bekleidung mit Trikots, Schals und emblembestickten Jeansjacken. Aufgrund dieser Eigenheit werden fußballzentrierte Zuschauer vor allem in Deutschland auch als »Kuttenträger« bezeichnet. Je nach Alkoholeinfluss und Gemütszustand, etwa durch einen ungünstigen Spielverlauf, können sie hin und wieder Schiedsrichter, Spieler oder gegnerische Fans angreifen. Sie beschränken sich jedoch meist auf verbale Angriffe.
Mit einem *erlebnisorientierten Typ* wird im Kern der Hooligan beschrieben. Er besucht nahezu jedes Spiel seines Vereins, ist jedoch neben dem Fußballmatch vor allem an spannungsgeladenen Situationen rund um das Spiel interessiert. Er trägt keine Kutte, sondern unauffällige Kleidung. Dennoch gelten die einheitlichen, sportlich-eleganten Kleidungsstile der Hooligans als gegenseitiges Erkennungsmerkmal. Der erlebnisorientierte Typ bekennt sich zur körperlichen Gewalt,

wechselt im Stadion oftmals seinen Standort und plant seine Aktivitäten im Vorfeld. Beabsichtigte Auseinandersetzungen mit gleichgesinnten Fantruppen der gegnerischen Mannschaft werden mitunter gemeinsam mit dem jeweiligen Gegner verabredet und vorbereitet. Er identifiziert sich nicht mit Fanclubs, sehr wohl aber mit seiner gleichgesinnten Fangruppe.

Die Polizei bezieht sich mit ihren Bezeichnungen »Kategorie A«, »Kategorie B« und »Kategorie C« auf die nahezu gleichen Grundlagen bei der Einteilung von Fußballfans. Einzig fußballzentrierte Fans, die lediglich verbale Gewalt nutzen, werden im Gegensatz zur vorherigen Einteilung nur als »Kategorie-A«-Fan bezeichnet. Kommt es aufgrund des Spielverlaufs zu körperlicher Gewalt, gelten auch sie als Fans der »Kategorie B«.

Bezogen auf die Daten des Jahresberichts Fußball für die Bundesliga-Saison 2008/09 können wir die Gewalttäter in 5785 Fans der »Kategorie B« und 2125 Fans der »Kategorie C« unterscheiden. Von den 7910 registrierten Gewalttätern sind damit »nur« 2125 echte Hooligans.

Seit Ende der 1990er-Jahre muss der Definition von Heitmeyer und Peter jedoch noch eine weitere Gruppe hinzugefügt werden: die sogenannten *Ultras. Ultra-Gruppierungen* sind am ehesten zwischen den fußballzentrierten und den erlebnisorientierten Fans anzusiedeln. Sie feuern ihre Vereine leidenschaftlich an, indem sie Fußball auf die in Italien gern praktizierte Art zelebrieren: Mit Vorliebe feuern sie bengalische Fackeln ab, spannen riesige Fahnen und kurvendeckende Transparente auf. Ultras pflegen auch außerhalb der Spiele einen engen Zusammenhalt. Die Freizeit wird dem Fußball untergeordnet und das Image des leicht verrückten Fans wird von ihnen demonstrativ gelebt.

Der Sportwissenschaftler Gunter Pilz sieht Teile der Ultra-Gruppierungen allerdings immer mehr in Richtung Hooligans abdriften und spricht daher mitunter von *Hooltras*. So beschreibt er, dass es seit einigen Jahren zunehmend zum Lebensstil von einigen Ultras gehört, sich an Auseinandersetzungen mit gegnerischen Fans und der Polizei zu beteiligen. Diese Haltung wird auch offen auf einigen Webseiten propagiert. Die Ultras werden daher von der Polizei verstärkt in den Bereich der »Kategorie C«, also »Gewalt suchend«, eingeordnet, weil es den Beamten unmöglich erscheint, die Szene genau zu unterscheiden. Der weitaus größere, friedliche Teil der Ultras wird dadurch aber ebenfalls intensiven Kontrollen unterworfen und entwickelt im Gegenzug ein Feindbild in Bezug auf die scheinbar ungerecht handelnde Polizei.

Doch kehren wir zurück zum Kern unserer Betrachtung: den eigentlichen Hooligans. Ganz ähnlich wie in manchen Kriegen existiert trotz allen Kampfes- und Schädigungswillens auch unter Hooligans ein Ehrenkodex. Und ebenfalls ganz ähnlich wie in Kriegen wird dieser Ehrenkodex nicht immer eingehalten. Doch anstatt als Reaktion ein Kriegsverbrechertribunal aufzustellen, führt der Verstoß gegen diesen Kodex bei Hooligans in erster Linie zu Achtungsverlust. Oder die Täter wechseln zu einer Gruppe, die diesen Kodex als weniger wichtig erachtet.

Der ungeschriebene und daher recht nebulöse Ehrenkodex beinhaltet u.a., dass einfache Zuschauer nicht angegriffen werden, sondern nur andere Hooligans oder gewaltbereite Gruppierungen Ziel der Attacken sein sollen. Diese Gruppen dürfen auch nicht zahlenmäßig deutlich unterlegen sein, jedenfalls soweit der Angriff nicht von der kleineren Gruppe ausging. Die Kämpfe sollen ohne Waffen und Mann gegen Mann ausgeführt werden. Wurde ein Gegner zu Boden geschlagen, gilt er als besiegt. Auf die Anzeige des Gegners bei der Polizei wird verzichtet.

Hooligans schlagen sich jedoch nicht allein im direkten Umfeld von Fußballstadien. Bei verabredeten Schlägereien

auf abgelegenen Wiesen oder Parkplätzen wird der Kodex meist tatsächlich eingehalten. Kommt es jedoch zu einem Aufeinandertreffen vor oder nach Spielen, dann werden diese Regeln oft sehr frei interpretiert: Finden sich etwa keine Gleichgesinnten, dann genügen Provokationen oder auch schon die falsche Kleidungswahl. Gibt es Gerüchte über eine gegnerische Übermacht oder eine hohe Polizeipräsenz, kann die »Bewaffnung zum Selbstschutz« erfolgen. Und auf einen besiegten Gegner wird oft noch ein paar Mal nachgetreten, damit er nicht gleich zum Gegenangriff übergehen kann.
Gerade jüngere Hooligans, die sich vor den älteren beweisen wollen, gehen häufig besonders brutal vor und lassen den Ehrenkodex komplett außer Acht. Ihren Mangel an Kraft und Erfahrung im Kampf gleichen sie durch Bewaffnung aus, um ein Gefühl von Sicherheit zu erhalten und um ihre Angst zu kontrollieren. Dennoch wird der Ehrenkodex gerade von älteren Hooligans immer noch eingefordert. Da Hooliganismus nicht nur ein Phänomen der Jugendkultur ist, bleiben auch Erwachsene der Gruppe mitunter recht lange treu. Diese älteren Hooligans kritisieren die Heranwachsenden beispielsweise auf internen Webseiten für ihre harten, unfairen und gefährlichen Aktionen. Aus rechtsstaatlicher Sicht wirkt es natürlich einigermaßen absonderlich, dass von den erfahrenen Gewalttätern die »gute alte Zeit« beklagt wird.
In der Frage, ob Drogen eingenommen werden oder nicht, widersprechen sich die wissenschaftlichen Studien. Einige gehen davon aus, dass alleine das körpereigene Stresshormon Adrenalin die Hooligans aufputscht. Adrenalin wird vom Körper in gefährlichen Situationen ausgeschüttet, um das Überleben zu sichern. Es steigert die Herzfrequenz, erhöht den Blutdruck, erweitert die Bronchiolen und stellt schnell Energiereserven zur Verfügung.
Andere Studien finden hingegen eine intensive und zunehmende Nutzung von Alkohol und Drogen. Demzufolge kon-

sumieren etwa 60 Prozent der Hooligans Alkohol und über 50 Prozent illegale Drogen, um sich aufzuputschen. Besonders verbreitet sind diesen Studien zufolge Cannabis, um die Gefühlseindrücke zu intensivieren, und Amphetamine, um die Aufmerksamkeit zu erhöhen, Kraftreserven zu mobilisieren und die Hemmschwelle zur Aggression zu senken.

Haben wir es bei Hooligans nun mit »ganz normalen Durchschnittsmenschen« zu tun, die nur am Wochenende zu wilden Schlägern mutieren? Bei der ursprünglichen Hooliganbewegung in England waren es sicherlich verstärkt frustrierte junge Männer aus der Unterschicht, die ein Ventil für die Frustrationen des Lebens gesucht haben. Die gängige Annahme zu heutigen deutschen Hooligans lautet dagegen, dass es sich mittlerweile um Heranwachsende handelt, denen es in Beruf und Privatleben an nichts mangelt und die sozial gut in Beziehungsstrukturen eingebunden sind.

Allerdings lässt ein Forschungsprojekt der Bundesregierung aus dem Jahre 2001 anderes vermuten. Die Forscher belegten, dass Hooligans beträchtliche soziale und psychische Auffälligkeiten zeigen. Es ist die Rede von gravierenden Problemen im Elternhaus, Leistungsschwächen und Arbeitslosigkeit, Alkohol- sowie Drogenproblemen und häufigen Verurteilungen, die nicht nur ihre Hooligan-Aktivitäten umfassen, sondern auch Eigentums- und Raubdelikte. Abgesehen vom Fußballbezug ihrer Gewalttaten weisen sie damit sehr ähnliche Problemlagen auf, wie sie sich auch für andere schwer gewalttätige Jugendliche außerhalb des Fußballkontexts durch aktuelle Studien belegen lassen. Möglicherweise haben auch beide Annahmen recht und es handelt sich lediglich um örtliche und zeitliche Besonderheiten der jeweils untersuchten Hooligan-Gruppen. Auf dem derzeitigen Stand der Forschung ist dies noch nicht zweifelsfrei zu klären.

Was Hooligans zu Gewalttaten im Rahmen von Sportaktivitäten antreibt, scheint im Wesentlichen eine ausgeprägte

Freude an der Gewalt als solches zu sein. Sie treffen Aussagen wie »Es macht Spaß!« oder »Das ist phantastisch, da vergisst man sich«. Wichtig ist ihnen auch das Gruppenerleben. So formulierte ein Hooligan im Interview mit einem Forscher: »Wenn du natürlich jetzt mit so 'nem Übermob antobst und dann eben alles niedermachst, also das schönste Gefühl ist das eigentlich. (...) Das würdest du mit keiner Frau schaffen oder mit keiner Droge.«

Die Anwendung von Gewalt wird heutzutage jedoch tabuisiert. Die Folgen beschrieb der Soziologe Norbert Elias in seiner Zivilisationstheorie anschaulich: War Gewalt in früheren Kriegergesellschaften noch ein anerkanntes Mittel zur Konfliktlösung, wurde sie im Zivilisationsprozess immer weiter zurückgedrängt. Elias zufolge konnten unsere Vorfahren ihre Wünsche besser ausleben, ihre Gefühle stärker ausdrücken und wesentlich spontaner leben. Heutzutage sei das Leben eher vorherbestimmbar, konstanter und friedlicher, jedoch letztlich weitaus weniger leidenschaftlich.

Es versteht sich von selbst, dass Menschen im Rahmen einer Demokratie aufeinander achten müssen. Hooligans scheinen jedoch aus diesen Zwängen ausbrechen und ihre ursprünglichen Instinkte, zumindest für die Zeit eines Fußballspiels, ausleben zu wollen. Sie stürzen sich wie im Rausch in den Kampf und suchen nach ihrem grenzwertig-extremen »Kick«. Bill Buford, der Jahre mit englischen Hooligans verbracht hat, beschreibt diesen Kick mit den Worten: »Momente, in denen es ums Überleben geht, Momente von animalischer Intensität, der Gewalttätigkeit, Momentc, wenn keine Vielzahl, keine Möglichkeit verschiedener Denkebenen besteht, sondern nur eine einzige – die Gegenwart in ihrer absoluten Form. Die Gewalt ist eines der stärksten Erlebnisse und bereitet denen, die fähig sind, sich ihr hinzugeben, eine der stärksten Lustempfindungen.«

Doch woher kommt dieses Lustempfinden, wenn kein sichtbarer Nutzen für den Hooligan aus seiner Tat erkennbar ist? Der ungarisch-amerikanische Soziologe Mihaly Csikszentmihalyi hat genau dieses Phänomen in einem anderen Zusammenhang untersucht. Ihn interessierte, warum bestimmte Handlungen überhaupt ein freudiges Gefühl bereiten können, wenn daraus kein sichtbarer Nutzen gezogen werden kann. Dazu untersuchte er beispielsweise Schachspieler und Free-Climber. Seine Antwort fand er in dem sogenannten *Flow-Erlebnis*. Damit bezeichnete Csikszentmihalyi einen Rauschzustand, der durch das Bewältigen von Herausforderungen hervorgerufen wird. Einen solchen Flow schilderten Hooligans auch in Interviews mit dem Soziologen Maurice Illi: »Jeder würde es im Fall geil finden […] wenn du jetzt dort stehen würdest und irgendwer greift dich an und du haust ihn einfach runter und diese Sau liegt am Boden, also du musst ihn ja nicht hassen, aber du würdest so ein verdammtes Hochgefühl bekommen, du würdest am nächsten Match gleich wiederkommen.« Dass die Prügelei risikoreich, illegal und nur bedingt zu kontrollieren ist, verstärkt zusätzlich den Eindruck, Mut, Kraft und Zusammenhalt im Kampf bewiesen zu haben.

Hooligans agieren nicht einzeln. Sie schließen sich zu einer hierarchisch organisierten Gruppe zusammen, die von einer oder mehreren Personen angeführt werden kann. Wenn ihre Taten in der Gruppe extrem und hart genug sind, erlangen Anführer mitunter sogar eine Art Heldenstatus.

Über Feindbilder wie gegnerische Hooligan-Gruppierungen oder die Polizei und gemeinsame Ideale wie der eigene Fußballverein wird der Gruppenzusammenhalt der Hooligans gestärkt. Ein gemeinsamer Kleidungsstil zeigt die Verbundenheit der Gruppe auch nach außen. Dabei ist nicht nur diese Abgrenzung von anderen wichtig, sondern auch der Zusammenhalt untereinander. Das gemeinsame Durchstehen von Auseinandersetzungen und Alkoholgelagen schweißt die Hooligans zu einer Gruppe zusammen. Und das wiederholte begeisterte Erzählen von Kämpfen in dieser Gruppe stärkt die Rechtfertigung der Gewaltanwendung gegen andere, denn alle Erzählenden finden die besonders brachiale Gewaltanwendung großartig.

Was einen Hooligan ausmacht, ist also letztlich nicht nur der Glaube des Einzelnen an Gewalt, sondern auch der *gemeinsame* Glaube der Gruppe an Gewalt.

Mitunter wird auch die Rolle rechtsextremen Gedankenguts unter den Hooligans diskutiert. Heitmeyer und Peter sahen in der Verteidigung der eigenen Kurve, im übertragenen Sinne also der Verteidigung des eigenen Territoriums, eine Anschlussmöglichkeit für rechtsextreme Orientierungen. Tatsächlich gerieten Hooligans und auch Kuttenträger seit den 1980er-Jahren in den Fokus rechter Gruppierungen. Diese hofften, unter den Hooligans neue Mitglieder zu finden, was ihnen auch eine Weile lang gelang. Die Dortmunder »Borussenfront« ist wohl eines der bekanntesten Beispiele für die Verzahnung von rechtsextremer Gesinnung und Hooligans. Sie griffen auch außerhalb der Stadien politisch Andersdenkende und Migranten an. Doch auch bei anderen Vereinen gab es teilweise enge Kontakte zur rechten Szene. Beim Berliner Hertha BSC gab es Fanclubs mit den Namen *Endsieg* oder *Zyklon B*, und Hannoveraner wie Hamburger Fanclubs hissten die Hakenkreuzflagge bei Fußballspielen.

Das wahrnehmbar rechtsextreme Zuschauerverhalten ist in den letzten 20 Jahren stark zurückgegangen. Nach Angaben des Politikwissenschaftlers Jonas Gabler gab es jedoch in den letzten Jahren drei Verurteilungen durch das Sportgericht des DFB wegen rassistischer Vorfälle. Auch wenn es in keinem Verhältnis zu den 1980er-Jahren steht, sind rechtsextremistische und rassistische Verhaltensweisen noch nicht gänzlich aus der deutschen Fußball-Fanszene verschwunden.

Mit welchem historisch belegten Kriegertyp können nun Hooligans verglichen werden und was können wir daraus lernen? Historische Berichte aus dem skandinavischen Raum erwähnen sogenannte Berserker. Der Begriff wird als Zusammensetzung aus »ber« für Bär und »serkr« für Hemd oder Fell gedeutet. Zum ersten Mal taucht die Erwähnung von Berserkern um 900 n. Chr. in einer Lobpreisung auf Harald Schönhaar auf, wo von Wolfsfellen und Gebrüll die Rede ist. Abbildungen von Tiermaskenkriegern reichen noch weiter zurück. Auch in der *Heimskringla* werden Berserker erwähnt. Wenn man der Überlieferung Glauben schenken möchte, traten sie in geschlossenen Gruppen auf, häufig zwölf Mann, und kämpften an den gefährlichen Plätzen einer Schlacht. So berichtet die *Heimskringla*, dass Berserker als vorderste Kämpfer im Vorschiff aufgestellt gewesen seien.
An anderer Stelle der gleichen Sammlung werden sie als stark wie Stiere beschrieben, die in ihre Schilde bissen. Dabei verfielen sie offenbar in eine Art Blutrausch oder Tobsuchtsanfall, in dem ihnen laut der Überlieferung »weder Feuer noch Eisen« etwas anzuhaben vermochten. Noch heute hält sich umgangssprachlich die Bezeichnung, jemand habe sich aufgeführt »wie ein Berserker«.
Von verschiedener Seite, mit mehr oder weniger fachlicher Kompetenz, wurde eifrig diskutiert, worin diese extremen Verhaltensweisen ihre Ursache hatten. Man verdächtigte Berserker unter anderem der gezielten Einnahme von Halluzinogenen. Neuere Überlegungen sehen die Berserkerwut eher als ein psychopathologisches Phänomen an oder vermuten schlicht ein Übermaß an Alkohol. Es besteht jedoch auch die Möglichkeit der Selbsthypnose, über die sich Berserker in einen Zustand der Kampfeswut hineingesteigert haben. Tatsächlich würde eine solche »Selbstsuggestion« zu einer gesteigerten Muskelkraft bei eingeschränkter Wahrnehmung der Umgebung und zu herabgesetzter Schmerzempfindlichkeit

führen. Das kritische Denken und allgemeine Hemmungen würden abgeschwächt und damit wäre die Kampfkraft, wenn auch nicht unbedingt das Kampfgeschick, gesteigert worden. Die Parallelen zu den heutigen Hooligans sind klar ersichtlich: Berserker und Hooligans führen ihren Kampf ohne Rücksicht auf die eigene Gesundheit. Sie steigern ihre Kampffähigkeiten dabei mitunter durch die Nutzung von Autosuggestion und Alkohol oder Drogen, wobei sie rauschhaft, unter herabgesetztem Schmerzempfinden und mit aller Gewalt kämpfen. Dabei verstehen sich beide Gruppen als Krieger-Eliten. Sie schauen auf andere Gruppierungen herab und kämpfen in vorderster Reihe. Um sich demonstrativ von anderen zu unterscheiden, nutzten die Berserker Tierfelle. Hooligans trugen zu Beginn ihres Auftretens noch auffällige Kutten in Vereinsfarben, gehen heutzutage jedoch eher in unauffälliger, aber wiederzuerkennender Markenkleidung ins Stadion. Dies hat den einfachen Grund, dass sie nicht sofort erkannt und von vorneherein aus dem Stadion ausgeschlossen werden wollen. Bei verabredeten Schlachten auf Wiesen oder Parkplätzen tragen sie zumindest gemeinsame Farben, um Freund und Feind auch im Getümmel auseinanderhalten zu können. Berserker und Hooligans sehen sich zudem als feste Kriegergruppe und haben im Kampf klare Gegner. Um diese Kampfgegner zu verunsichern, nutzen beide Rituale. Das Beißen in den Schild bzw. wilde Kriegsschreie sind von den Berserkern überliefert – für Hooligans erfüllt das gezielte Provozieren des Kampfgegners durch lautstarke Beleidigungen den erwünschten Effekt. Hooligans nutzen mitunter selbst rassistische oder faschistische Sprüche, die nicht notwendigerweise ihren moralischen oder politischen Überzeugungen entsprechen. Wichtig ist für sie, ihr Gegenüber aus der Reserve zu locken und so Kämpfe heraufzubeschwören. Ihr Ansehen als Krieger innerhalb der eigenen »Elitegruppe« wird durch außergewöhnliche Provokationen und durch die möglichst spektakuläre Zurschaustellung von Gewalt in den gemeinsamen Kämpfen beeinflusst.

Der »Kick« der Gewaltanwendung unter Gleichgesinnten, die lustvoll erlebte Aufregung, das Austesten der eigenen Belastungsgrenzen, die Anerkennung in der Gruppe von Gleichgesinnten und der Glaube, einer männlichen Elite anzugehören, all das fasziniert einen Jungen wie Patrick an Hooligans. Doch wie bringen wir einem solchen Jungen bei, dass es keine gute Idee ist, sich selbst, andere Hooligans, Polizeibeamte und Unbeteiligte zu gefährden, nur weil er ein lustvolles Erlebnis erzielen will?
Gängige Versuche, die Gewalt der Hooligans zu kontrollieren, sind ordnungspolitische und bauliche Maßnahmen: Auf der einen Seite wird mit hoher Polizeipräsenz zu den Fußballspielen, mit vorzeitigen Festnahmen bekannter Unruhestifter und mit Stadionverboten operiert. Auf der anderen Seite hindern Zäune und spezielle Sektorentrennungen die Zuschauer daran, den gegnerischen Fans und den Spielern zu nahe zu kommen, während durch Videoüberwachung Gewaltakte schneller bestraft werden können. Das eigentliche Problem wird dadurch natürlich nicht an der Wurzel gepackt.
Interessanter sind da schon diverse »Fan-Projekte«, die seit den 1990er-Jahren immer populärer geworden sind und heute die sportliche Arbeit vieler Fußballmannschaften bis in die erste Liga begleiten. Ihre Zahl stieg von einst 12 im Jahre 1993 auf mittlerweile 44 Fanprojekte an. Diese Projekte sollen an der Lebenswelt der Fans ansetzen und über Jugendbegegnungen, kulturpädagogische und Bildungsarbeit sowie durch Beratung und Unterstützung der Fans zu einer Eindämmung der Gewalt beitragen. Während dies prinzipiell eine großartige Idee ist, bleibt die Wirkung im Segment der Hooligans geringfügig. Der Sportrechtler Andreas Kirsch sieht die Fanprojekte sogar als Maßnahmen, um die Öffentlichkeit zu

beruhigen, denn er habe noch nie einen »wirklichen Hooligan« auf einer Veranstaltung eines Fan-Projektes gesehen. Da Hooligans normalerweise nicht an den Leistungen der Fan-Projekte interessiert sind, arbeiten diese tatsächlich weitgehend mit den deutlich harmloseren Kuttenträgern. Dennoch ergibt auch das Sinn, denn deren Abrutschen in Gewaltkreisläufe wird präventiv entgegengewirkt. Es bleibt jedoch ungeklärt, was mit den Hooligans geschehen soll. Ist das Eindämmen ihrer Gewalttaten mittels ordnungspolitischer und baulicher Maßnahmen wirklich die einzige Option?

Stellen wir uns zur Lösung dieser Frage doch einmal folgendem Gedankenexperiment: Was wäre in der Wikingerzeit mit Berserkern passiert, die nicht mehr kämpfen dürfen? Wenn Frieden geschlossen wurde, haben wir plötzlich eine nicht gerade kleine Gruppe von Männern, die einen kolossalen Kick dadurch erleben, besonders gewalttätig aufzutreten und sich stets aufs Neue zu beweisen. Sie wollen Achtung erringen, Grenzen erleben, »Heldentaten« vollbringen und hören, dass ihre Namen besungen werden. Doch plötzlich sollen sie Viehzucht und Fischfang betreiben, sich um ihre Familie kümmern und sich in eine kleine Dorfgemeinschaft einfügen. Damit bleibt ihnen nun ihr großes Ziel verwehrt, einen ehrenvollen Tod auf dem Schlachtfeld zu sterben und gewissermaßen von den Walküren nach Walhall geführt zu werden.

Eine Friedensentscheidung des Fürsten muss also zwangsläufig zu Problemen führen. Der kluge Fürst tut daher gut daran, diese Männer tunlichst zu beschäftigen und ihnen einen Ersatz für den geliebten Adrenalinschub im Kampf sowie für die erzielte Achtung durch den Kampf zu verschaffen. Gelegentlich konnte dies dadurch geschehen, dass wenigstens die ansonsten Mittellosen unter den Kämpfern auf Wiking ausfuhren: zu Raubzügen in fernen Ländern, weit weg von zu Hause.

Auch wenn diese Möglichkeit sich heutzutage nicht mehr anbietet, da sie zu gewissen diplomatischen Verstimmungen führen würde, ist das Prinzip auch für unsere modernen Hooligans gültig. Wir können nicht erwarten, dass die jungen Männer abrupt und ersatzlos ihre Lieblingstätigkeit unterlassen, wenn sie über eine lange Zeit hinweg im Hooliganismus ihren Lebensinhalt gesehen haben. Erinnern wir uns nur an die Aussage eines Hooligans, es sei das schönste Gefühl und »Das würdest du mit keiner Frau schaffen oder mit keiner Droge«.

Natürlich könnten wir mit dem Gedanken spielen, die Hooligan-Gruppierungen einfach jeden Sonntag auf ein Feld zu schicken, damit sie sich unter staatlicher Aufsicht die Köpfe einschlagen. Dies würde zumindest verhindern, dass Unbeteiligte Opfer der Gewalt werden. Mit dem rechtsstaatlichen Verständnis unserer Gesellschaft ist das jedoch ebenso wenig zu vereinbaren wie mit unserer moralischen Einstellung zum Gewaltverzicht.

Welche Optionen bleiben uns also? Der langjährige Hooliganforscher Pilz sieht im Sport die einzige übrig gebliebene Möglichkeit, bei der Erfolg, Anerkennung und Selbstbestätigung sowie ein positives Gruppenerlebnis erfahren werden können. Daher sollten Schwellenängste zu regulären Sportangeboten abgebaut, Aggression gesteuert abgearbeitet und die Beziehungen von Jugendlichen zu Personen außerhalb der Hooligans gestärkt werden. Neben Wettkampfsportarten liegt es natürlich aufgrund der Faszination von Hooligans am Fußball nahe, gerade diesen Sport in der Arbeit mit Hooligans zu fördern.

Enorm wichtig ist es dabei jedoch, auch stets Aspekte der klassischen Sozialarbeit zu berücksichtigen: Die Lebensprobleme der Hooligans müssen diskutiert und Lösungsversuche aufgezeigt werden. Es müssen aber auch die Versuche junger Gewalttäter, ihre Verantwortung für die Schädigung anderer

Menschen von sich zu weisen und damit ihre Hände in Unschuld zu waschen, direkt und schonungslos entlarvt werden. Es muss ihnen zur Auflösung des Gruppendrucks immer wieder gezeigt werden, dass ihre Aktivitäten als Hooligans unrecht sind und Konsequenzen haben werden. Und dies muss vor Ort geschehen: Die Sportvereine sollten daher gerade in besonders belasteten Wohnvierteln aktiv sein. Dort, in unmittelbarer Nähe der Jugendlichen, muss es Spiel-, Freizeit- und Sportanlagen geben, die Freiräume ermöglichen und sozial angemessene Bewegung, Action, Spannungsabfuhr, aber eben auch ein eigentlich gesellschaftlich abgelehntes Risikoverhalten ermöglichen. Mithin: Sie müssen eine Möglichkeit schaffen, den »Flow« auch jenseits von sinnloser Gewaltausübung zu erfahren.

Möglicherweise könnten selbst Fußballstadien zu dieser Wirkung beitragen. Da heutige Stadien mit Restaurants, Musikbands und dem Verkauf von Fanartikeln Fußball auch außerhalb der eigentlichen Spielzeit zum Erlebnis werden lassen, könnte hier ebenso auf die Bedürfnisse der jugendlichen »Kick-Sucher« stärker eingegangen werden. Bungee-Jumping, Free-Climbing oder gar ein Hochseilakt von einem Stadiondach zum anderen könnten organisiert werden, um Grenzerfahrungen zu bieten und sich gewaltlos zu beweisen.

Leider hatte Patrick niemanden, der ihm andere Perspektiven aufzeigte und der ihm die Folgen des Hooliganismus rechtzeitig und klar genug vor Augen geführt hätte. Seine Faszination für den »klasse Haufen« endete für ihn tragisch.

Von dem Nachwuchshooligan Patrick hatte Kevin bis Montag nichts mehr gehört. Nach der Schule hatte er ihn nicht erreicht. Vermutlich hatte er mit den anderen so lange gefeiert, dass er immer noch im Bett lag und ratzte. Chrystian kam gegen Abend mit Chantal im Arm heim, angekündigt von einer Wolke atemberaubenden Herrenparfüms. Er hatte insgeheim eine Schweineangst, der Stallgeruch seiner Sozialstunden könne an ihm haften geblieben sein, das wusste Kevin von seinen morgendlichen Deospray-Orgien und dem stundenlangen abendlichen Duschen, bevor er sein cremefarbenes Jackett anzog. Er erwartete schon fast, dass das Badezimmer vor lauter Parfümgasen irgendwann in die Luft flog.

»Du hast Patrick nicht erreicht?«, fragte Chrystian, zuckte mit den Schultern und führte sein Mädchen ins Wohnzimmer. »Frag halt im Krankenhaus.«

Kevin lachte. Aber das Lachen verging ihm, als er wenig später über Chat erfuhr, dass Patrick tatsächlich im Krankenhaus lag. Und er erfuhr auch, weshalb: Zwei Messerstiche hatten ihn schwer verletzt und schon am Boden liegend war auf ihn eingetreten worden, bis auch noch zwei Rippen gebrochen waren. Chrystian hatte von einem Ehrenkodex gesprochen, an den sich Patricks Gegner wohl nicht mehr erinnert hatten.

Drei Web-Tipps:

- www.bag-fanprojekte.de
  (Zusammenschluss deutscher Fußballfanprojekte)
- www.kos-fanprojekte.de
  (Koordinationsstelle für Fanprojekte)
- www.stern.de/thema/hooligans
  (aktuelle Presseberichte zu Hooligans)

Drei Buch-Tipps:

Buford, B.: »Geil auf Gewalt. Unter Hooligans«, München 2010

Gabler, J.: »Ultrakulturen und Rechtsextremismus. Fußballfans in Deutschland und Italien«, Köln 2009

Sommerey, M: »Die Jugendkultur der Ultras: Zur Entstehung einer neuen Generation von Fußballfans«, Stuttgart 2010

Kapitel 6

Kompromisslos: Extremistische Gewalt

templer

Die Aktion mit den Hooligans hatte Patrick zwar einen Krankenhausaufenthalt, aber auch einen bombigen Ruf eingebracht. Für schlau hielt ihn deswegen trotzdem keiner. Aber Kevin hatte ohnehin anderes im Kopf, denn Chantal hatte Chrystian einen Sohn geboren: Matthes.

Kevin erkannte seinen Bruder gar nicht wieder. Immer wenn sein Sohn auch nur erwähnt wurde, schmolz Chrystian geradezu dahin. Trotzdem vergaß er seinen Bruder nicht, denn als Kevin Geburtstag hatte, schenkte er ihm ein Springmesser.

Gelegentlich begleitete Kevin seinen Bruder, wenn Chrystian mit dem Kinderwagen abends noch etwas einkaufen ging, so auch an diesem Abend. »Chantal macht das schon den ganzen Tag«, erklärte er dann, wie um sich zu entschuldigen. Kevin fand diese Ausflüge auf eine ganz besondere Art merkwürdig: Sein großer Bruder und ein Kinderwagen passten irgendwie nicht zusammen.

Sie stiegen aus der U-Bahn.

»Gleich sind wir da«, sagte Chrystian und rückte seine Sonnenbrille zurecht. »Und dann gibt's erst mal 'ne Currywurst und ein Bier für uns als Belohnung.«

»Super!«

Der Kleine lag seelenruhig in seinem Wagen und tat keinen Mucks.

»Hab ich dir schon von dem neuen Skateboard erzählt? Ich hab mit Nick neue Kugellager reingebaut, jetzt geht das …«

»Hey, guckt mal, was bist'n du für'n Opfer, bist du schwul oder was!«, hörten sie es von der anderen Straßenseite herüberrufen.

»Ey, ihr Schwuchteln, wie habt ihr denn das Kind gemacht?«

Chrystian blieb stehen und sah irritiert über die Straße. Da stand eine Gruppe türkisch-arabisch aussehender Jugendlicher. Der Bulligste unter ihnen deutete auf ihn.

»Ey, Schwuchteln haben in unserem Kiez kein Platz, verpisst euch, ihr Juden!«, wiederholte der Bullige und seine Kameraden lachten.

Chrystian hatte die Linke ganz leicht auf den Kinderwagen gelegt und starrte weiter zu der Gruppe hinüber. Kevin spürte geradezu, wie sein Bruder in den Kampfmodus hochfuhr: Unmerklich spannte er sich an, die Augen hinter der Sonnenbrille wurden starr und seine Brust hob und senkte sich etwas schneller, um gleich darauf tief und kraftvoll Luft durch seine Lungen zu pumpen. Kevin trat nervös einen Schritt an ihn heran. In seiner Tasche spürte er schwer das Springmesser liegen, das Chrystian ihm geschenkt hatte.

»Ey, guck mich nicht an du deutscher Hurensohn, guck mich nicht an, was guckst du mich an?«, rief der bullige Junge, der sich durch Chrystians scheinbare Ruhe provoziert fühlte, und machte Anstalten, mit seinen Leuten über die Straße zu kommen.

»Du scheiß kleiner Deutscher, ich fick dich, du scheiß kleiner Deutscher! Du schwuler Jude!«

Er betrat die Fahrbahn.

»Komm weg«, drängte Kevin. »Dein Sohn! Komm, denen geben wir's ein andermal! Du kommst wieder in den Bau, wenn du die klarmachst!«

Chrystian nickte leicht, während er den Blick nicht von dem gegnerischen Wortführer nahm. Seine Rechte hatte sich tief in seine Jacke gegraben. O Gott, lass diesen Vollspasten da drüben bloß nichts gegen Matthes sagen, sonst frisst der fette Typ da gleich seine eigene Scheiße, betete Kevin und zerrte an seinem Bruder. Er war froh, dass er Chrystians Springmesser mitgenommen hatte. Wenn es hart auf hart kam, konnte er ihn richtig verteidigen.

Chrystian zog die leere Hand aus der Tasche und deutete mit ausgestrecktem Zeigefinger wortlos auf den Dicken. Tatsächlich zögerte der ob der stummen Drohung, die Chrystian damit aussprach. Diesen Moment nutzte Kevin, um ihn zum Laden zu zerren.

»Scheiß Deutscher!«, hörte er noch, dann fuhr die Glastür hinter ihnen zu.
Damit war der Ausflug für sie verdorben.
»Scheiße, warum hast du mich zurückgehalten! Warum!«, brach es aus Chrystian heraus, als sie wieder zu Hause waren. Er schlug mit solcher Wucht gegen die Wand, dass die Tapete einen kleinen Riss bekam. »Boah ej! Boah ej! Diese Sau, bezeichnet uns als Schwuchteln! Uns, ja! Boah! Fuck. Fuck!«
Und damit war Chrystian von einem Atemzug zum nächsten wieder ganz ruhig. Nur ein trauriger Zug spannte seine Lippen.
»Scheiß Deutscher«, wiederholte Kevin die Worte des Bulligen. »Sind hier und nennen dich ›scheiß Deutscher‹!«
»Ach, lass es. Bei diesen kleinen Wichsern könnt ich jedes Mal einen Koller kriegen. Vergiss das einfach.«
Aber Kevin vergaß es nicht. Aus irgendeinem Grund hatten der Spott und die Beschimpfungen ihn besonders schwer getroffen. Was fiel diesen Deppen eigentlich ein, sie anzumachen? Wie kamen sie dazu, so zu tun, als gehöre ihnen die Straße? Diese kleinen Wichser?
Wenn er jetzt seinen Bruder begleitete, hatte er immer das Springmesser dabei. Das war zwar verboten, aber das interessierte den Gegner auch nicht. Wenn noch einmal so etwas geschah, dann würde er seinen Bruder verteidigen. Damit der nicht selber zulangte und in den Bau kam. »Weißt du, einer wie ich kommt immer in den Bau«, hatte Chrystian einmal zu ihm gesagt. »So ist das halt mit mir – die anderen werden freigesprochen oder bei denen heißt das dann ›Notwehr‹, aber ich – ich komm in den Bau.«
Zufällig sahen sie in dieser Zeit auch eine reißerische Fernsehsendung mit dem Titel »In der Bronx von Berlin – Türken-Gangs in Neukölln 44«.
»Genau so ist es, genau so«, rief Kevin, während sie die Sendung sahen. »Genau so!«
Als Tage später mal wieder eine Truppe südländisch aussehender Jugendlicher auftauchte, da fühlte sich Kevin plötzlich vollkommen hilflos. Er und sein Bruder, sie waren allein – die da hatten unzäh-

lige Brüder und Cousins und Freunde, die alle zusammenhielten, die waren stark! Aber zum Glück beachteten sie Chrystian und ihn gar nicht. Trotzdem, dieses Gefühl, nichts wirklich tun zu können, das machte ihm Angst.

Einige Wochen später bekam Kevin in der Pause ein Heft von Nick. »Du hast doch mal was erzählt von den Alis. Guck mal hier, du liest doch.«

Kevin wunderte sich zwar, da er höchstens Comichefte durchblätterte, aber das genügte für Nick wohl bereits als »lesen«.

Die Faust hieß das Heft und sah aus wie eine richtig gut gemachte, farbig gedruckte Schülerzeitung. Dass sie zumindest keine offizielle Schülerzeitung war, sah er, sobald er das Heft aufschlug: »*Die Faust* schlägt in die Fresse der Weicheier«, stand da. »*Die Faust* lässt sich durch das Integrationsgewäsch nicht ablenken. *Die Faust* kämpft für ihre Rechte – denn sollen nur die sogenannten Migranten bei uns Rechte haben? Wo bleibt da der Deutsche?« Und dann: »Sei wie *Die Faust*! Wehr dich gegen Ungerechtigkeit!«

Kevin schnaubte und hätte das Heft fast schon beiseitegelegt, als sein Blick auf die Überschrift eines Kapitels fiel: »Ytsmir, Rahin und Sanna – sie kommen zu hundert, du bist allein! In unserem eigenen Land sind wir keine *scheiß Deutschen*: Wehr dich!«

Er blätterte zu dem Beitrag und fand unter dem zackig gezeichneten Bild einer Faust, die ein halbes Dutzend dunkelhaariger Angreifer in die Flucht schlug, fast genau die Schilderung dessen, was ihm und seinem Bruder passiert war. Hammer!, dachte er und las. »Wenn sie uns in unserem eigenen Land ›scheiß Deutsche‹ rufen, dann ist das eine kleine Dummheit unserer sogenannten ›ausländischen Mitbürger‹, aber wenn wir ›scheiß Kanacken‹ antworten, dann ist das ganz böse Volksverhetzung! Das verkaufen die da oben uns als Gerechtigkeit!« Kevin spürte, wie ihm beim Lesen der Zeilen eine Ader anschwoll: Genau so war es doch!

»He, wir müssen in die Klasse. Bist ja ganz weg von dem Teil.«

Damit hatte Nick recht. Hier war Kevin auf ein Heft gestoßen, das von genau der Stärke sprach, die ihm allein fehlte. Das jenen

Paroli bot, die einen auf dicke Hose machten, nur weil sie ein Dutzend Geschwister hatten. So schien es zumindest auf den ersten Blick.

Als Kevin nach Schulschluss über den Pausenhof ging, sah er am Tor einen kleinen Menschenauflauf: Mathelehrer Schultze und ein anderer diskutierten da mit jemandem und mehrere Schüler standen dabei. Neugierig ging Kevin hin. Ein sportlicher junger Mann mit Käppi und sympathischem Gesicht, ganz in Schwarz gekleidet, stand exakt einen Schritt vor dem Schultor und diskutierte lächelnd und freundlich mit den Lehrern, die merkwürdigerweise darüber immer mehr in Rage gerieten. Wie geil, dachte Kevin, da owned einer unsere Weicheier. Während der junge Mann die beiden Lehrer zetern ließ, verteilte er lässig CDs aus einer großen Umhängetasche an Schüler, die sich heranwagten. Allein schon, um dem Schultze eins auszuwischen, ging Kevin demonstrativ langsam zu dem jungen Mann und nickte ihm zu, als der ihn aus seinen strahlend blauen Augen ansah und eine CD herübergab.

Vom Schulhof kamen jetzt zwei ältere Schüler mit zerrissenen Jeans und bemalten Nietenjacken. Als die beiden auf den adretten CD-Verteiler zukamen, nickte er den beiden Lehrern mit einer hohntriefenden Freundlichkeit zu, die Kevins Herz höher schlagen ließ, und schwang sich auf sein bereitstehendes Motorrad.

»Ich hab so gefeiert«, schwärmte Kevin Patrick und Nick vor, als sie bei ihm zu Hause auf dem Sofa abhingen. »Der Schultze hat so gekocht vor Wut, dem ist fast das Gebiss rausgefallen! Und wie dann die Chaotentruppe anrückte, da ist der Typ ganz locker auf seine Maschine gestiegen und abgerauscht. Total geil.«

»Na, jetzt zeig mal die Scheibe«, drängte Patrick.

»Adler gegen Geier«, las Nick. »Ja cool, davon hab ich gehört, das ist von diesen Neonazis. Vor denen unsere Lehrer uns ständig warnen, als wären sie die Allerschlimmsten.«

»So'n allerschlimmster Typ wie der am Schultor ist mir aber viel lieber als 'ne Horde Assikanacken«, erwiderte Kevin.

»Aber hallo«, lachte Patrick, und Kevin drückte auf »Play«.

E-Gitarren-Klangebenen wogten, dann fiel ein Schlagzeug ein, und rockige Musik brach aus den Lautsprechern. Ein Sänger fiel in dreckigem Gesang auf Deutsch ein.
Nach einer Weile meinte Nick: »Das ist doch Zeckenmusik.«
»Nee, hör mal hin, das ist keine Zeckenmusik«, erwiderte Kevin. »So etwas würden die Zecken nie singen.« Er startete den ersten Titel noch einmal neu.
»Für Deutschlands Feinde – war der Weg nun frei – zum Morden und Plündern – Doch es lebt der Widerstand – wir kämpfen und siegen – für Volk und Vaterland – besser stehend sterben – als gebeugt in Feindeshand.«
»Der Sound ist aber nicht sehr aggro«, gab Patrick zu bedenken.
»Geht aber mit.« Kevin langte nach dem Heft *Die Faust*. »Dacht ich's mir doch. Ist von den Typen, die die CD gemacht haben. Geil. Hey, die haben ein Konzert übermorgen! Da kommt bestimmt keiner von den Alis rein. Außer als Brei!«
Nick blieb skeptisch. Aber als seine Freunde gegangen waren, da freute sich Kevin schon auf das Konzert. Der Patrick kam mit, das war klar. Er blätterte durch *Die Faust*, hörte die CD und malte sich aus, wie er das nächste Mal an der Spitze von zehn schwarzgekleideten Käppiträgern hinter diesen Schweinen herjagte, die seinen Bruder und ihn als Schwuchteln beschimpft und Chrystian fast wieder in den Bau gebracht hatten.

Rechtsextremismus stellt ein internationales Phänomen dar. Der Begriff bündelt alle Ideologien, die im Kern die ethnische Zugehörigkeit überbewerten, die Gleichheit aller Menschen infrage stellen und ein autoritär geprägtes Verständnis von Gesellschaft vertreten. Allein dies widerspricht schon dem grundlegenden Verständnis von einer Welt, in der die Mehrzahl der Menschen leben möchte. Der Gewaltforscher Wilhelm Heitmeyer weist jedoch darauf hin, dass es noch eine weitere Komponente gibt, die ein rechtsextremes Weltbild ausmacht: die Gewaltakzeptanz. Die Grundannahme einer

Ungleichwertigkeit von Menschen wird als Rechtfertigung genutzt, bestimmte Gruppen von Menschen abzuwerten, zu verletzen und mitunter sogar zu töten.
Studien zur Einstellung von Menschen haben in vielen europäischen Staaten eine Kombination von Fremdenfeindlichkeit, Antisemitismus, übersteigertem Nationalismus und Demokratie-Ablehnung festgestellt, die als soziale Basis für Rechtsextremismus gelten. Ebenso feierten entsprechende populistische Bewegungen in den letzten Jahren z.B. in Frankreich, Belgien, Österreich und in den Niederlanden Wahlerfolge.
Gerade in Deutschland werden rechtsextremistische Neigungen aufgrund der nationalsozialistischen Vergangenheit mit einer ganz besonderen Aufmerksamkeit und Sensibilität betrachtet. Und das zu Recht: 1980 zeigte die vom damaligen Bundeskanzler Helmut Schmidt in Auftrag gegebene Sinus-Studie, dass 13 Prozent der erwachsenen Bundesbürger ein geschlossenes rechtsextremes Weltbild zeigen. Eine 2003 durchgeführte Folgestudie erbrachte, dass bundesweit bei zwölf Prozent der 16- bis 24-Jährigen ein rechtsextremistisches Einstellungspotenzial vorliegt.
Es mag verwundern, dass mehr als 60 Jahre nach dem nationalsozialistischen Terror rechtsextremes Gedankengut immer noch einen solchen Zulauf findet. In Erklärungsversuchen geht die Forschung beispielsweise von der sogenannten *Modernisierungstheorie* aus. Dieser Theorie zufolge kann die Geschwindigkeit der gesellschaftlichen und ökonomischen Entwicklungen für das Empfinden einiger Teile der Bevölkerung zu hoch werden. Diese Menschen fühlen sich von der Komplexität des modernen Lebens überfordert und suchen einfache Lösungen, die sie in überkommenen Ordnungs- und Gesellschaftsvorstellungen des Rechtsextremismus finden. Sie wünschen sich einen starken Führer und schaffen sich Feindbilder. Typischerweise soll vorrangig das eigene Volk die

Ressourcen eines Landes nutzen dürfen, während Zuwanderer diskreditiert werden und das Land verlassen sollen.
Hinzu kommen Überlegungen, dass die zunehmende Individualisierung unserer Gesellschaft zwar mehr Freiheiten von überlieferten Zwängen und mehr Mobilität zur Folge hat, jedoch auch mehr Risiko und Ängste produziert. Die überzeichneten Freund-Feind-Bilder und vermeintlich einfachen Antworten des Rechtsextremismus scheinen dagegen die gesuchte Anerkennung einer Gruppe und Stärke auszudrücken.
In Bezug auf dieses Buch über Jugendgewalt ist das unter anderem bedeutsam, weil im Anschluss an die deutsche Wiedervereinigung zwar breite Bevölkerungsschichten die ausländerfeindlichen Übergriffe in Hoyerswerda 1991 duldeten oder gar bejubelten, aber insbesondere Jugendliche und junge Erwachsene durch Gewaltanwendung in Erscheinung traten. Ein ähnliches Bild bot sich 1992 in Rostock-Lichtenhagen. Später breitete sich eine ganze Welle rechtsextremer Gewalttaten über Deutschland aus.
Aktuelle Zahlen aus dem Verfassungsschutzbericht für 2009 zeigen 891 politisch motivierte Gewalttaten aus dem rechten Spektrum auf. Um Angaben über das Alter jener Gewalttäter zu bekommen, wurde 2003 von Christian Peucker und seinen Kollegen eine Sonderauswertung veröffentlicht, nach der gut 30 Prozent der Tatverdächtigen jünger als 18 Jahre waren und weitere gut 30 Prozent zwischen 18 und 20 Jahren. Auch eine Analyse von Strafverfahrensakten zeigte, dass lediglich drei Prozent der Gewalttäter älter als 25 Jahre waren. Dies gilt nicht in demselben Maße für andere fremdenfeindliche Straftaten wie etwa Propagandadelikte. Rechtsextremistische Gewaltdelikte werden jedoch weitgehend von Jugendlichen und Heranwachsenden begangen.
Obwohl das Thema Rechtsextremismus schon an sich bedeutsam genug ist, dürfen wir nicht vergessen, dass auch andere

Extremismen für das Entstehen von Gewaltvorfällen verantwortlich sind. Und das zum Teil in globalem Ausmaß. Der britische Sozialhistoriker Eric Hobsbawm nennt das 20. Jahrhundert sogar »das Zeitalter der Extreme«. Auch heute ist unsere noch vergleichsweise junge Demokratie von Krisen bedroht. Wachsende soziale Ungleichheiten, Wirtschaftskrisen, eine unsanft verlaufende Globalisierung, weltweite terroristische Bedrohungen und Überreaktionen auf terroristische Herausforderungen können demokratische Strukturen gefährden. Extreme Gruppierungen nutzen diese Zeiten der Unsicherheit, um vermeintlich einfache Lösungen auf komplexe Fragen anzubieten und populistisch zu provozieren. Das Internet dient dabei zunehmend als Möglichkeit, extremistische Gruppierungen national und international zu vernetzen. Werfen wir einen Blick auf die bedeutsameren Extremismen unserer Zeit. Neben dem Rechtsextremismus ist hier natürlich das scheinbar entgegengesetzte Spektrum, der sogenannte Linksextremismus, zu nennen. Doch hinter diesem Begriff verbergen sich ungleiche Ideologien, die zum Teil kaum einen gemeinsamen Nenner aufweisen. Verschiedene Gruppen, Parteien und Strömungen wie die DKP, Antifaschisten und radikale Globalisierungsgegner zählen zum linksextremen Spektrum, sind jedoch in ihrer Erscheinung und in ihrem Auftreten sehr unterschiedlich. Der Verfassungsschutzbericht des Jahres 2009 weist 1115 politisch motivierte Gewalttaten aus dem linken Spektrum auf. Die Anzahl ist damit sogar höher als die der rechtsextremistischen Gewalttaten. Jedoch schlagen Linksextreme, im Gegensatz zu den bekannten rechtsextremistischen Gewalttaten, gewöhnlich keine Passanten zusammen und veranstalten keine Menschenjagden. Welcher Art ist also deren Gewalt?

Insbesondere die sogenannten Autonomen begehen immer wieder linksextreme Gewalttaten. Mit martialischem Gehabe und aggressiven Parolen fallen sie zumeist vorrangig bei

Demonstrationen auf. Nach Angaben der Sicherheitsbehörden lag die Zahl dieser Autonomen in Deutschland Ende 2006 bei etwa 5500 Personen. Ein Großteil ihrer Anhänger ist den Behörden zufolge zwischen 18 und 28 Jahre alt und damit im Schnitt älter als Anhänger des rechtsextremistischen Spektrums. Linksextreme sind oft Studenten und Auszubildende oder haben eine gescheiterte Ausbildung hinter sich. Eine hohe Anzahl von ihnen macht Gelegenheitsjobs oder ist arbeitslos.

Doch bei den Autonomen handelt es sich nicht um eine politisch straffe Organisation mit klaren Strukturen und politischen Zielsetzungen. Vielmehr geht es ihnen im Kern um die Eroberung und Verteidigung von Freiräumen. Der Politikwissenschaftler und Soziologe Armin Pfahl-Traughber bezeichnet die Gewaltbereitschaft der Autonomen als ein für ihr Selbstverständnis wichtiges Lebensgefühl. Gewalttaten seien daher für sie eine normale Handlungsoption zur persönlichen Selbstbefreiung von Herrschaftsstrukturen. Konkret werden etwa Anschläge gegen Institutionen durchgeführt. Insbesondere bei Demonstrationen kommt es zudem häufig zu Krawallen, die spontan erscheinen, aber tatsächlich vorbereitet sind. Es werden Fahrzeuge und Gebäude demoliert und auch Personengruppen angegriffen. Meist handelt es sich bei den attackierten Personen um Polizeibeamte und Rechtsextremisten.

Interessanterweise bedienen sich beispielsweise die rechtsextremen *Autonomen Nationalisten* mittlerweile absichtlich der Parolen und Kleidungsstile von linksextremistischen Autonomen. Auf Demonstrationen ist inzwischen ein »schwarzer Block«, ehemals Kennzeichen militanter Autonomer, sowie eine auf den ersten Blick zum Verwechseln ähnliche Ästhetik in den Spruchbändern zu beobachten. Dies führt bis hin zur Anlehnung an antifaschistische Logos, Palästinensertücher und Che-Guevara-T-Shirts – die

Anhänger rechter Gesinnung sind damit oft nicht mehr eindeutig an ihrem Äußeren zu erkennen. Dabei werden antikapitalistische und antiisraelische Aussagen genutzt. Erst die Formulierung der politischen Aussagen hilft, das extremistische Spektrum zu identifizieren.
Indessen ist es keineswegs so, dass Rechtsextremisten gewissermaßen ein Monopol auf den Antisemitismus hätten. Im Gegenteil: Antisemitismus ist tatsächlich oft ein unterschwelliger gemeinsamer Nenner von eigentlich gegensätzlichen Positionen. Neben Teilen der extrem Linken, die Antisemitismus in getarnter Form und im Kontext des Themas eines internationalen Finanzkapitals aufgreifen, findet sich der Antisemitismus auch im Islamismus wieder und ist bei vielen Muslimen in der Alltagskultur zu beobachten. Gerade bei Einwandererkindern werden im engsten Familienkreis mitunter zwei grundlegend verschiedene Phänomene miteinander vermengt und bilden so ein brandgefährliches Gemisch. Auf der einen Seite ist dies die Katastrophe des Nahostkonflikts, der internationale Konflikt zwischen Israelis und Palästinensern. Auf der anderen Seite sind es antisemitische Einstellungen, die lediglich auf einem paranoiden Hirngespinst beruhen. Bei nationalistischen Feindbildern ist der Gegner immer noch ein Teil des Ganzen, während im Antisemitismus »die Juden« als internationale, angeblich stark im Geheimen operierende Gruppe außen vor stehen: Durch das Phantasiekonstrukt der »jüdischen Weltverschwörung« werden sie zu »Feinden der Menschheit« stilisiert. Der Islamwissenschaftler Jochen Müller schreibt in einer Publikation der *Antonio-Amadeu-Stiftung* über ein Kernmerkmal des Antisemitismus: Es sei das ohnmächtige Gefühl von Unterlegenheit und Überforderung gegenüber Veränderungen und Entwicklungen. Antisemitismus sei ein Hirngespinst, das sich gegen keine Nation richte. Damit könne er praktisch von jeder beliebigen Gruppe als Sündenbock genutzt werden. Weil er ein Hirngespinst sei,

spiele es auch keine Rolle, wie sich Juden tatsächlich verhielten. Beispielsweise argumentiert die Islamophobie genau umgekehrt: Hier soll die angeblich überlegene eigene Kultur vor rückschrittlichen Einflüssen einer in veralteten Traditionen verhafteten Kultur bewahrt werden.

Wichtig zu beachten ist, dass auch nicht jeder muslimische Migrant mit türkischer oder arabischer Herkunft und antisemitischen Tendenzen ein Islamist ist. Was einen Islamisten wirklich kennzeichnet, bereitet im Alltag mitunter Kopfzerbrechen. So weist Müller auf die Verunsicherung von Lehrern hin, wenn junge Muslime auf die Scharia als wichtigste Autorität verweisen, Al-Qaida loben, den Holocaust leugnen oder den Islam als beste aller Religionen darstellen, die bald die ganze Welt beherrschen werde.

Tatsächlich ist der Islamismus wie auch der Linksradikalismus ein recht breit gefasster Begriff. Er vereint verschiedene Denkrichtungen und Ideologien. Diese sind weitestgehend nicht mit unserer Verfassung zu vereinen, weil beispielsweise ein alleiniger Geltungsanspruch des »göttlichen« Rechts vertreten wird, weil die Anwendung dieses Rechts impliziert, dass Frauen und Nichtmuslime diskriminiert werden und weil es Muslimen bei Androhung der Todesstrafe verboten ist, sich vom Islam abzuwenden.

Doch wie betrifft das unser Thema der Jugendgewalt? Die Gemeinschaft der Muslime verspricht den einzelnen Mitgliedern Orientierung, Zugehörigkeit und ein Gefühl von Sicherheit. Gerade für Jugendliche mit Migrationshintergrund, die im Alltag häufiger diskriminiert werden, erscheint dies überaus attraktiv. So bildet sich seit einigen Jahren nicht zuletzt unter dem Einfluss des Islamismus eine diffuse islamische Jugendkultur heraus, die jedoch nicht im engeren Sinne zum Islamismus zu zählen ist. Auf der einen Seite finden sich Jugendliche, die sich mithilfe des Islams erfolgreich in die Gesellschaft integrieren wollen. Sie wollen gute Gläubige und gute Bürger sein und betont angepasst und explizit gewaltlos als Muslime leben. Auf der anderen Seite finden sich junge Menschen, die sich mit Vehemenz auf Traditionen und Ehrbegriffe berufen, sich demonstrativ von Deutschen und Deutschland distanzieren und provozierend ihre Bewunderung für terroristische Anschläge ausdrücken. Der Berliner Rapper Bushido bringt dies auf den Punkt, indem er in einem seiner Songs skandiert: »Der 11. September, der Tag der Entscheidung, ich bin dieser Junge, über den man las in der Zeitung, wenn ich will, seid ihr alle tot, ich bin ein Taliban, ihr Missgeburten habt nur Kugeln aus Marzipan [...] ich lass dich bluten wie die Typen aus den Twin Towers«.

Die militanten Phrasen sind dabei nicht per se bedrohlich, sprechen aber die Phantasien von desillusionierten jugendlichen Migranten an. Somit sorgen sie in einigen Fällen für eine offen gelebte Feindlichkeit gegenüber Jugendlichen, die mit besseren sozialen und beruflichen Perspektiven ausgestattet sind. Wie das situative Erleben von Chrystian und Kevin zeigt, kann dies im Umkehrschluss für ein Bedrohungsgefühl sorgen, welches Jugendliche ohne Migrationshintergrund geradezu für rechtsextremistisches Gedankengut empfänglich macht. Nicht umsonst setzt sich Kevin plötzlich intensiv mit rechtsextremen Gedanken auseinander. So entstehen Spannungen zwischen den Kulturen und führen konsequenterweise immer wieder auch zu gewalttätigen Vorfällen.

So unterschiedlich die extremistischen Positionen im Einzelnen auch sind, finden sich dem Dresdener Politikwissenschaftler Uwe Backes zufolge einige Gemeinsamkeiten der verschiedenen politischen Extremismen. Er benennt vor allem den Absolutheitsanspruch der eigenen Auffassung, die Unterteilung in Freund und Feind, Dogmatismus, aber auch Verschwörungstheorien und Fanatismus. Wichtig ist dabei, dass die zugrundeliegenden Annahmen nicht etwa weiterentwickelt oder gar hinterfragt, sondern unkritisch geglaubt werden.

Backes Kollege, der Berliner Politikwissenschaftler Hans-Gerd Jaschke, weist zudem darauf hin, dass Demokratien ohne extremistische Strömungen leider ebenso wenig denkbar sind wie Gesellschaften ohne Kriminalität. In gewisser Weise stellt der Extremismus also ein unvermeidbares Übel moderner demokratischer Gesellschaften dar. Jedoch sind das Ausmaß des Extremismus und seine Ausprägung beeinflussbar. Und sie sollten im Sinne einer funktionsfähigen Demokratie und einer Vermeidung von Opferwerdungen auch nach Kräften beeinflusst werden.

Besonders relevant in Bezug auf Jugendliche ist dabei zum Beispiel die *generelle Gewaltbereitschaft* in einigen extremistisch orientierten Gruppierungen und Jugendkulturen. Jugendliche in diesen Gruppen handeln zumindest zu Beginn ihrer Zugehörigkeit weniger aus tiefer politischer Überzeugung, sondern folgen eher der Gruppendynamik und Rhetorik ihrer Subkultur.

Im Gegensatz zu den losen, spontan gegründeten und kurzfristig wieder zerfallenden Jugendgruppen, die wir im vierten Kapitel als »Gruppengewalt« geschildert haben, handelt es sich insbesondere bei den rechtsextremistischen Gruppierungen um weit stärker strukturierte und langlebigere Gruppenformen mit einer klaren Führungsstruktur. Diese festen Gruppen rekrutieren ihre Mitglieder vorwiegend aus Jugendlichen, die nur schwach in ihrem sozialen Umfeld verankert sind und die ein starkes Bedürfnis nach Anerkennung und Zugehörigkeit haben.

Insbesondere im Rechtsextremismus wird geradezu ein Mythos von »Kameradschaft« gepflegt. Nach außen hin äußert sich das beispielsweise in der Einbildung einer gemeinsamen Ahnenreihe germanischer Helden, der Glorifizierung des kämpfenden Mannes, der Abgrenzung von anderen »bedrohlichen« Völkern und der eigenen Darstellung als Opfer einer jüdischen Weltverschwörung. Man geht also mit scheinbar gemeinsamem Hintergrund einen gemeinsamen Weg und stellt sich als Krieger für »die richtige Sache« gegen gemeinsame Feinde. Man versteht sich als Einheit und genießt den gegenseitigen Schutz.

Selbst wenn einzelne Jugendliche rechtzeitig erkennen, dass der Weg einer extremistischen Gruppe gefährlich ist und negative Konsequenzen für sie haben wird, ist es enorm schwer, diese Gruppe wieder zu verlassen. Nicht zuletzt durch interne Strafandrohungen für Abweichler und eine externe Perspektivlosigkeit in Bezug auf alternative Wege zu Anerkennung und Zugehörigkeit beginnen die jugendlichen Mitglieder notgedrungen, ihr Handeln und die Gruppenziele zu idealisieren. Sie definieren sich über die Gruppe und verhalten sich so, wie sie glauben, dass die Bezugspersonen in der Gruppe es von ihnen erwarten. Sie hinterfragen die Ziele der Gruppe zunehmend weniger und deren Handlungen werden für sie alltäglicher – letztlich sogar zur Gewohnheit. Die emotionale Bindung an die Gruppe wird dadurch mit der Zeit immer intensiver und es entsteht ein Gefühl von Stolz, sich erfolgreich an die Regeln der Gruppe zu halten und ein angesehenes Mitglied zu sein. Aus der Sicht der jugendlichen Mitglieder stehen diese Krieger Seite an Seite und bilden scheinbar eine starke Gemeinschaft gegen einen gemeinsamen Feind. Die Jugendlichen fühlen sich als Teil einer elitären Einheit. Auch Aktivitäten außerhalb der Gemeinschaft werden seltener, sodass sich eine tiefe Abhängigkeit von der Gruppe entwickelt. Um sich die benötigten Anerkennungs- und Zugehörigkeitsgefühle durch diese Gruppe auf jeden Fall zu sichern, werden oftmals das eigene Verhalten und damit auch die demonstrative Nutzung von Gewalt noch extremer.

Ebenso relevant in Bezug auf Jugendgewalt ist die von einzelnen radikalen Gruppenmitgliedern bewusst geplante, *strategische Anwendung von Gewalt als politisches Mittel.* Ein solcher ideologisch motivierter, politischer Überzeugungstäter kann am besten als Fanatiker beschrieben werden. Typischerweise teilt er seine Welt in deutlich abgegrenzte Kategorien von »gut« und »böse« ein. Sein Freund-Feind-Schema besagt, dass er sich von denjenigen, die seinen Vorstellungen widersprechen, abgrenzen muss. Er vereinfacht Zusammenhänge und blendet alles, was nicht in sein Denkmuster passt, schlicht und einfach aus. Kritische Sichtweisen lässt er für sich und seine Gruppenmitglieder gar nicht erst zu und sieht sie als persönlichen Angriff. Weil er sich stets von Feinden umgeben fühlt, neigt er zu heftigen Überreaktionen, sobald er Widerstand spürt.

Das gesamte Weltbild des Fanatikers wird dabei völlig von seiner extremistischen Idee beherrscht. Er liebt diese Idee weit mehr als die Menschen in seiner Umgebung und kann sich nur schwer in andere Menschen einfühlen. Ein solcher Fanatiker ist daher gar nicht in der Lage mitzuempfinden, wie Menschen unter seinem unnachgiebigen Verhalten leiden. Daher können diese Menschen anderen ungerührt Leid und Schmerz zufügen, wenn ihre extremistische Auffassung davon profitiert. Sie säubern die Welt sozusagen von »unreinen« Mitmenschen und gewinnen daraus ihre ureigenste Selbstbestätigung als »reine« Wohltäter der Menschheit.

Wenn wir uns nun einen Vorfall wie etwa in Hoyerswerda in Erinnerung rufen, dann sehen wir unter den skandierenden und Steine werfenden Jugendlichen zum einen jene, die aufgrund des Gruppendrucks nach Anerkennung suchen, und zum anderen solche, die fanatisch ihr Bedürfnis nach Überlegenheit befriedigen. Doch wie kann beiden Typen begegnet werden? Auch hier hilft die Rückbesinnung auf eine historische Analogie.

Ein ähnlicher fanatischer Extremismus findet sich bei mittelalterlichen Kriegern des Templerordens, so wie wir sie aus zumeist mythisch überzeichneten Berichten und Romanen und aus der Fokussierung auf ihr Handeln in den Kreuzzügen kennen. Die 1120 gegründete »Arme Ritterschaft Christi und des salomonischen Tempels zu Jerusalem« war ein geistlicher Ritterorden. Er vereinte die zuvor streng getrennten Stände der Mönche und der adligen Ritter. Sein Ziel sollte es sein, christliche Pilger und Abenteurer aus Europa zu schützen, die im Anschluss an den ersten Kreuzzug nach Jerusalem reisten.

Diverse Schenkungen, die Befreiung von Steuern und das Recht, eigene Steuern zu erheben, sicherten den Templern schon bald einen gewissen Wohlstand. Zudem verliehen sie Geld gegen Zinsen, was ihnen zwar eigentlich verboten war, aber stillschweigend geduldet wurde. So gewannen sie zunehmend an Einfluss und Macht. Analog zu den Mönchsklöstern waren die Templer keinem weltlichen Herrn unterstellt, sondern verfügten über eine eigene Ordenshierarchie mit Meister, Rat und weiteren Würdenträgern. Sie lebten in eigenen Häusern und Klosterburgen.

Als schließlich weitere Ritterorden gegründet wurden, kam es zu einer heftigen Konkurrenz um die Macht im Heiligen Land, was mitunter durch Gefechte ausgetragen wurde. Schließlich verwalteten etwa 15 000 Ordensmitglieder die 9000 über ganz Europa verstreuten Besitzungen der Templer. Nach außen hin vertraten die Templer ihre Werte mit Nachdruck, der in Tollkühnheit münden konnte, und bis zur Selbstaufopferung für die christliche Sache. Sie waren schließlich Krieger, die sich ganz und gar dieser Aufgabe verschrieben hatten und die weder durch Familie noch durch weltliche Verpflichtungen gebunden waren.

Anfang des 14. Jahrhunderts wurde der inzwischen sehr reiche und mächtige Orden in Frankreich in einem Handstreich von König Philipp IV. und Papst Clemens V. unter dem Vorwand der Häresie aufgelöst und verboten. Bis heute stachelt der Orden die Phantasie der Menschen an. Ihre extrem ausgeprägte Hingabe an die christliche Sache und die Verbindung aus hochgerüstetem und gefürchtetem Krieger, der keine Angst kannte, mit einem klösterlichen, durch Rituale und dem Leben nach Idealen bestimmten Leben, fasziniert ebenso wie seine Macht. In einigen Quellen ist zu lesen, dass Templer durch Fürsprache Gottes Gnade für den gemeinen Menschen erwirken konnten, aber für die Feinde des Glaubens den Tod mit blanker Klinge brachten. Dabei sahen die Templer die von ihnen ausgeübte Gewalt als göttlich gerechtfertigt.

Was wäre nun nötig gewesen, um fanatische und extremistische Templer gar nicht erst entstehen zu lassen? Das eigentliche Problem lag nicht nur bei jenen Menschen, die Kreuzzüge als gottgewollte Bußgänge ansahen, sondern vor allem bei denen, die ihnen eine solche Idee vermittelten und junge Adlige nachdrücklich zu Kreuzzügen aufforderten. Ein Papst wie Urban II., der auf der Synode von Clermont 1095 »Deus lo vult« (Gott will es) verkündete und die Vertreibung von Muslimen aus dem Heiligen Land als Christenpflicht beschrieb, der den Erlass von Sünden durch das Töten von Muslimen in Aussicht stellte und der ein Ende der Leibeigenschaft für die Teilnahme an Kreuzzügen versprach, schaffte letztlich erst die Voraussetzungen für das fanatische Morden im Namen Gottes.
So sollte das Übel auch heute so gut wie möglich an der Wurzel gepackt werden, indem verhindert wird, dass Jugendliche von Fanatikern dazu angestiftet werden, extremistische Ziele mit Gewalt umzusetzen. Verbote, Indizierungen und die Strafverfolgung von extremistischen Handlungen bilden zumindest unterstützende Wege, um die Macht extremistischer Gruppen einzudämmen. Das alleine hilft allerdings spätestens dann nicht mehr, wenn bereits Teile der Bevölkerung von extremistischen Ideen angetan sind.

Es muss also auch auf die Wertvorstellungen in Jugendkulturen eingewirkt werden, um einen gewalttätig ausgelebten Extremismus einzudämmen und um den Wert der Gewaltlosigkeit im Denken der Jugendlichen zu verankern. Die extremistische Ansicht muss durch etwas Sinnstiftendes ersetzt werden, um sie neutralisieren zu können.

Für die Templer, ebenso wie für die Teilnehmer an den Kreuzzügen, ergab es erheblichen Sinn, dem kargen Alltag zu entkommen und ins Heilige Land zu ziehen. So waren es etwa die jüngeren und nicht erbberechtigen Söhne des Adels, die durch Papst Urbans Aufruf die Möglichkeit bekamen, sich ein eigenes Gebiet zu erstreiten. Es war die Landbevölkerung, die sich durch die Teilnahme an Kreuzzügen ein Ende der Leibeigenschaft erhoffte. Es waren Verbrecher und Gesetzlose, die durch ihr Gelübde ein neues Leben beginnen konnten. All diese Gruppen hätten von ihrem Handeln nur abgebracht werden können, wenn sie Alternativen zur Hand gehabt hätten.

Dies gilt ebenso für heutige Jugendliche, die in die Fänge extremistischer Gruppierungen geraten. Doch mit dem Bereitstellen von sinnstiftenden Alternativen für junge Extremisten tut sich unsere Gesellschaft derzeit schwer.

Nehmen wir zur Erläuterung das Beispiel des Rechtsradikalismus. Es herrscht immer noch weitgehend die Ansicht, man müsse sich lediglich einer Diskussion mit rechtsextremistischen Eiferern stellen und könne sie auf diese Weise entlarven. In der irrigen Annahme, es handle sich um Personen, die rhetorisch leicht zu besiegen seien, finden sich die Diskutierenden dann oft Gesprächspartnern gegenüber, die mit reichlich (Schein-)Fakten gewappnet die Diskussion auf ihre Seite ziehen. Ohne ein solides historisches wie gesellschaftliches Hintergrundwissen werden die Gegner der Rechten auf eine solche Weise allzu schnell zu Opfern, die Rechtsextremisten einmal mehr eine öffentliche Plattform bieten.

Denn eine der Strategien von Rechtsextremen ist die »Wortergreifung«: Durch eigene Wortmeldungen, anschließenden propagandistischen Aussagen und das Verwickeln in eine Diskussion sollen Veranstaltungen inhaltlich gelenkt und natürlich vor allem öffentliche Aufmerksamkeit erregt werden. So formulierte die Jugendorganisation der NPD 2006: »In der direkten Konfrontation mit dem Gegner soll dieser nicht mehr in der Lage sein, über Nationalisten, sondern nur noch mit ihnen zu diskutieren.« Werden Neonazis von Veranstaltungen ausgeschlossen, beklagen ausgerechnet sie eine »Meinungsdiktatur«, die ihnen die freie Meinungsäußerung verbiete.

Einige Empfehlungen des Kulturbüros Sachsen zum Umgang mit Rechtsextremen auf Veranstaltungen lauten daher:

1. Stellen Sie klare und transparente Diskussionsregeln auf (Antidiskriminierungsregel).
2. Lassen Sie das Saalmikrofon von einem Helfer halten (ggf. an Verlängerungsstange). Dieser soll es nicht aus der Hand geben. Das Mikrofon sollte von einem Steuerpult aus abschaltbar sein.
3. Unterbinden Sie diskriminierende Äußerungen sofort (rassistisch, antisemitisch, sexistisch).
4. Bitten Sie Rechtsextreme niemals aufs Podium und ermöglichen Sie ihnen keinen Monolog.
5. Bieten Sie gegebenenfalls an, über rechtsextreme Ideologie, Organisationen und Aktionen auf der Veranstaltung zu diskutieren, nicht aber mit ihnen selbst.

Es wäre ebenso ein fataler Fehler, andere Formen von Propaganda der NPD und anderer rechtsextremistischer Organisationen zu unterschätzen oder gar als dilettantisch hinzustellen. Unsere Protagonisten begegnen den sogenannten »Schulhof-CDs«, die kostenlos an Schüler verteilt worden sind. In professionellen Studioaufnahmen werden moderne Musikstile aufgegriffen, zu mitreißenden Stücken verarbeitet und auf CD gepresst. Treibende E-Gitarren-Rhythmen können durchaus Anhänger von Hardrock-, Metal- oder gar Punkstilen ansprechen. Die Texte sind mitunter scheinbar harmlos, oft aber sehr eindeutig gehalten. So singt etwa die Gruppe »Carpe Diem« auf der »Schulhof-CD« von 2006, die im Internet offen zum Download steht: »Einer Macht, der das Geld gehört, seit viel zu langer Zeit, eine Macht, die Konflikte schürt, gemeinsam machen wir uns frei […] Für Profit und ihren Herrschaftsplan haben sie die Völker verkauft, unsere Väter aufeinander losgehetzt und ihre Loyalität missbraucht. Hinter Humanität und Scheinmoral verstecken sic ihr wahres Gesicht, […] wir brechen die Barrieren dieser versteckten Tyrannei […] gemeinsam machen wir uns frei […] Europa, Jugend, Revolution!«

Ein weiteres Beispiel für das gezielte Ansprechen der Jugend sind »Schein-Schülerzeitungen« wie der 16-seitige *Bock*. Ähnlich wie die Schulhof-CD, ist auch dieses Magazin technisch gesehen keineswegs ein stümperhaftes Werk: Layout und Gestaltung wirken wie das einer gut gemachten Schülerzeitung. Die Sprache ist so gehalten, wie sie für Jugendliche durchaus ansprechend sein kann. Inhaltlich stellt der *Bock* schon im Vorwort klar, worum es geht: »Hier ist sie, die neue Jugendzeitung für Hannover […] natürlich echt bockig. […] Wir sind eine Werkstatt für Widerstand und Rebellion […] Die sogenannten westlichen Werte gehen uns am Arsch vorbei. Ausländerintegration heißt bei uns Rückführung und ein mit Schoko überzogenes Schaumgebäck bleibt ein ›Negerkuss‹.« Und weiter: »Wer ist der Bock? Der Bock könnte jeder von Euch sein.«

Die Macher des Heftes versuchen auf diese Weise gezielt den rebellischen Anteil in unseren Jugendlichen anzusprechen und westliche Werte als verlogenes Konstrukt darzustellen, das nur »den anderen« diene.

Das derzeit bedrohlichste Propagandainstrument ist jedoch das Internet. Es hat den Vertrieb rechtsextremer Materialien wie etwa neonazistischer Schriften, CDs und Insignien erheblich erleichtert. Sie können nun bequem online bestellt oder direkt heruntergeladen werden, während sie zuvor nur mit Insiderwissen zugänglich waren. Doch auch rechtsextreme Kameradschaften, Bands und Parteien nutzen miteinander vernetzt das Internet für ihre Zwecke und sind so für jedermann schnell auffindbar.

Jugendliche werden sogar gezielt über das Internet angesprochen, indem sie in den Sozialen Netzwerken des Internets angeschrieben, in Foren angechattet und durch Online-Spiele und Filme auf Videoplattformen beeinflusst werden. Selbst für das Handy optimierte Inhalte werden ins Netz gestellt.

Häufig werden die Möglichkeiten des Internets zudem genutzt, um für lokale Veranstaltungen von Rechtsextremisten zu werben. Über erlebniskulturelle Angebote werden Jugendliche mobilisiert. Die Konzerte, Ausflugsfahrten, Gedenkaufmärsche und so weiter dienen dabei stets auch der Vermittlung von rechtsextremen Botschaften.

Gerade wer arbeits- und perspektivlos ist, findet in rechten Gruppierungen Bestätigung: Hier wird ihm suggeriert, er sei Opfer »des Systems«, er sei Verfolgter und Zurückgewiesener im eigenen Land, während Fremde auf seine Kosten profitieren würden, und er könnte sich nun gemeinsam mit Gesinnungsgenossen gegen diese Ungerechtigkeit wehren.

Ein Zusammengehörigkeitsgefühl wird ebenfalls durch die Verwendung von Fahnen, Musik und Sprechchören gefördert. Weiterhin erfreuen sich bestimmte Kleidermarken einer besonderen Beliebtheit, wie die von Rechtsextremen herausgebrachte Marke »CONSDAPLE«, bei der, unter einer offenen Jacke getragen, die Buchstaben »NSDAP« sichtbar werden. Diese »Erkennungszeichen«, die sich auch mit einem ansonsten bürgerlichen Erscheinungsbild vereinbaren lassen, sprechen das Bedürfnis vieler Jugendlicher nach Zugehörigkeit an.

Und damit sind wir erneut beim Aspekt einer sinnstiftenden Alternative. Fanatiker bloßzustellen, Propaganda zu entlarven und extremistische Straftaten zu verfolgen ist wichtig, jedoch nur ein Teil der Lösung. Denn Prävention kann nur dann effektiv gelingen, wenn die Stoßrichtung *gegen* rechtsextreme Szeneläden, Aufmärsche, Initiativen, Kleidungsmarken usw. auch durch eine Stoßrichtung *für* sinnvolle alternative Orientierungen, Vorbilder und Erlebenswelten ergänzt wird. Gerade der Jugendarbeit und der Politik kommt hier eine hohe Verantwortung zu. Ihre Arbeit kann durch die Vermittlung von interkulturellem und sozialem Lernen, durch Aufklärung zu Menschenrechten und eine sachliche historisch-politische Bildung unterstützt werden.

Ein positives Beispiel ist die europäische Jugendbewegung *Schule ohne Rassismus – Schule mit Courage* (SOR-SMC), die 1988 in Belgien begründet wurde und seit 1995 auch in Deutschland vertreten ist. Die Grundidee der Bewegung war, dass sich Schulen als Reaktion auf die damals zunehmende fremdenfeindlich und rechtsextremistisch motivierte Gewalt in Deutschland einem Netzwerk anschließen und damit die Verpflichtung eingehen, aktiv gegen Rassismus vorzugehen. Seit 2001 sind neben dem eigentlichen Rassismus auch Formen der Diskriminierung aufgrund von Religion, sozialer Herkunft, Geschlecht usw. in das Projekt integriert. Die aktuelle Zählung im Mai 2010 ergab, dass deutschlandweit ca. 700 Schulen, die von rund 500 000 Schülern besucht werden, dem Netzwerk angehören.

Damit eine Schule Teil des Projektes werden darf, müssen mindestens 70 Prozent der Schüler, Lehrer und des technischen Personals einer Schule die Selbstverpflichtung unterschreiben und einhalten, sich künftig gegen jede Form von Diskriminierung an ihrer Schule aktiv einzusetzen, bei Konflikten einzugreifen und regelmäßig Projekttage zum Thema Diskriminierung durchzuführen. Spezielle Themenhefte des

Projektes unterstützen die Arbeit der Schulen und beschäftigen sich mit rechtsextremen Szenen und Aktivitäten durch Menschen mit Migrationshintergrund oder mit Jugendkulturen zwischen Islam und Islamismus.
Einen anderen Weg geht die seit 2007 aufgebaute Institution *kompetent. für Demokratie – Beratungsnetzwerke gegen Rechtsextremismus*. Dieses Bundesprogramm stellt einen Pool an Beratungskompetenzen und Ressourcen aus staatlichen Einrichtungen und nicht-staatlichen Organisationen bereit, um in allen Bundesländern bei krisenhaften Situationen im Zusammenhang mit Rechtsextremismus, Fremdenfeindlichkeit und Antisemitismus schnelle Hilfe anbieten zu können. Auf Anfrage wird durch die Organisation ein auf den Einzelfall abgestimmtes Mobiles Interventionsteam gebildet. Dieses entwickelt mit den Menschen vor Ort Konzepte, wie die Betroffenen selbst Konflikte nachhaltig lösen können. In das Programm fließen jährlich etwa fünf Millionen Euro.
Zusätzlich darf natürlich das öffentliche Klima nicht vergessen werden, denn Extremismus bleibt ein Phänomen, das die gesamte Gesellschaft betrifft. Die Entstehung extremistischer Denkweisen muss verhindert werden, indem klare demokratische und menschenrechtsorientierte Positionen zu einer Selbstverständlichkeit werden. Und zu diesem Ziel können wir alle durch unser eigenes Handeln beitragen.
Wie können wir nun einem Jungen wie Kevin, der in die Fänge einer links-, rechts- oder andersgearteten extremistischen Gruppierung gerät, begegnen? Was tun wir, wenn unsere Kinder beginnen, Musik mit extremistischen Texten zu hören und extremistische Gedanken zu bewundern?
Zunächst einmal dürfen wir nicht wegschauen. Es ist wichtig, Äußerungen des Jugendlichen zu diskutieren, seine Einstellungen zu hinterfragen und generell offen mit dem Thema umzugehen. Wir müssen uns auch Zeit dafür nehmen, ihn nach seinen Wünschen, Hoffnungen und Zielen zu fragen,

ebenso wie nach Erfolgserlebnissen und Enttäuschungen. Es geht darum, herauszufinden, was den Jugendlichen an der extremistischen Gruppierung fasziniert, um ihm überhaupt eine positive Alternative aufzeigen zu können.
Diskussionen sollten dabei auf jeden Fall ruhig und sachlich bleiben. Der Jugendliche muss das Gefühl haben, dass er ernst genommen wird und dass ihm zugetraut wird, verantwortliche Entscheidungen treffen zu können. Auch bei Provokation im Gespräch hilft ein emotionales Schimpfen oder Bestrafen wenig. Auf einem solchen Weg wird der Jugendliche kaum erreicht werden können und er bleibt mit hoher Wahrscheinlichkeit erst recht bei seiner neuen Einstellung.
Um in einer solchen ideologischen Diskussion langfristig bestehen und konsequent die Fehler in Ideologien aufzeigen zu können, ist die eigene Auseinandersetzung mit den extremistischen Argumenten natürlich unerlässlich. Eignen Sie sich daher Schritt für Schritt Wissen an und korrigieren Sie Fehlinformationen und Widersprüchlichkeiten der extremistischen Propaganda. Je eher Ihr Kind an den Inhalten und Verhaltensweisen der extremistischen Gruppierung zu zweifeln beginnt, desto eher wird es den Weg aus der Gruppierung finden können. Beziehen Sie dabei eine klare Position, machen Sie aber gleichzeitig deutlich, dass Sie die Einstellung des Kindes ablehnen und keineswegs das Kind selbst.
Haben Sie dennoch das Gefühl, dass Ihnen ein Jugendlicher in extremistische Strömungen abgleitet, dann scheuen Sie sich nicht, sich Hilfe bei Beratungsstellen zu suchen. Eine erste Anlaufstelle im Internet finden Sie etwa unter:
– www.netz-gegen-nazis.de/handeln/12fragen und
– www.kompetent-fuer-demokratie.de/unterstuetzung_7.html.
Wie wir sehen werden, regelte Chrystian das Problem auf seine Art. Seine intensive Beziehung zum Bruder und seine Vorbildfunktion halfen ihm, frühzeitig einen Schlusspunkt zu setzen, den Kevin akzeptieren konnte, und ihm dabei gleich-

zeitig eine positive Alternative aufzuzeigen, damit Kevin nicht in einen unreflektierten Fanatismus abglitt:

Chrystian wunderte sich, als Kevin schwarze Sachen zusammensuchte und ihn fragte, ob er nicht noch ein schwarzes Hemd habe.
»Du trägst doch nie Schwarz.«
»Jetzt schon«, erwiderte Kevin fröhlich. Er hatte sich *Die Faust* noch einmal durchgelesen – tatsächlich, wirklich gelesen!, er staunte über sich selbst – und fand, dass alles da drin ziemlich logisch klang. Und kämpferisch. Und so stark. So, wie sein Bruder es auch gut fand.
»Schau mal, das habe ich in der Schule gefunden«, sagte er und reichte Chrystian das Heft.
Chrystian nahm es und sah es zuerst gleichgültig an. Er hielt es wohl für irgendeine uninteressante Schülerzeitung. Als er es aufgeschlagen hatte, zogen sich seine Augenbrauen zusammen und er begann zu lesen.
»Geil, oder?«, sagte Kevin. »Von denen ist auch die CD. Morgen gehe ich auf ein Konzert! Das wird bestimmt total geil. Da machen dich keine Alis mehr an.«
Chrystian blätterte noch ein wenig in der Broschüre herum, dann legte er sie beiseite. »Was soll der Scheiß?«, fragte er unvermittelt.
Kevin war verwirrt.
»Wieso?«
»Na, dieses Heft. Und das Konzert.«
»Aber das ist doch total geil?« Kevin verstand gar nichts mehr.
»Das ist der letzte Scheiß. Du glaubst, die helfen dir? Gar nichts tun die. Die wollen dich haben als Kanonenfutter. Damit du komische Fahnen auf dämlichen Aufmärschen schwingst und richtig schlechte Liedlein trällerst, so Fähnlein Fieselschweif aus Donald Duck auf Proll. Mann, Alter, ich hätte gedacht, mein Bruder hat schon etwas mehr Mus im Schädel!«
»Aber das stimmt doch, was da steht!«, protestierte Kevin.
»Ja und wenn? Heißt das, du musst denen gleich hinterherrennen?

Mann, mit den Schwachköpfen da draußen werden wir schon selber fertig! Sag ich dir!«
»Aber das Konzert …«
»Ey, das Konzert! Das ist doch echt der Musikantenstadl, Mann! Das ist doch keine Musik! Komm, Kleiner, wir gehen am Freitag in ein Konzert, in ein richtiges! Da spielt Burndown, die Jungs sind so geil wie Rammstein, mit zwei Vorbands und einer richtig guten Show. Mann, Kleiner, dass du schon vergisst, was gute Musik ist! Freitag, klar?«
»Freitag«, erwiderte Kevin überrumpelt. Chrystian nickte, setzte seine Sonnenbrille auf und sank wieder in die Sofakissen. Kevin entsorgte *Die Faust* im Abfalleimer. Die scharfe Reaktion seines Bruders hatte ihn erschreckt. Und sein Angebot mit Burndown war natürlich der absolute Oberhammer. Er hatte schon viele Musikvideos von ihnen gesehen: Die waren wirklich mindestens so gut wie Rammstein. Da brannte die Bühne wie die Hölle. Kevin freute sich auf das geilste Konzert des Jahres.

Drei Web-Tipps:

- www.bpb.de/themen/R2IRZM,0,0,Rechtsextremismus.html (Dossier Rechtsextremismus der Bundeszentrale für politische Bildung)
- www.bpb.de/themen/0MZTC7,0,0,Linksextremismus.html (Dossier Linksextremismus der Bundeszentrale für politische Bildung)
- www.bpb.de/themen/EHOB0Y,0,0,Islamismus.html (Dossier Islamismus der Bundeszentrale für politische Bildung)

Drei Buch-Tipps:

Hole, G.: »Fanatismus. Der Drang zum Extrem und seine psychischen Wurzeln«, Gießen 2004
Jaschke, H.-G.: »Politischer Extremismus«, Wiesbaden 2006
Rieker, P.: »Rechtsextremismus: Prävention und Intervention. Ein Überblick über Ansätze, Befunde und Entwicklungsbedarf«, Weinheim 2009

Kapitel 7

Streitbare Weiblichkeit: Mädchengewalt

Amazone

Das unangenehme Erlebnis mit der Hurensohn-Bande, wie Kevin sie nur noch nannte, blieb zum Glück das Einzige. Wegen des Hefts und der CD hatte es ziemlich viel Presserummel gegeben. Aber alles in allem hatte Kevin das Ganze rasch wieder vergessen.

Chrystian kämpfte sich derweil von Job zu Job durch und blieb nie lange: Entweder gab es die Stelle nur für kurze Zeit, schmiss der Chef Chrystian ohne Angabe von Gründen wieder raus, oder es war ein Ausbeuterjob, bei dem es als Dank für den eigenen Einsatz hinterher noch einen Tritt gab.

»Ich geh nicht zu Hartz IV, ich geh nicht zu Hartz IV«, hatte Kevin seinen Bruder vor sich hin murmeln hören. »Bin ich ein Assi oder was? Bin ich ein scheiß Assi?«

Also aß er lieber weiter bei Kevin und seinen Eltern. Heute war wieder so ein Tag. Die Mutter erledigte leise und schnell die Küche und bedachte ihren älteren Sohn mit einem sorgenvollen Blick.

Chrystian lud sich den Teller voll und hockte sich vor den Fernseher. Chantal kam spät von einem ausgedehnten Einkaufsbummel wieder. Ereignislos verstrich der Tag. Als es endlich Abend wurde, stellte Chantal den Kleinen bei Kevins und Chrystians Mutter ab.

»Ich habe heute Mädelstag!«, rief sie. »Seh ich endlich wieder die andern aus meiner Clique, boah, das wird echt Zeit!« Sie wurde von ihren Freundinnen abgeholt – definitiv geile Bitches, fand Kevin, mit knappen weißen Tops und hautengen Jeans, die einen Blick auf die Dessous gewährten. Die Größte von den dreien trug ganz Schwarz und Silber und hatte berauschendes, sanft gewelltes Haar bis hinunter zum Hintern. Wie ihre Freundinnen hatte auch sie prall

geschminkte Lippen und Augenlider – natürlich in dunklen Tönen – und jeder Menge Silbergeklimper an den Ohren. Sie kamen ganz aufgeregt hereingeflattert und überschlugen sich vor Begeisterung über den kleinen Matthes. Kevin fand es schon ein wenig kindisch, wie sie sich vor lauter »oh«s, »guckiguckigucki«s und »Guck mal, hat der süße Öhrchen!« gar nicht mehr einkriegen wollten. Matthes lächelte nicht mal zurück, wenn man ihn ansah, sondern konnte eigentlich nur trinken, scheißen und schreien.
»So, wir gehen!«, sang Chantal schließlich. Kevin meinte, dass die Schwarzgekleidete ihm zum Abschied aus ihren tiefen Augen zuzwinkerte, und er brachte nur ein Stottern zustande.
»Boah, warum hat die Chantal nicht gleich gesagt, dass sie solche Granaten als Freundinnen hat!«, schwärmte er, kaum dass die Tür hinter den vieren zugefallen war.
»Die sind nichts für dich«, lachte Chrystian. »Die brauchen einen echten Löwenbändiger!«
»Aber ich bin ein Löwenbändiger!«, rief Kevin.
Chrystian verzog spöttisch die Lippen. »Brüderchen, du bist heiß auf die Schwarze, oder?«
»Die war echt scharf. Ey, was für ein Blick! Die war echt so wie die eine da aus dem Film mit den Orks und den komischen, wie hießen die? Hobbits, voll albern, die eine, weißt schon, die da im Wald rumstand und den einen mit dem Schwert da fast abgemurkst hat, die so ganz in Weiß geleuchtet hat, nur halt so in Schwarz!«
»Ja.« Chrystian riss sich ein Sternibier auf. »Das, kleiner Bruder, ist eine, die ist echt heiß, und die ist echt gefährlich.«
»Ja, geil!«
»Das ist nicht irgend so 'ne Ische. Das ist die Tabea.«
»Die was?«
Chrystian seufzte und blickte an die Decke.
»Schau mal im Internet nach. ›Tabea‹ und ›schlagen‹. Ich sag dir, die isst einen wie dich zum Frühstück auf.«
»Ich schau gleich nach!« Kevin war überrascht, als von der Suchmaschine über fünfzig Treffer angezeigt wurden. Die beiden obers-

ten stammten von bekannten Boulevardmagazinen und trugen die reißerische Überschrift: »Erst schlagen, dann fragen« und »Zeig Respekt oder ich töte dich«. Kevin klickte sich durch und war vollkommen erstaunt, als ihn von den Webseiten dieser Magazine, die an jedem Kiosk auslagen, das Konterfei von Tabea ansah – die Finger zum Victory-Zeichen gespreizt, den Blick überlegen von oben herab in die Kamera gesenkt wie ein richtiger Filmstar.

»Aaalter«, entfuhr es ihm.

»Jo.«

Kevin überflog einen der Artikel. Tabea nennt sich das zierliche Mädchen, das auf der Rückbank des Polizeiwagens sitzt … Augen wie ein Engel … kaum 19 Jahre alt … hinter der harmlosen Fassade verbirgt sich kalte Wut … 15 Mädchen soll Tabea bereits verprügelt haben … »Ich musste mich wehren, die blöde Kuh hat dumm geguckt« … Augenhöhlenfraktur und zwei gebrochene Rippen … »Ehre ist alles hier, das hier ist die Straße, Mann« … »seitdem haben die anderen Respekt vor mir«, sagt Tabea und blickt kühl …

»Das ist sie ja echt!«, rief er seinem Bruder zu. »Die ist ja berühmt!« Er ging noch ein paar andere Artikel durch, in denen aber mehr oder weniger das Gleiche stand.

»Komm, wir gehen in den Club«, sagte Chrystian. »Kommt nur Scheiße im Fernsehen.«

»Und Chantal?«

»Wir treffen sie im Park auf dem Weg, sie hat mir gerade 'ne SMS geschrieben.«

»Und ist sie … ist sie auch dabei?«

Chrystian sah ihn zuerst fragend an, dann lachte er auf.

»Die Tabea? Aber klar, Mann, Chantal geht doch nicht allein!«

Kevin wanderte wie auf Wolken, als Chrystian seinem Sohn, der in den Armen seiner Oma lag und an der Flasche nuckelte, einen Kuss gab und sie das Haus verließen.

Es war bereits dämmerig, als sie den Park erreichten. Gaslaternen leuchteten den Hauptweg aus. Kevin schlug das Herz bis zum Hals.

Gleich würde er Tabea begegnen, die für ihn nichts weniger war als ein echter Star.
Sie hörten die Mädels schon von Weitem. Ein einsamer Jogger kam ihnen entgegen, ein Junge, der rannte, als wäre er auf der Flucht.
»Dem ist wohl heiß«, lachte Kevin, denn der Läufer trug sein T-Shirt unter dem Arm. Chrystian zuckte mit den Achseln und zeigte sein gewohnt ausdrucksloses Gesicht.
»Ah, da kommen ja noch zwei Süße!« Die vier Mädels wieherten vor Lachen, als sie sie sahen. Chrystian beachtete die anderen nicht weiter, sondern nahm Chantal in den Arm und drückte ihr einen langen Kuss auf den Mund. Kevin hingegen war wie gelähmt. Er wusste nicht, wo er hinsehen sollte: Die Anwesenheit von Tabea raubte ihm den Atem und machte seinen Kopf zu Teig.
»Was gab es denn zu lachen?«, fragte Chrystian, als er sich nach einer schieren Ewigkeit von Chantal löste. Die Mädels wieherten erneut.
»Da war so ein Opfer«, sagte die Kleinste von ihnen, während sie sich die Tränen aus den Augen wischte, »kam hier langgejoggt, so«, sie machte übertrieben pendelnde Armbewegungen und verzog den Mund, die anderen lachten erneut. »Sah ganz süß aus, den haben wir uns geangelt. Erst haben wir ihn eingekreist. Na und dann haben wir uns so zeigen lassen, was er so hat!« Sie musste lachen.
»War ein bisschen klein«, bemerkte Tabea.
»Aber einen süßen Arsch hat er schon gehabt«, meinte die Kleine.
»Und wie der geguckt hat!«
Die drei Mädels brachen wieder in hysterisches Gelächter aus. Chantal gab Chrystian, der sie plötzlich sehr ernst ansah, einen Kuss.
»Hast du da mitgemacht?«, fragte er. Seine Stimme klang plötzlich schneidend.
»Ach Quatsch! Deine Chantal hat die Typen angegiftet, die vorbeigekommen sind, damit sie schnell weitergehen. Die hat den nicht mal gesehen, ich schwöre!«, rief die Kleine.

»Ja, so war's«, bestätigte auch Tabea. »Aber wir, wir hatten echt Spaß! Wie der mit dem Arsch gewackelt hat, als wir ihn freigelassen haben!« Und wieder brachen sie in Gelächter aus. Chrystian sah Chantal noch kurz mit zusammengezogenen Augenbrauen an, dann beschloss er, ihr zu glauben und ließ sich von ihr einen dicken Kuss geben.
»Habt ihr's bald? Wir wollen in den Club«, sagte die Kleine.
»Jo, Mädels«, gab Chrystian in extrem coolem Ton zur Antwort, bevor er den Kuss fortsetzte. »Aber ich küss, solang ich will.« Die Mädels antworteten mit anerkennendem Heulen.
Die Geschichte ging Kevin noch viele Tage nach. Im Club war es nett gewesen, aber er hatte auch schnell gemerkt, dass Tabea nicht für ihn bestimmt war. Zum Glück sahen sie Chantals Freundinnen nur selten. Jedes Mal war es für Kevin eine Qual, Tabea so nah zu sein. Tabea war ein Star auf der Straße und sie wusste das. Da hatte ein kleiner Kevin keine Chance.

Gewalttätige Mädchen? Gibt es so was? Wir haben schon zu Beginn unseres Buches festgestellt, dass Gewalt vor allem ein Phänomen von jungen Männern ist. Das Geschlecht spielt also eine wesentliche Rolle bei der Entstehung und Vermeidung von Gewalt. Und doch erleben wir immer wieder auch Mädchen und junge Frauen, die gewalttätig werden.
Berechnet man anhand der polizeilichen Kriminalstatistik 2009 den Anteil von Mädchen und jungen Frauen bis 21 Jahre an der Gesamtmenge der Tatverdächtigen, so kommt man
- für Körperverletzungsdelikte auf 18,3 Prozent,
- für gefährliche und schwere Körperverletzung auf 15,4 Prozent
- und für Straftaten gegen das Leben auf 10 Prozent.

Es wird also knapp jede fünfte Körperverletzung und jede zehnte Straftat gegen das Leben von einem Mädchen oder einer jungen Frau bis 21 Jahre begangen.

Werden nur Mädchen bis 18 Jahre berücksichtigt, liegt ihr Anteil bei diesen Delikten sogar noch um einige Prozent höher.

Der Anteil von Mädchen an der Gewaltkriminalität steigt jedoch erst seit einigen Jahren deutlich an. Eine Analyse von Zeitreihen in der polizeilichen Kriminalstatistik zeigt, dass Körperverletzungsdelikte durch weibliche Tatverdächtige bis 21 Jahre in den letzten zwei Jahrzehnten um das Sechsfache zugenommen haben. Waren es 1989 noch 4217 tatverdächtige junge Frauen, zählen wir 2009 bereits 25 899. Noch stärker ist die Zunahme bei gefährlicher und schwerer Körperverletzung. Insbesondere gilt das für den Bereich von gefährlicher und schwerer Körperverletzung auf Straßen, Wegen und Plätzen: Hier beläuft sich der Anstieg sogar fast auf das Zehnfache. 1989 wurden in diesem Bereich 668 weibliche Tatverdächtige unter 21 Jahren erfasst, 2009 waren es schon 6307.

Auch in Bezug auf gewalttätige Mädchen kann der generelle Anstieg im Bereich der Gewaltkriminalität statistisch ein Stück weit relativiert werden, weil beispielsweise das veränderte Anzeigeverhalten der Bevölkerung dazu führt, dass bei gleichen Delikten mehr junge Menschen angezeigt werden. Ein direkter Vergleich mit Jungen und Männern unter 21 Jahren zeigt aber, dass der Anstieg bei Mädchen und Frauen doppelt so hoch ist.

Da nicht anzunehmen ist, dass die Anzeigebereitschaft in Bezug auf Gewaltdelikte durch Frauen in den letzten Jahren doppelt so schnell angestiegen ist wie bei Männern, bleibt hier also statistisch immer noch ein beachtlicher Anstieg der Gewaltkriminalität durch Mädchen und junge Frauen, der nicht wegdiskutiert werden kann.

Hierzu passt auch der Umstand, dass sich dieser enorme Anstieg der Anzeigen bei Mädchen und Frauen zwar bei Gewaltdelikten findet, nicht jedoch bei allgemeiner Kriminalität, denn diese ging in den letzten zehn Jahren sogar leicht zurück.

Zusammengefasst bedeutet dies, dass Mädchen zwar immer noch weit weniger Gewaltdelikte begehen als Jungen, dass die Menge ihrer Gewalttaten aber erheblich zunimmt. Interessanterweise ist dieser merkliche Anstieg auch in Österreich, der Schweiz, Dänemark, Norwegen und Großbritannien zu beobachten.

Bevor wir dies erläutern, wollen wir uns zunächst der spannenden Frage widmen, warum denn Frauen prinzipiell friedfertiger handeln als Männer: Eine mögliche Erklärung findet sich in gehirnorganischen Grundlagen. Die US-amerikanische Neurologin und Psychiaterin Louann Brizendine, die als Professorin für klinische Psychiatrie an der Universität von Kalifornien arbeitet, vertritt die These, dass die Gehirne von Mädchen in einer jahrtausendelangen genetischen Evolution deutlich besser mit der Fähigkeit ausgestattet worden sind, in Gesichtern zu lesen und emotionale Untertöne wahrzunehmen. Das erscheint entwicklungsgeschichtlich betrachtet auch durchaus logisch, denn wer diese Signale deuten kann, weiß eher, was ein Säugling braucht und was ein körperlich überlegener und aggressiverer Mann als Nächstes tun wird.

Mädchen sind darauf programmiert, so Brizendine, sich um die Erhaltung der zwischenmenschlichen Harmonie zu bemühen und investieren folgerichtig viel Energie in die Aufrechterhaltung harmonischer Beziehungen. Ausgelöst durch hormonell höchst unterschiedliche Prägungen und Entwicklungen streben sie danach, mit anderen Menschen in Verbindung zu bleiben sowie Fürsorge und Bestätigung zu erfahren. Konflikte werden lieber vermieden und Kompromisse gesucht. Erfahrungen, Übung und die Wechselwirkung mit anderen Menschen verstärken beim Aufwachsen diese biologischen Voraussetzungen. Wenn etwa Eltern bemerken, dass ihre Tochter sehr aufmerksam auf Gesichtsausdrücke reagiert, setzen sie oftmals ihre Mimik häufiger ein, was diese

Fähigkeiten der Tochter noch weiter schult. Die elterlichen Erwartungen an das Verhalten und die Interessen eines Mädchens tun ihr Übriges. So greifen genetisch-hormonelle Anlagen und geschlechtsspezifische Erziehung mehr und mehr ineinander.
Zahlreiche Studien der letzten Jahre belegen, dass das weibliche Gehirn im Teenageralter das Ziel, Beziehungen um jeden Preis aufrechtzuerhalten, sogar noch intensiver verfolgt als im späteren Leben. Während Jungen und Männer bei Konkurrenz und persönlichen Konflikten oftmals geradezu dazu angeregt werden, sich stärker durchzusetzen, reagiert das weibliche Gehirn auf Stress und Beziehungskonflikte eher alarmiert. Es wird, Brizendine zufolge, eine wahre Lawine aus Angst, Wut, Stressgefühlen und anderen negativen hormonellen Reaktionen freigesetzt. Erscheint eine Beziehung gefährdet oder zerbricht sie, dann gehen Substanzen wie Serotonin, Dopamin und Oxytocin im Gehirn eines Mädchens stark zurück und das Stresshormon Cortisol löst starke Ängste aus, zurückgewiesen oder alleine gelassen zu werden. Der bloße Gedanke an soziale Isolation stellt für pubertierende Mädchen eine enorme Belastung dar. Auch Robert Josephs, Professor für Psychologie an der Universität von Texas, bestätigte, dass Männer ihr Selbstwertgefühl vor allem aus ihrer Fähigkeit zur Unabhängigkeit schöpfen. Frauen hingegen begründen ihr Selbstwertgefühl viel eher auf der Fähigkeit zur Aufrechterhaltung von vertrauensvollen Beziehungen.
Die Rettung für beziehungsgeplagte Mädchen stellen ihre Freundesgruppen dar, die auch für Tabea und ihre Clique feste Beziehungen zu bieten scheinen. Sind diese gerade nicht anwesend, kann das allgegenwärtige Mobiltelefon die Verbindung zu ihnen schnell herstellen. So erklärt sich auch der hohe Wert, den das Handy für Mädchen hat: Es ist eine Möglichkeit für sie, jederzeit auf ihr Unterstützungsnetzwerk zugreifen zu können.

Für unsere Überlegungen ist neben der Tendenz zur Vermeidung direkter Konflikte gerade diese, im Vergleich zu Jungen virtuose Nutzung von Beziehungen, um das eigene Wohlbefinden zu stärken, sehr wesentlich. Denn kriminologisch betrachtet gehören emotionale Beziehungen zu den wesentlichsten gewaltpräventiven Faktoren überhaupt. Je mehr emotionale Beziehungen zu prosozial handelnden Bezugspersonen vorliegen und umso intensiver sie sind, desto geringer ist die Wahrscheinlichkeit gewaltsamen Handelns. Die Tatsache, dass Mädchen prinzipiell deutlich weniger Gewalt ausüben, kann also durchaus mit Brizendines Erkenntnissen erklärt werden.

Nun ist es jedoch nicht gerade so, dass in Mädchencliquen stets eitel Sonnenschein herrscht. Einige Eltern würden das Verhalten halbwüchsiger Mädchen in ihren Freundesgruppen sicher mitunter eher als Kriegszustand beschreiben, denn Hormonschübe und das Wahrnehmen sexueller Konkurrenz können auch bei einem angepassten Mädchen schnell Aggressionen auslösen. Meist äußern sich diese bei konkurrierenden Mädchen jedoch subtil über das Streuen von Gerüchten oder anderes indirektes Mobbingverhalten. Auch die gegen sich selbst gerichtete Aggression und sonstiges selbstschädigendes Verhalten ist eine Verhaltensweise, die Mädchen häufiger als Jungen zeigen – sei es das Verinnerlichen eines negativen Selbstbildes, eine Ess-Störung oder auch selbstverletzendes Verhalten wie das Ritzen oder Schneiden der Unterarme oder Beine.

Neueste Forschungsergebnisse der Universität von Utah zeigen, dass vordergründige Aggressivität bei Mädchen durchaus in einem engen Zusammenhang mit einem hohen Androstendionspiegel steht. Androstendion ist ein Sexualhormon, welches chemisch dem Testosteron ähnelt. Weitere Studien derselben Universität belegen aber zudem, dass weibliche Aggression auch durch hohe Östrogen- und Testosteronwerte angeheizt wird.

Bedacht werden muss hierbei, dass Hormone natürlich keine Ursache für bestimmte Verhaltensweisen sind, sondern nur die Wahrscheinlichkeit steigern, dass ein bestimmtes Verhalten auftritt.
Es ist wenig glaubhaft, dass sich der Hormonhaushalt von Mädchen gerade in den letzten 20 Jahren derart gravierend verändert haben sollte. Was sich allerdings geändert hat, ist das Bild von Weiblichkeit in unserer Gesellschaft. Und das durchweg auch zum Positiven. Mädchen sind in den letzten Jahrzehnten selbstsicherer und mutiger geworden.
Sie nutzen ihre selbstbewusste Körperlichkeit für Sportarten, die zuvor nur von Jungen ausgeübt worden sind, und streben nach Berufen, die vorher Männern vorbehalten waren. Diese Befreiung von überkommenen Geschlechts-Stereotypen ist eine spannende und wertvolle Entwicklung. Selbst die Tatsache, dass dies auch eine offenere Nutzung von Aggression beinhaltet, ist prinzipiell nicht schlecht. Es fehlt jedoch nach Meinung des Chicagoer Psychologieprofessors James Garbarino bislang die gesellschaftliche Unterstützung für diese Mädchen, um ihnen einen angemessenen Umgang mit Aggression zu vermitteln. Werden die Mädchen nicht aktiv begleitet, dann suchen sie sich, ganz ähnlich wie Jungen, eine Orientierung in der Populärkultur. Was sie dabei finden, ist nach Garbarinos Ansicht nicht etwa eine ethisch verantwortungsvolle Verankerung in der Gesellschaft, sondern eine zunehmend »vergiftete« soziale Umwelt. Insbesondere die Massenmedien propagieren in Filmen, Musikvideos und Spielen selbstgerechte Gewaltanwendung und rücksichtslose Durchsetzung von materiellen Interessen.
Schauen wir uns beispielhaft die Darstellung von jungen Frauen in Blockbuster-Filmen an: Noch vor 40 Jahren erfüllten Frauen in diesen Filmen meist die Funktion einer »Prämie«, die der Held zu retten hatte, oder einer »Verdeutlichung des Bösen«, an der der Gegenspieler seine Gewissenlosigkeit

demonstrieren konnte. Frauen wurden oft weinerlich, hübsch, depressiv, dumm, jedoch nie stark portraitiert. Einzige Ausnahme war die Femme fatale, die ihren Mitmenschen zum Verhängnis wurde. Während Rocky, Rambo und Conan die Jugend begeisterten, kündigte sich mit Prinzessin Leia Organa in den *Star Wars*-Filmen und Ellen Ripley in den *Alien*-Filmen Ende der 1970er-Jahre ein neues Frauenbild an. Im Gegensatz zu ihren Vorgängerinnen nahmen die Damen durchaus die Schusswaffen selbst in die Hand. Bis heute hat sich dieser Trend ungebrochen fortgesetzt. Kinoplakate zeigen mittlerweile waffenstarrende Frauen, die den Mann als Actionfilmhelden nahezu abgelöst haben. Sie jagen Werwölfe und Vampire in *Underworld* und metzeln sich mit Samuraischwertern durch unfähige männliche Krieger in *Kill Bill.* Buffy, Dark Angel, Xena und Sydney Bristow kämpfen sich als Kriegerinnen durch das Abendprogramm im Fernsehen und zeigen den Männern, wo es langgeht, während bei Neuauflagen von klassischen Serien die Männerhelden schlicht durch eine Frau ersetzt werden. So wurden etwa aus den wilden Lieutenants *Starbuck* und *Boomer* bei *Kampfstern Galactica* flugs Frauen, die auch gleich zu Publikumslieblingen avancierten.
Die oft spärliche Bekleidung der Heldinnen dient dabei nicht nur dem Wohlgefühl der Jungen, sondern auch den Machtphantasien der Mädchen. Sie finden etwa die Superheldin Elektra gleichzeitig cool und wissen, dass die Jungs von ihr hingerissen sind. Damit bildet sie ein ausgezeichnetes Identifikationsobjekt.
Barbie ist als Ideal der Weiblichkeit von Lara Croft und ihren Nachfolgerinnen abgelöst worden. Mädchen lernen nicht mehr nur Ballett, sondern auch Karate und Krafttraining. Dabei werden die Phantasieinhalte und Identifikationsobjekte zu großen Teilen von der Gesellschaft für ihre junge Generation vorgegeben. Sie formt Modelle, die aufzeigen, was gesellschaftlich akzeptiert wird. Faszinierenderweise haben

Mädchen dabei nicht nur in ihrer eigenen Geschlechtsgruppe nach Vorbildern gesucht. Garbarino weist darauf hin, dass Mädchen sich auch bei männlichen Rollenvorbildern Inspirationen für starke Persönlichkeiten suchen. Werden sie nach drei Vorbildern gefragt, so nennt lediglich ein Viertel von ihnen ausschließlich weibliche Identifikationsfiguren. 57 Prozent der Mädchen nannten mindestens ein männliches Rollenvorbild, während 16 Prozent nur Männer nannten. Nehmen sie dabei auch verstärkt die klassisch männlichen Umgangsweisen mit Aggressivität und Gewalt auf? Noch existieren keine Studien, die es beweisen würden, aber die Vermutung liegt nahe.

Bei Mädchen, die gewalttätig geworden sind, lassen sich häufig zusätzliche Faktoren finden, die ihr gewalttätiges Handeln verstärken. So weist der Jugendrichter Bernd Geiger-Battermann in Bezug auf eine Mönchengladbacher Gewaltstudie darauf hin, dass gewalttätige Mädchen oftmals in ihrer Familie selbst Gewalt miterlebt haben, sie also Gewalt als ein angemessenes Mittel zur Konfliktlösung kennengelernt haben. Einige der Mädchen hatten noch dazu traumatische Ereignisse erlitten wie etwa den Tod eines nahen Angehörigen. Die Familienbeziehungen, insbesondere die Beziehung zur Mutter, waren dabei so gestört, dass die jungen Frauen von dieser Seite keine dringend benötigte Unterstützung erhielten. Diese Aufzählung wirkt durchaus vertraut: Letzten Endes liegen damit ähnliche gewaltfördernde Faktoren bei gewaltbereiten Mädchen wie bei gewaltbereiten Jungen.

Die Pädagogin Mirja Silkenbeumer weist zusätzlich darauf hin, dass die von ihr interviewten Mädchen sich selbst als stark, mutig und wehrhaft schilderten und sich mit dem Bild einer »Kämpferin« beschrieben.

Weitere Studien bestätigen diese Aussagen und belegen, dass Härte und Gewaltbereitschaft von einigen jungen Frauen regelrecht inszeniert werden, um ja nicht als schwaches Mädchen verkannt zu werden. Sie wollen demonstrativ deutlich machen, dass sie sich wehren und behaupten können. Dazu bauen sie sich gezielt einen Ruf als »bad girl« auf. Ihre Außenwirkung werten sie dabei noch weiter auf, indem sie Gleichaltrige mit Gewalt verteidigen und »schützen«. Was nach außen als Coolness und Stärke erscheint, überdeckt jedoch oft innere Ängste und Unsicherheiten.

In welcher gesellschaftlichen Phantasie wurzeln die Vorstellungen dieser Mädchen? Wo ist das Selbstbild einer Kriegerin zu finden? Sind historische Kriegertypen und mythologische Bilder nicht eigentlich Männern vorbehalten?
Natürlich liegt die Vorstellung einer Amazone als weiblicher Kriegertyp auf der Hand, da er in der Populärkultur fest verankert ist. So zahlreich die Legenden und Phantasien sind, die sich um Amazonen ranken, so unklar ist jedoch auch ihre historische Realität. In griechischen Sagen finden sich in verschiedenen Zusammenhängen und als unterschiedliche Völker zahlreiche Erwähnungen von Amazonen. Beispielsweise sollen die Argonauten Küstengebiete der Schwarzmeerküste gemieden haben, weil sie dort Amazonen vermuteten. Die *Ilias* enthält Hinweise auf Kämpfe mit Amazonen und auch zu ihrer Kultur finden sich Berichte – jedoch aus zweiter Hand. In der fast vollständig überlieferten *Geographika* des griechischen Geschichtsschreibers Strabon wird beschrieben, dass zum Beispiel die Zeugung der Nachfahren der Amazonen im Rahmen eines speziellen Rituals auf einem Berg gänzlich im Dunkeln mit Männern eines Nachbarvolks begangen würde. Danach zögen Männer und Frauen wieder getrennter Wege. Gesiedelt haben sollen Amazonen an verschiedensten Orten, ohne dass einer davon belegbar wäre. Zahlreiche ältere, bildliche Darstellungen finden sich auf Vasen, Krügen und Reliefs: Bewaffnete Frauen, die gegen männliche Krieger kämpfen. Interessant dabei ist, dass auf den Reliefs Krieger oft traditio-

nell nackt dargestellt werden und die Frauen wallende, wenn auch kurze Gewänder tragen. In der heutigen Popkultur herrschen eher umgekehrte Darstellungen vor.

Es gibt zahlreiche Auffassungen zum Ursprung des Namens, die jedoch alle spekulativ bleiben müssen. So wird das Wort Amazone mit der griechischen Übersetzung von »die ohne Brust« gedeutet. Strabon berichtet, »allen sei seit dem frühen Kindesalter die rechte Brust weggebrannt, sodass sie den Oberarm zu allem gebrauchen können, an erster Stelle zum Speerwerfen«. Weiter schreibt er in seinen Büchern der *Geographika* indes auch: »Über die Amazonen aber hören wir heute wie in alter Zeit dieselben Berichte, die [...] von jeder Glaubhaftigkeit entfernt sind.« In jedem Fall beflügelten die Amazonen die Phantasie der Menschen: Der Name wurde zum Inbegriff der kämpfenden Frau.

In der Galerie der Kriegertypen dieses Buches stellt die Amazone den einzigen Typus dar, der nur ein ungesichertes historisches Vorbild hat. Doch gerade der Umstand, dass die Amazone zu guten Teilen von der Phantasie des Menschen geformt wurde, macht sie für unsere Jugendlichen interessant, denn in einer Welt, in der grundsätzlich die Männer mit Kampfaufgaben betraut waren, war eine kämpfende Frau die große Ausnahme. So sehr, dass in der Populärkultur das Auftreten einer kämpfenden Frau schnell überhöht und bei historischen Kulturen als für die gesamte Kultur typisch dargestellt wird. Sei es die Spekulation um »weibliche Wikinger«, sei es die überzogene Darstellung der Rolle angeblicher oder realer weiblicher Piratinnen der Neuzeit oder sei es das in Büchern und Filmen immer wieder aufbereitete Schicksal der Jeanne d'Arc: Sobald eine Frau mit dem Brauch bricht, den Männern das Kämpfen zu überlassen, wird sie unweigerlich zu einer Populärheldin stilisiert.

Ähnlich ergeht es auch Kevin mit seiner Schwärmerei für die kämpferische Tabea. Die Amazone ordnet sich dem eigentlich

körperlich überlegenen Mann nicht unter, sie nimmt ihr Schicksal vielmehr selbst in die Hand und fordert ihn heraus – und erfährt, wie die Umgebung darauf mit Entsetzen reagiert: Gewalttaten von Mädchen werden weit eher von der Presse berichtet als Gewalttaten von Jungen. Die Akteurinnen können es zu einem regelrechten »Popstar«-Status bringen, wie beispielsweise ein Mädchen aus Berlin, das wegen seiner Schlägerkarriere von einem großen Boulevardmagazin mit dem Titel »Queen« vorgestellt wurde. Eine andere »Queen« und Rapperin, die ihrer Aussage nach »der Gewalt abgeschworen« hatte, durfte zusammen mit ihrer Freundin ihre neue Gewaltlosigkeit dadurch beweisen, indem sie in einer Fernsehdokumentation des ZDF einen dürren Mann mit den Worten von der Kameralinse verscheucht: »Wir könnten ihm jetzt auf die Fresse hauen, aber wir können ihm auch sagen, ey, Keule, alles klar und so, wenn du cool drauf bist, dann gehst du aus dem Bild und so«. Im Internet fanden sich auf diese Sendung hin zahlreiche Kommentare voller Bewunderung.
In der Populärkultur genießen diese Mädchen einen Ruf, der in gewisser Weise durchaus mit dem ihrer antiken Vorbilder vergleichbar ist. Damals wie heute erregen sie große Aufmerksamkeit. Ihr Verhalten durchbricht Grenzen.

So deutlich, wie sich das Frauenbild in unserer Gesellschaft gewandelt hat, so deutlich, wie einige Mädchen sich mit einer neuen gewaltbereiten Weiblichkeit identifizieren, so deutlich ist auch die gesellschaftliche Reaktion, die erfolgen muss, wenn der rasante Anstieg der Mädchengewalt gebremst werden soll: Die gesellschaftlich verbreitete Form von positiver Weiblichkeit muss Stärke auch ohne Gewalt symbolisieren können. Es darf nicht mehr nur die Amazone symbolhaft für eine starke Frau stehen und in unzähligen Varianten über Schwertkämpferinnen, Vampirjägerinnen oder waffenschwingende Archäologinnen für Begeisterungsstürme sorgen. Es muss auch die friedfertige und dennoch starke Frau gesellschaftliche Anerkennung erhalten. Dies hat nichts mit einer Vormachtstellung gleich welchen Geschlechts zu tun. Es geht vielmehr um eine positive Durchsetzungskraft für beide Geschlechter, die ohne Gewalt funktioniert. In anderen historischen Kulturen ist nicht etwa die schwertschwingende Frau Verkörperung von Stärke. Vielmehr übten hier die Frauen einen großen Einfluss über ihre soziale Stellung aus, auch gegenüber ihrem eigenen Partner. Eine Stärke, die eher der von bedachten Herrschern gleicht als der von blindwütigen Kriegern. Wenn man über das Verhalten schwedischer Männer aus der Sicht deutscher Auswanderer liest, so scheint dies bis heute der Fall zu sein: Sie werden als äußerst zurückhaltend geschildert, während Frauen die wichtigen Entscheidungen fällen – selbst bei der Partnerfindung ist Zurückhaltung demnach oberstes Gebot für die Männer.

Die Jugendarbeit muss den Mädchen also noch mehr als bisher Wege aufzeigen, ohne Gewalt Anerkennung und Bestätigung erreichen zu können. Dazu muss Pädagogen einerseits bewusst gemacht werden, dass verdeckte Manipulation, Ausgrenzung oder andere Formen von beziehungsbezogenem Bullying ebenfalls Gewalt darstellen. Andererseits aber auch, dass Wut keineswegs unweiblich ist und dass auch Mädchen durchaus brutal und aggressiv vorgehen können. Beide Formen der Gewalt müssen thematisiert werden. Dazu eignen sich speziell auf Mädchen zugeschnittene soziale Trainingskurse, die insbesondere das Erkennen des eigenen Aggressionspotenzials ermöglichen und Überlegungen zum Konfliktmanagement beinhalten. Mädchenprojekte und Gesprächskreise können das Thema vertiefen, wobei der Beziehung zu den jeweiligen Pädagogen eine besondere Bedeutung zukommt. Die Klagenfurter Soziologin Ulrike Popp weist darauf hin, dass sich bei Mädchen viel stärker als bei Jungen gerade eine durch Akzeptanz und Vertrauen

gekennzeichnete Beziehung als gewaltmindernde Schlüsselvariable erweist.
Mädchengruppen, die andere Mädchen mobben und attackieren, tun dies der Forscherin zufolge mitunter, weil sie ein attraktives Erscheinungsbild anderer Mädchen als Bedrohung der eigenen Identität erleben. Sie reagieren darauf eifersüchtig und mit physischer Gewalt. Der Konkurrentin die Haare auszureißen oder das Gesicht zu zerkratzen, ist dann auch ein Angriff auf die Schönheit ihres Gegenübers. Im Sinne einer gelingenden Prävention müssen hier die Identität und das Selbstbewusstsein der gewaltbereiten Mädchen gestärkt und eine geschlechtersensible Aufklärung betrieben werden. Ebenso wie Jungen lernen müssen, was es bedeutet, in unserer Gesellschaft möglichst gewaltfrei als Mann zu leben, müssen Mädchen »typisch weibliche« Beweggründe für Gewalt verstehen lernen und Wege finden, ihre Ziele auch ohne den Einsatz von verdeckt-psychischen oder offen-körperlichen Formen von Gewalt zu erreichen. Ähnlich wie bei Jungs helfen positive Rollenvorbilder einer starken Weiblichkeit hierbei enorm.

Tabea blieb die Königin im Kiez. Kevin träumte weiter von ihr und dachte auch gerade an sie, als es gegen Mitternacht klingelte. Chantal stand mit rotverweinten Augen vor der Tür.
»Was ist denn mit dir los!«, fragte er verwundert. »Ist was passiert?«
»Ist dein Bruder da?«
»Nein … Chrystian ist noch weg. Komm rein!«
Chantal ließ sich von ihm ins Wohnzimmer führen. Sie nestelte ein Taschentuch aus ihrem Handtäschchen und wischte sich über die Augen. Ihre Wimperntusche schmierte dunkle Streifen über ihre Wangen.
»Die Tabea …«
»Ist ihr was passiert?«, fragte Kevin und fand seine Frage sofort

ziemlich dumm. Dass Tabea etwas zustieß, passte einfach nicht zu ihr. Chantal schüttelte auch den Kopf.

»Nein, sie … sie …« Chantal brach erneut in Tränen aus.

Kevin war ein wenig genervt, bemühte sich aber, es sich nicht anmerken zu lassen. Er reichte ihr eine offene Colaflasche. Chantal trank und fasste sich wieder ein wenig.

»Na, jetzt sag doch endlich, was ist denn so Schlimmes passiert!« Chantal nahm noch einen Schluck Cola, dann begann sie: »Also, die Ann-Katrin, von der habe ich schon erzählt.« Kevin erinnerte sich dunkel daran, dass Ann-Katrin eine neue Freundin von Chantal war, die sie auf irgendeiner Party kennengelernt hatte. Chrystian hatte sie auch gemocht, nur deswegen erinnerte er sich wohl überhaupt noch an sie. »Die ist echt toll, hat mir immer geholfen, wenn es nötig war, und die ist echt ganz lieb und keiner ist böse mit der, echt keiner!« Chantal machte ein verzweifeltes Gesicht. »Vorhin will ich mich mit der Tabea im Blauen Turm treffen und als ich gerade so hinkomme, da … da steht die Tabea mit ihren Mädels zusammen … ich will gerade zu denen hingehen, da seh ich, Ann-Katrin läuft mit zwei anderen zum Club. Und als die an Tabea vorbeikommen, fängt die Tabea an, die anzumachen! Und ihre Freundinnen machen da gleich mit. Voll krass! ›He, ihr Schlampen!‹, hat die Tabea geschrien, und eine hat gesagt: ›Deine Haare sehen aus wie von 'ner nassen ekligen Ratte, verpiss dich, alte Scheiße‹, und lauter solche Sachen. Die Ann-Katrin ist an ihr vorbeigegangen. Sie hat sich dann aber nochmal umgedreht zu der Tabea. Und hat so was gesagt wie: ›Ich hör dich nicht‹ oder so. Na, und da ist die Tabea dann voll abgegangen. ›Glaubst wohl, du bist was Besseres als ich‹, weißt du, so voll der Ann-Katrin ins Gesicht geschrien hat sie das!« Chantal sah Kevin mit hervorquellenden Augen an und rang fassungslos die Hände. »Gerade der Ann-Katrin! Wo die doch echt keine Bitch ist! Die Tabea wollte immer wieder an Ann-Katrin ran, echt, so voll aggro habe ich die noch nie erlebt. Die anderen haben sie immer wieder zurückgezogen und die Tabea hat gekreischt und wollte sich losreißen.«

»Und Ann-Katrin? Hat die sich nicht verpisst?«
»Wollte sie ja! Aber Tabea hat ihr hinterhergekreischt, weißt du, so richtig gekreischt, dass es jeder gehört hat: ›Du blödes Fötzchen, fick dich, du Schlampe, sieh her, wenn ich mit dir rede!‹ Das war der Ann-Katrin dann wohl zu viel, immerhin haben auch die ganzen Typen vor dem Blauen Turm zugesehen. Sie hat sich umgedreht und gesagt: ›Jetzt sei doch still, selber blöde Kuh.‹«
»›Selber blöde Kuh‹?«, wiederholte Kevin schon fast amüsiert.
»Ja, genau. Aber da ist Tabea dann voll steil abgegangen. Die hat nur noch rumgekreischt, so ›Schlampe, Fotze‹ und so weiter halt. Sie hat sich losgerissen und ist keifend und spotzend auf die Ann-Katrin los, hat sie an den Haaren gezogen und runtergerissen, dass Ann-Katrin mit den Knien auf den Asphalt gestürzt ist. Die anderen sind dann alle hin und haben ewig gebraucht, um die beiden zu trennen, die waren total ineinander verbissen! Also die Tabea mehr in die Ann-Katrin.
Tabea hat danach gleich erstmal 'ne Ziggi von einer ihrer Freundinnen geschnorrt und total locker der Ann-Katrin den Stinkefinger gezeigt, als wär nichts gewesen. Ey, die Ann-Katrin hat ausgesehen! Die hat ein voll schickes Kleid angehabt, das war jetzt überall total eingerissen, und ihre Frisur erst! Aber am schlimmsten war ihr Gesicht. Ich glaube, die Tabea hat ihr die Nase gebrochen. Stell dir mal vor, wenn die krumm wird!«
»Und kam keine Polizei? Das war doch vor dem Club!«
»Die Türsteher haben nur dumm geglotzt und rumgelacht. Als die Bullerei und ein Krankenwagen kamen, da war Tabea natürlich längst weg. Na, und ich bin dann gleich zu dir …«
Chantal brach wieder in Tränen aus. »Ich habe dagestanden und das alles gesehen. Nichts gemacht habe ich! Dabei kenn ich doch die Tabea … und die Ann-Katrin! Ich hätte ihr helfen sollen! Wenn die 'ne krumme Nase kriegt, ich kann der nie wieder ins Gesicht sehen! Kevin, ich bin so feige! So feige!«
»Bist du gar nicht. Schau mal, die Tabea war voll auf aggro, wer weiß, vielleicht hätte sie dich ja auch angemacht!«

»Mich? Nie, aber nie! Aber … so habe ich Tabea noch nie erlebt. So krass!«
»Ja, eben. Schau mal, ich hätte da sicher auch nur geschaut. Kann man doch nicht wissen, dass die so ausrastet.«
Chantal saß noch lange auf dem Sofa und weinte. Kevin fühlte sich hilflos und kam sich völlig überrumpelt vor von Tabeas Verhalten. Das passte so gar nicht zu ihr, fand er. Und es stieß ihn total ab.
Es waren keine drei Tage seit dem Zwischenfall mit Tabea und Ann-Katrin vergangen, als Kevin von Nick im Chat angepingt wurde und ein Link zu einem Videoportal zugesendet bekam. Es war ein Fernsehbericht über Mädchengewalt – und Tabea war die Hauptdarstellerin! Ein Reporter begleitete sie durch die Stadt. Kevin sah unwillig, wie sie es genoss, im Rampenlicht zu stehen. Sie, wegen der er Chrystians Freundin eine ganze Nacht lang hatte trösten müssen. Er musste gerade daran denken, wie es ihnen gelungen war, die Sache vor Chrystian zu verheimlichen, als Tabea voller Stolz in die Kamera sagte:
»Nein, wir haben der Gewalt schon lange abgeschworen, weißt du. Wir machen das jetzt mit Worten, wenn uns einer dumm kommt! Gewalt ist was für Opfer.«
Es verschlug Kevin die Sprache. Er sah ihr zufriedenes Grinsen, hörte den anerkennenden Kommentar des Reporters, nahm kaum mehr wahr, dass Tabea von einem Förderprogramm auch noch eine Ausbildungsstelle als Anerkennung für ihre angebliche Wandlung zur Friedenstaube vermittelt bekommen hatte, und dachte sich nur noch: Du verlogenes, kleines Stück Scheiße!

Drei Web-Tipps:

- http://taeterinnen.de
  (Weibliche Täterschaft im gesellschaftlichen Kontext)
- www.maedchenarbeit-nrw.de/lag/betrifft-maedchen.html
  (bundesweite pädagogische Fachzeitschrift zum Thema Mädchen)
- http://soziologie.ch/sozmag/sozmag-7/bose-gewalttatige-madchen
  (Untersuchung weiblicher Bandenkriminalität)

Drei Buch-Tipps:

Klees, R. et al.: »Praxishandbuch für die Jugendarbeit: Mädchenarbeit, 6. Auflage, Weinheim 2007

Kreuzer, M./Geiger-Battermann, B.: »Gewalt ist auch weiblich. Band 2: Analysen – Hintergründe – Interventionen«, Mönchengladbach 2009

Silkenbeumer, M.: »Biografische Selbstentwürfe und Weiblichkeitskonzepte aggressiver Mädchen und junger Frauen«, Berlin 2007

Kapitel 8

Die Welt soll erzittern: Zeremonielle Gewalt

Es war wieder geschehen. Kevin erfuhr es zufällig, als er durch die Fernsehkanäle zappte.

»Heute Morgen drang der Täter zur Pausenzeit in das Schulgelände ...«

Kevin nahm den Finger von der Fernbedienung, mit der er schon hatte weiterschalten wollen.

»... als die Polizei eintraf, waren bereits zahlreiche Schüler und eine Lehrerin von dem jungen Mann verletzt worden. Der Hausmeister liegt mit einem Bauchschuss im Krankenhaus ...«

Dunkel erinnerte sich Kevin daran, dass es in den USA vor vielen Jahren einen solchen Vorfall gegeben hatte. Nick hatte das mal erzählt: Zwei Schüler hatten dort mit Schnellfeuerwaffen und Bomben eine Schule gestürmt.

Was ihn stutzig machte, war die deutsche Aufschrift über dem Schuleingang, der jetzt eingeblendet wurde: Dieser Fall kam aus Deutschland!

Die Stimme des Fernsehsprechers fuhr fort: »Von verschiedenen Zeugen wurden noch weitere Explosionen innerhalb des Schulgebäudes wahrgenommen. Es kam zu starker Rauchentwicklung, wodurch mehrere Personen verletzt wurden. Im oberen Flur des Schulgebäudes tötete sich der 18-Jährige anschließend mit einer Vorderlader-Perkussionswaffe selbst. Durch die Amoktat wurden sechs Personen durch Schüsse, eine Lehrerin durch eine Rauchgranate und zahlreiche weitere Personen durch Rauchvergiftung und Schock verletzt. Dank rascher Evakuierung gelang es, das Schulgebäude schnell und fast vollständig zu räumen und Verletzte ärztlich zu versorgen. Das entschlossene Handeln der zuerst am

Tatort eingetroffenen Polizeibeamten konnte einen schlimmeren Tatverlauf verhindern.«

Es folgten Fotos von den Waffen, die der Täter benutzt hatte. Kevin pfiff durch die Zähne. Gekleckert hatte der nicht: Da waren ein Kleinkalibergewehr, zwei Vorderlader neben zahlreichen Molotowcocktails, Rohrbomben und einem Kampfmesser.

»Krass«, murmelte Kevin. In diesem Moment hörte er den Klingelton des Chatprogramms seines Computers. Als hätte er seine Gedanken gelesen, rief Nick an. Kevin schaltete auf Voicechat.

»Hast du das auch gerade gesehen mit dem Amoklauf?«, fragte er.

»Ja, heftig! Läuft schon seit dem Mittag. Gar nicht so weit weg ist das, fünfzig Kilometer! Alter, die reden von fast vierzig Verletzten!«

»Kein Wunder, bei dem ganzen Kram, den der mitgeschleppt hat.«

»Na ja, viele haben nur Rauchvergiftungen. Aber trotzdem. Der Typ hat's echt ernst gemeint!«

»Word alter.«

»Warte mal, hier hast'n Link.«

»Nee, oder?«, rief Kevin, als er das verlinkte Video aufgerufen hatte. Der Schriftzug »ResistantX« schwebte ins Bild. Dann sah man zu rockiger Musik zwei Personen in langen, schwarzen Trenchcoats, die auf einem Waldweg aus blendend weißem Licht auf die Kamera zugingen. Alles erinnerte sehr stark an den Film *Matrix*: die Trenchcoats, die Sonnenbrillen … Hinter einem anderen Link verbarg sich eine schwarz gehaltene Webseite, auf der in roter Schrift eine Art Abschiedsbrief des Täters stand. Ganz oben war er zu sehen, wie er ein Gewehr im Anschlag hielt.

»Ja, geil, was?«, kommentierte Nick.

»Total geilo. Saug dir das Video mal, und die Bilder, er hat da einige ziemlich abgefahrene, wo er wie ein echter Soldat mit einem Sturmgewehr dasteht. Mit 'ner total bescheuerten Brille auf der Nase. Und das Tagebuch ist auch geil. Da beschreibt er, wie er sich auf diese Aktion vorbereitet, der hat die ganzen Rauchbomben selbst gebaut! Eigentlich hätte er sich nur noch 'ne 45er besorgen

müssen, eine von diesen hammerschweren Pistolen, und die sechs wären tot gewesen.«
Am nächsten Tag wurde aufgrund des Vorfalls der Stundenplan geändert. Kevin wusste gar nicht, wieso alle so viel Aufhebens darum machten. Es war schließlich nicht an ihrer Schule passiert. Noch nicht einmal in ihrer Stadt.
»Halt aber bloß das Maul«, zischte Nick. Kevin sah ihn fragend an.
»Gestern hat einer im Nachmittagsunterricht drüben bei dem Lorenzgymnasium gesagt, morgen bring ich auch alle um. So aus Scheiß. 'ne Stunde später haben die Bullen seine Wohnung auseinandergenommen.«
»Echt? Und, haben sie was gefunden?«
»Nee, natürlich nicht. Aber da siehste mal, wie denen die Muffe geht, ein Wort und du hast die Bullerei am Hals.«
Kevin war gewarnt. Sicherheitshalber sagte er heute Vormittag keinen Ton. Die Lehrerin versuchte, die Klasse vergeblich in ein Gespräch darüber zu verwickeln, wie sich solche Katastrophen vermeiden ließen, aber das interessierte niemanden sonderlich. Es wurde sogar eine Alarmübung angesetzt, bei der es hieß, dass die Schüler sich in den Zimmern verschanzen sollten. Weil sie bei jeder anderen Übung aber immer hinaus auf den Schulhof gegangen waren und zahlreiche Lehrer das auch diesmal so machten, gab es ein ziemliches Durcheinander.
»Manchmal wünsch ich mir auch 'ne Schrotflinte«, brummte Kevin, als sie gerade auf halbem Wege zum Sammelpunkt wieder in ihre Klassenzimmer zurückgescheucht wurden und eine Horde Siebtklässler mit ohrenbetäubendem Lärm an ihnen vorbeistürmte.
»Und bämbämbäm«, machte Nick leise. »Geiles Schussfeld. Also hier hätte er 70 erwischt. Mit 'ner vernünftigen Wumme zumindest.«
Als Kevin ihn warnend ansah, grinste Nick und schwieg wieder.
Nachmittags sahen Kevin und Chrystian einen weiteren Bericht. »Der Jugendliche verschickte E-Mails mit seinen Aufzeichnungen

und veröffentlichte Bilder und eine Erklärung im Internet. Die großen Boulevardzeitungen Deutschlands bildeten den Täter auf ihrer Titelseite und auf Hochglanzseiten ab, wie er mit der Waffe im Anschlag für die Kamera posiert.«

Der Fernseher wurde ausgefüllt von dem Gesicht eines Jungen mit Sonnenbrille, halb verdeckt von der Mündung einer Pistole, mit der er ins Objektiv zielte.

»Cool«, kommentierte Chrystian. »Der hat echt Eier gehabt.«

Das Bild wechselte zu einer Szene, in der bewaffnete Figuren aus einem Computerspiel durch einen Komplex hetzten.

»Guck mal die mistigen Texturen, die zeigen da ja noch die Version Einssechs!«, rief Kevin. »Boah, wie alt!«

Die Szene wurde von der Moderatorenstimme kommentiert:

»Der Täter hatte unter anderem das Spiel Counter-Strike gespielt. Dabei handelt es sich um ein Computerspiel, das der ehemalige Innenminister Günther Beckstein zu den sogenannten ›Killerspielen‹ gezählt hat. Vor seiner Tat hat der Jugendliche sogar seine Schule als Spielfeld am Computer nachgebaut und ins Netzwerk der Schule hochladen wollen, das wurde ihm aber verboten. – Herr Professor Dormann, wer solche Spiele spielt, wird der nicht viel schneller zum Mörder?«

Die Einspielung wurde durch das betroffene Gesicht des Moderators abgelöst, der sein Gegenüber ernst anblickte. Dann erschien ein graubärtiger Mann im Fernseher.

»Ja, sehen Sie, er hat das Töten im Spiel trainiert. Er hat ja sogar seine eigene Schule als Spielplan nachgebaut. Dadurch hat er seine Hemmschwelle gesenkt, Menschen zu töten.«

»Sie meinen also, er war sozusagen in seiner eigenen Spiel-Welt, als er …«

Kevin schaltete weiter. Das Gelaber der Talkshowgäste, die sich wie im Kindergarten ständig gegenseitig ins Wort fielen und immer alles besser wussten, ging ihm auf die Nerven. Nick posierte neben ihrem Sofa mit einem imaginären Gewehr wie der Täter.

»Na, wie seh ich aus! Nick, der Rächer an der Schule! Bäm!«

»Dann vergiss aber bloß nicht, die Riemenschneider mit wegzuknallen. Nie wieder Deutsch bei der …« Kevin verdrehte träumerisch die Augen.
»Na und den Schultze. Und den blöden Herbert.«

Amokläufe durch Jugendliche an Schulen, wie sie Kevin in der Berichterstattung miterlebte, haben sich in den letzten Jahren zu einem ernstzunehmenden Problem entwickelt. Eine aktuelle Analyse im Januar 2010 erbrachte, dass bereits neun dieser Taten in Deutschland vorgefallen sind. Jedes Mal hat sich ein sorgsam vorbereiteter Jugendlicher mit Waffen auf den Weg zur Schule gemacht, um dort entweder mehrere Lehrer und Mitschüler zu töten oder zumindest einen Menschen aufgrund seiner Funktion als Lehrer oder Schulleiter umzubringen.
Mit einer solchen überbordenden Gewalttat wollen diese Jugendlichen unserer Gesellschaft ein ganz bestimmtes Signal senden. Sie kehren an den Ort zurück, an dem sie in ihrer persönlichen Sichtweise die größten Kränkungen und Verletzungen ihres Lebens erfahren haben. Und dort nehmen sie Rache. Sie bestimmen, wer diesen Ort lebend verlässt und üben damit aus ihrer Sicht die ultimative Kontrolle aus. Sie fühlen sich für einen Moment mächtig wie ein Gott. Auf diesen einen Moment bereiten sie sich monate-, mitunter sogar jahrelang vor. Während dieser Vorbereitungszeit genießen sie bereits die Vorstellung, wie sie die Tat ausführen werden und wie die öffentliche Reaktion ausfallen wird. Im Anschluss an ihren Amoklauf töten sich die jugendlichen Täter dann in sehr vielen Fällen selbst oder versuchen zumindest, sich umzubringen. Bei den deutschen Fällen hat einzig der erste jugendliche Amokläufer nicht versucht, seinem Leben ein Ende zu setzen.
Der Suizid ergibt für diese Jugendlichen Sinn, denn besser kann ihr Leben nach der Tat nicht mehr werden: Sie haben

ihren Höhepunkt erreicht und wissen, dass ihr Name unsterblich geworden ist. Über Wochen werden die Illustrierten und Zeitungen von der Handlungsmacht des Täters und von den Auswirkungen seiner Tat berichten, im Internet werden sich Fanseiten finden und es werden ganze Bücher über ihr Leben erscheinen.

Würden die Täter stattdessen nach ihrer Tat fliehen oder sich gefangen nehmen lassen, dann würde das Schwäche symbolisieren. Eine Inhaftierung und Gerichtsverhandlung würde sie als kontroll- und machtlos zeigen. In einem solchen Fall würden andere Menschen darüber bestimmen, was mit ihnen geschieht. Die beabsichtigte Wirkung ihrer Tat wäre damit letztlich in ihr Gegenteil verkehrt.

Möglicherweise werden Sie nun sagen, dass neun Vorfälle in Deutschland bei weltweit 124 aufgetretenen Fällen zu verschmerzen seien und dass diese Ereignisse ja nur wenige Schulen wirklich beträfen. Eine so geringe Fallzahl berechtige doch kein ganzes Kapitel in diesem Buch und erst recht keine umfassende Präventionsarbeit in Deutschland. Erschreckenderweise hören wir ähnliche Argumente immer noch von Schulen, die sich mit dem Thema nicht auseinandersetzen wollen. Doch wir können Ihnen versichern, dass das Problem weit schwerwiegender ist, als es auf den ersten Blick den Anschein haben mag.

Zunächst handelt es sich nicht nur um einen einfachen Gewaltvorfall, der im nächsten Schuljahr vergessen sein wird. Das gesamte System der jeweiligen Schule ist aufs Schwerste betroffen. Neben der notwendigen Trauma-Aufarbeitung für Hunderte von Schülern, Lehrern, Schulangestellten, Eltern, Hilfskräften usw. wird der Name der Schule fortan nicht mehr an Jahrzehnte guter Arbeit erinnern, sondern an die spektakuläre Gewalttat eines einzelnen Schülers.

Zudem ist das Problem größer, als den meisten Menschen bekannt ist. Zahlreiche Taten wurden rechtzeitig verhindert;

über sie wurde zu Recht nicht öffentlich berichtet, da eine ganz erhebliche Nachahmungsgefahr besteht. Studien zeigen, dass in den Wochen nach einer durch Zeitungen, Zeitschriften, Fernsehen, Radio und Internet berichteten Amoktat sowohl die tatsächlich durchgeführten Nachahmungstaten ansteigen als auch die bloßen Drohungen durch sogenannte Trittbrettfahrer. Obwohl diese Trittbrettfahrer im Grunde lediglich Chaos stiften wollen, schaffen sie erhebliche Probleme. Es käme ihnen nicht in den Sinn, tatsächlich Menschen zu verletzen oder umzubringen, geschweige denn sich selbst zu gefährden. Doch insbesondere kurz nach einem durch Massenmedien breit berichteten Vorfall versetzen Hunderte dieser Trittbrettfahrer durch ihre bloße Androhung eines Amoklaufs die jeweiligen Schulen in einen Schockzustand. Allzu oft führt ein auf den Fahrradständer oder die Toilettentür gekritzeltes »Ich laufe Amok am …« dazu, dass am angedrohten Tag der Unterricht ausfällt, Dutzende von Polizeibeamten die Schule durchkämmen oder der Besuch des Unterrichts zumindest freigestellt wird. Jugendliche haben das als Weg erkannt, eine Klassenarbeit nicht schreiben zu müssen, viel Aufhebens zu verursachen oder ihrer Freundin einen schulfreien Tag zu verschaffen.

Die Chancen für schulbezogen arbeitende Psychologen, Polizisten und Sozialarbeiter stehen daher hoch, dass sie sich in ihrer Arbeitszeit mit einer oder mehrerer dieser Androhungen auseinandersetzen müssen. Denn es ist für Schulen wichtig, schnellstmöglich gemeinsam mit diesen Fachleuten ungefährliche Drohungen von ernsthaften Drohungen unterscheiden zu können.

Kurios ist dabei, dass bislang nicht ein einziger Schüler, der tatsächlich eine Tat durchgeführt hat, zuvor eine derart simple Nachricht an seine Schule gekritzelt hatte. Die Sorge vor realen Taten bei Auftreten von einfachen Klotürschmierereien ist also weitgehend unbegründet. Warnsignale gibt es tatsächlich in jedem Fall, aber die Warnsignale von realen Tätern sind bislang immer viel komplexer gewesen.

Jugendliche, die derartig extreme und sorgsam geplante Morde umsetzen, begehen ihre Taten nicht von einem Tag auf den anderen. Um ihre Tat zu verüben, müssen sie es schaffen, ihre Tötungshemmung zu neutralisieren. Und das ist nicht einfach. Jeder Mensch besitzt eine eigentümliche Kombination instinktiver, verstandesmäßiger, umweltbedingter, ererbter, kultureller und sozialer Faktoren, die gemeinsam bewirken, dass die Tötung anderer Menschen mit »kühlem Kopf« vor hohe Hürden gestellt ist. Extreme Wut kann diese Hürden nehmen. Ein impulsives Hineinsteigern in Konflikte macht es möglich, die Tötungshemmung vorübergehend auszuschalten. Werden ein oder mehrere Morde jedoch über eine lange Zeit hinweg geplant, wie es hier der Fall ist, bedeutet das, dass die Tötungshemmung bewusst und dauerhaft gesenkt werden muss. Dies kann geschehen, indem man den geplanten Opfern jede Menschlichkeit abspricht, indem man sich eine Rechtfertigung für die beabsichtigten Tötungen einredet oder indem man die Folgen bewusst als zweckmäßig deutet. Amoktäter müssen aber neben der Tötungshemmung auch die Selbsttötungshemmung überwinden. Der Täter muss bereit sein, in seinen eigenen Tod zu gehen. Auch das ist nicht ohne Weiteres möglich. Er muss seine Zukunftsperspektiven aufgeben, das Leben als sinnleer ansehen und sich von verbleibenden Bezugspersonen distanzieren. All diese Prozesse benötigen Zeit und Möglichkeiten der Verarbeitung. Auf ihrem Weg zur Gewalt testen die Täter, wie Lehrer, Schüler und Familienmitglieder auf entsprechende Andeutungen reagieren. Sie setzen dabei zahlreiche erkennbare Warnzeichen.

Nehmen wir als Beispiel einmal die von Kevin im Fernsehen miterlebte Tat. Sie gründet auf einem realen Geschehen: Der 18-jährige Täter hatte bereits zahlreiche Hinweise über seine Situation gegeben, bevor er sich am 20.11.2006 in Emsdetten einen schwarzen Mantel anzog und mit mehreren Schusswaffen, Molotowcocktails, Rauch- und Rohrbomben an seiner Schule sieben Menschen direkt und dreißig indirekt verletzte. Einen besonders deutlichen Hinweis trug er bereits zweieinhalb Jahre vor der Tat auf einem Selbsthilfeforum im Internet ein, als er dort seine Ängste und Probleme in der Schule schilderte. Die prägnanteste Stelle lautete:

»Ich fresse die ganze Wut in mich hinein, um sie irgendwann auf einmal rauszulassen, und mich an all den Arschl**hern zu rächen, die mir mein Leben versaut haben. [...] Für die, die es noch nicht genau verstanden haben: Ja, es geht hier um Amoklauf! Ich weiß selber nicht woran ich bin, ich weiß nicht mehr weiter, bitte helft mir.«

Sinnvolle Hilfe bekam er jedoch nicht. Vonseiten der Moderatoren wurde nicht auf seine Not eingegangen und die Reaktionen der anderen Leser fielen relativ hilflos aus. Neben dem Rat, eine Beratungsstelle aufzusuchen, fanden sich etwa Kommentare wie »dir da weiterhelfen kann wohl von hier so wirklich keiner. [...] Nun ist es aber an dir, diese Vorstellungen in ›geregelte Bahnen‹ zu lenken«.

Generell waren die letzten Jahre seines Lebens erfüllt von einer eigentümlichen Faszination an Gewalt. Schon vier Jahre vor der Tat begeisterten ihn die realistisch anmutenden AirSoft-Waffen. Sie sind eine Art moderner Erbsenpistolen, die jedoch täuschend echt aussehen und mit hohem Druck kleine Plastikkügelchen verschießen. Seine Streifzüge durch den Wald in militaristischer Verkleidung und seine AirSoft-Gefechte in einem eigens von ihm gegründeten Verein waren frühe Vorboten einer Faszination an scharfen Schusswaffen. Selbst die Richtung der Gewalt kristallisierte sich allmählich heraus. 2006 begann er, eine Homepage über vorangegangene Amokläufe an Schulen zu erstellen und beschäftigte sich besonders mit dem bekannt gewordenen Amoklauf an der Columbine High School in den USA. Er war auch Mitglied einer Interessengruppe zu dieser Tat in einem anderen Internetportal. Seine Beiträge erstellte er meist unter dem Pseudonym »ResistantX«, ein Name, der für ihn den Widerstand gegen das System symbolisierte. Einem der Täter der Columbine High School schrieb er Jahre nach dessen Tod Geburtstagsglückwünsche auf eine Internet-Fanseite. Als Abschiedsgruß nutzte er das Kürzel »Cya«, was sinngemäß bedeutet: »Wir sehen uns bald«.

Ebenso erstellte der Täter für sein Lieblingscomputerspiel *Counter-Strike* mithilfe von Grundrissen der Schule ein Spielareal, mit dem es möglich war, auf dem nachgebauten Schulgelände virtuell tödliche Kämpfe durchzuspielen. Besonders bedeutsam als Warnzeichen ist hierbei, dass er mehrfach versuchte, diese Datei auf dem Schulrechner zu installieren und auch einen Lehrer bat, die Karte im Schulnetzwerk installieren zu dürfen. Wohlgemerkt waren dies Rechner, auf denen das eigentliche Spielen gar nicht möglich war. Die Datei einzustellen war auch eine symbolische Handlung – ein Hinweis an die Schulgemeinschaft, womit er sich beschäftigte. Leider wurde nicht hinterfragt, warum er die Karte erstellt hatte.

Der Jugendliche kaufte Sprengstoffmaterialien und Waffen, stellte Sprengstoff her und testete ihn gemeinsam mit Bekannten. Zahlreiche Videos, die er ins Internet stellte, zeigen ihn bei diesen Tätigkeiten. Vier Tage vor seinem Amoklauf verschenkte er schließlich seine geliebten AirSoft-Waffen. Das ist in erster Linie als eine symbolische Abschiedshandlung zu sehen, denn er benötigte die »Spielzeuge« nicht mehr. Ausführliche Tagebuch- und Videoaufzeichnungen sowie einen Abschiedsbrief und ein finales Videostatement stellte er ins Internet und sandte eingescannte Seiten seines Tagebuchs am Morgen seiner Tat an einige Schulkameraden.

Nun ist sicher deutlich geworden, dass nicht allein ein flüchtig geschriebenes »Ich laufe Amok am …« ein Warnsignal zu einer künftigen Tat darstellt, sondern dass spätere Täter eine ganze Reihe von ungewöhnlichen Verhaltensweisen zeigen. Zu solchen Auffälligkeiten können auch vermehrte gewalthaltige Zeichnungen, Aufsätze oder Gedichte zählen, eine übermäßige Faszination für Militaria, direkte mündliche Ankündigungen oder das Vorzeigen von Todeslisten und Waffen in der Schule. Tritt ein einzelnes Warnsignal auf, dann bedeutet dies nicht, dass der Jugendliche per se gefährlich ist. Es sollte jedoch dazu führen, unauffällig zu überprüfen, ob weitere Warnsignale vorhanden sind. Schulpsychologen und schulbezogen arbeitende Polizeibeamte sind eine wertvolle Hilfe, wenn es darum geht, Warnsignale zu entziffern und vor allem auf diese zu reagieren.

Wenn Kevin von Nick gewarnt wird, »da siehste mal, wie denen die Muffe geht, ein Wort und du hast die Bullerei am Hals«, dann macht er ihm damit klar, dass Schulen direkt nach einer Tat sehr sensibel auf alles reagieren, was sie als Warnsignale deuten. Die Angst ist so hoch, dass mitunter heftig überreagiert wird. Dennoch war es zweckmäßig, auf die Äußerung »Morgen bring ich auch alle um«, die ein Schulkamerad an Kevins Nachbarschule nur dahergesagt hatte, zu reagieren. Auch wenn es meist nicht angebracht ist, ohne vorherige Überprüfung eines Verdächtigen überfallartig in die Wohnung einzudringen, so ist doch ein schnelles Überprüfen seiner Absichten durch Gespräche mit seinen Lehrern und die Analyse seiner Internet- sowie Schulaktivitäten sehr sinnvoll. Aus diesen Informationen können geschulte Fachkräfte eine Einschätzung des Gefahrenpotenzials erstellen und den Jugendlichen rechtzeitig von seinen Ideen abbringen.

Dafür ist es natürlich grundlegend, die typischen Problemlagen von Tätern zu kennen. Wir haben bereits in den vorangegangenen Kapiteln darauf hingewiesen, dass schwere Gewaltvorfälle niemals mit einer einzelnen Ursache zu erklären sind, sondern dass immer eine Kombination zahlreicher Einfluss-

faktoren vorliegt. Welche Einflüsse sind also für Amokläufe an Schulen besonders wichtig?
Typischerweise haben jugendliche Amokläufer im Vorfeld ihrer Taten große Probleme, Anerkennung zu bekommen. Es ist für sie enorm wichtig, von anderen Menschen Anerkennung zu erfahren – unglücklicherweise gelingt es ihnen aber nicht, Wege zu dieser Anerkennung zu finden. Oft führt ihr ungeschickter Umgang mit anderen Menschen dazu, dass sie als »etwas seltsam« beschrieben werden und Mitschüler sich lieber andere Freunde suchen.
Gleichzeitig verläuft die Suche der späteren Täter nach einer Perspektive für ihre Zukunft aus ihrer Sicht komplett erfolglos. Sie können keinen Platz für sich in unserer Gesellschaft finden und werden von einem starken Gefühl geplagt, dass sie kaum Kontrolle über ihr Leben ausüben können, aber sehr stark von anderen kontrolliert werden. Ihre bevorstehende Tat sehen sie als den einen Moment, in dem nur sie das Sagen haben. Ein Amoklauf ist daher aus ihrer Sicht eine Möglichkeit, demonstrativ Kontrolle und Macht auszuüben.
Die Täter fühlen sich zudem schnell gekränkt und selbst berechtigter Kritik gegenüber sehr empfindlich. Man kann sie als wahre »Ungerechtigkeitssammler« beschreiben. Erniedrigungen und Ablehnungen werden von ihnen nicht vergessen und warten auf den Tag der Wiedergutmachung. Die oft zahlreichen negativen Erlebnisse in ihren Schulbiographien verstärken nach einer Weile ihre Schwermut. Wir können daher von außen schon lange vor der Tat wahrnehmen, dass es diesen Schülern nicht gut geht.
Wichtig ist auch, sich klarzumachen, dass die Täter in aller Regel nicht aus der Gruppe von Jugendlichen kommen, die in einer Klasse toben, sich prügeln und den Lehrer anschreien. Sie sind im Gegenteil meist Einzelgänger, die nicht in das Klassengefüge integriert sind, keinen Banknachbarn finden und stillschweigend den Unterricht an sich vorbeiziehen lassen.

Wir sollten uns jedoch nicht nur belastende Faktoren ansehen, sondern gerade auch nach schützenden Faktoren suchen, die Jugendliche davon abhalten, derart schwerwiegende Gewalttaten zu begehen. Wichtig sind hier vor allem Bezugspersonen, denen ein Jugendlicher vertraut. Denn fürsorgliche und zugewandte Menschen erlauben es dem Jugendlichen, seine emotionalen Nöte gefahrlos anzusprechen. Typischerweise haben jugendliche Amokläufer zur Zeit ihrer Tat keine Freunde oder Familienmitglieder mehr, mit denen sie über die eigenen Probleme reden würden.

Ebenso wichtig ist das Gefühl der Jugendlichen, ihren eigenen Status quo in der Zukunft beeinflussen zu können. Die jugendlichen Amokläufer sind fast ausnahmslos der Ansicht, keine für sie attraktive Perspektive in der Gesellschaft zu haben. So sind sie auch nicht in Gruppenstrukturen eingebunden, in denen sie sich als Teil einer Gemeinschaft fühlen könnten. Schließlich haben traditionelle Normen zum Wert des Lebens und der Unverletzlichkeit des Körpers für die Täter zur Tatzeit ihre Bedeutung verloren. Umgekehrt heißt dies natürlich: Je mehr gute und stabile Beziehungen die Jugendlichen besitzen, je besser sie sich ihre Zukunft ausmalen und je engagierter sie in Gruppen aktiv sind, je stärker sie traditionelle Normen und Werte zum Schutz des Lebens akzeptieren, desto geringer ist die Wahrscheinlichkeit, dass sie eines Tages einen Amoklauf ausführen können.

Was bleibt, ist die Frage, die wir in diesem Buch immer und immer wieder in Bezug auf die verschiedenen Formen von Gewalt stellen: Warum tun sie es? Was bringt einige Jugendliche dazu, an ihrer Schule Amok zu laufen? Ein einfacher rebellischer Protestwunsch könnte auch dazu führen, dass die Schultoilette verstopft wird, um den größtmöglichen Gestank zu erreichen. Doch das kommt den Jugendlichen nicht in den Sinn. Sie wollen vielmehr medienwirksam Menschen töten. Was ist ihre Motivation?

Der Schlüssel zum Verständnis dieser Motivation liegt in einer besonderen Art, die eigene Phantasie auszugestalten und zu erleben. Denn die Phantasien von jugendlichen Amokläufern weichen stark von den unseren ab.

Generell sind Phantasien zunächst etwas sehr Positives. Sie sind nützlich, weil sie uns vorausschauendes Denken und Kreativität ermöglichen. Noch faszinierender aber ist, dass sie uns erlauben, unbemerkt einer unschönen Realität zu entfliehen. Wenn Sie sich während einer beruflichen Besprechung langweilen, dann haben Sie die Möglichkeit, von Ihren Kollegen unbemerkt ganz persönlichen, schönen Phantasien nachzuhängen. Sie können Ihren Chef weiter anlächeln und doch an den nächsten Urlaub denken oder Ihre Aufmerksamkeit dem bevorstehenden Fußballspiel am Abend widmen. Dabei kann es durchaus auch zu der einen oder anderen Gewaltphantasie kommen, um Frust abzubauen – man spricht hier sogar von einer psychohygienischen Wirkung der Phantasien. Es wird also sozusagen unser Seelenleben gereinigt. Nicht umsonst prägte der 1969 verstorbene österreichisch-amerikanische Psychoanalytiker Theodor Reik den ironischen Spruch »Ein Gedankenmord am Tag erhält unsere geistige Gesundheit«.

So ist es auch nicht verwerflich, wenn ein Schüler, etwa als Reaktion auf eine als ungerecht empfundene Bewertung, einmal eine gedankliche Reißzwecke auf dem Stuhl des Lehrers platziert oder ihm ebenso gedanklich ein Bein stellt. Dies bleibt, genau wie unsere eigenen kleinen phantasierten Missetaten, in der Regel unbemerkt. Und das ist gut so.

Die Phantasien jugendlicher Amokläufer gehen jedoch weit über das Normale hinaus. Diese Phantasien sind äußerst gewalttätig und düster. Sie werden dabei so intensiv, dass die späteren Täter von ihnen immer mehr vereinnahmt werden. Die Jugendlichen steigern sich geradezu in ihre Rachephantasien hinein und können den in der Realität erlebten Krän-

kungen nur noch mit einer beständigen Verstärkung dieser Gewaltphantasien Herr werden.
Neues Futter dafür finden die Jugendlichen beispielsweise in gewalthaltigen Filmen, Videospielen, Büchern oder Internetseiten. Sie orientieren sich aber ebenso an dem Vorbild von uns Erwachsenen und an der Berichterstattung in den Medien.
Unglücklicherweise wächst mit der Intensität von Gewaltphantasien ebenso der Wille, sie in die Tat umzusetzen. Die Jugendlichen beschäftigen sich immer mehr mit ihrer Phantasie. Sie zeichnen, schreiben und berichten darüber. Dies ist jene Art von Andeutungen, die wir als Warnsignale wahrnehmen können. Kurz vor ihrer Tat widmen die jugendlichen Täter sich dann fast ausschließlich der minutiösen Planung des Amoklaufs. Bleibt ihre Realität für sie unerträglich und sehen sie keine andere Alternative als ihre Gewalttat, dann können starke Frustrationen den Auslöser bilden, die Phantasie tatsächlich wahrzumachen. Zumeist ist die letzte und endgültige Frustration das Reißen der verbliebenen Beziehungsstränge. Wenn die letzte geliebte Person stirbt oder sich abwendet, hält die Jugendlichen nichts mehr von ihrer Tat ab.

Die Inhalte ihrer Gewaltphantasien lassen sich dabei leicht eingrenzen. Im Grunde wollen diese Jugendlichen die höchsten Weihen aller Krieger erreichen und als eine Art »Über-Krieger« in die Geschichte eingehen. Sie haben Phantasien, als Elitekämpfer all jene dahinzumeucheln, die verhindert haben, dass sie ihren »rechtmäßigen« Platz in der Welt bekommen. Wenn der Täter von Emsdetten in militärischer Tarnkleidung für Fotos posierte, wenn der Täter von Freising kahl rasiert, mit Springerstiefeln und Tarnanzug bekleidet im Unterricht saß und sich später als Söldner bewarb, wenn Eric Harris, einer der Täter von Columbine, verzweifelt versuchte, als US-Marine in die amerikanischen Streitkräfte aufgenommen zu werden, dann sind das ebenso deutliche Hinweise wie die ausführlichen Tagebuch- und Filmaufzeichnungen der Jungen über ihre Wünsche und Ziele. Nehmen wir als Beispiel noch einmal Notizen von Eric Harris: Seine Phantasien eines Elitekämpfers finden sich in seinen fiktiven Geschichten (»Jetzt kam mein Marine-Training zur Geltung. Ich sprang nach links …«) und in seinen Absichtserklärungen (»Wenn wir bis dahin die Kunst der Zeitzünder gelernt haben, werden wir Hunderte Bomben an Häusern, Straßen, Brücken und Tankstellen anbringen. Alles wird Zerstörung und Chaos sein. Wenn ihr jemals die ersten Gewaltclips aus *INVASION USA* gesehen habt, werdet ihr wissen, wovon ich rede.«). Sie finden sich auch in seiner innigen Liebe für das Videospiel *Doom*, in welchem der Spieler als Weltraum-Marine Monster tötet. Harris hatte Zeichnungen und Geschichten darüber geschrieben, eigene Spieleinhalte programmiert und meinte selbst: »Für die meisten Leute mag es irgendein dummes Computerspiel sein, aber für mich ist es ein Ventil für meine Gedanken und Träume.«

Einige Monate vor seiner Tat schrieb er in einer Aufzählung, was ihn von anderen Jugendlichen unterscheide: »Es sind meine Träume. Träume gehören zu den persönlichsten Dingen einer Person und ich weiß, dass mich meine Träume von anderen Menschen trennen.«

Ob es die britischen SAS, die russischen SPEZNAS oder die amerikanischen US-Marines sind, stets üben Spezialeinheiten eine hohe Faszination auf diese Jugendlichen aus. Das beruht zum Teil auf dem Ruf der Spezialeinheiten, geheimnisvolle und besonders harte Krieger zu sein. So werden etwa die Navy SEALS plakativ als »härteste Elitetruppe der Welt« betitelt. Die Aufnahmeprüfungen, die oft mit extremen physischen und psychischen Belastungen einhergehen, sind außerordentlich hoch, doch auch die Möglichkeiten der Einheiten sind enorm. Durch hervorragende Auswahl, Ausbildung und Ausrüstung verfügen sie über eine weit überdurchschnittliche Kampfkraft. Die aus taktischen Gründen erforderliche Geheimhaltung rund um diese Einheiten führt zudem zu einer teils noch weiter überhöhten Mythenbildung über ihre Einsatzmöglichkeiten und Fähigkeiten.

Die vielfältigen Aufgaben dieser Eliteeinheiten liegen oft in gezielten Tötungen von Einzelpersonen wie Diktatoren oder Kriegsverbrechern sowie dem Einnehmen oder Zerstören von feindlichen Schlüsselstellungen wie etwa Flugplätzen oder Führungszentren. Diese werden überfallartig im Handstreich angegriffen. Das Selbstverständnis solcher Truppen brachte ein US-Army-Ranger im Interview mit Sachbuchautor Hartmut Schauer zum Ausdruck: »Unser Auftrag ist es, Menschen zu töten und Sachen zu zerstören. [...] Wir sind Killer, keine Helfer und Ausbilder.«

Bei diesen Vorgehensweisen können sich die Phantasien der jugendlichen Täter einklinken. Auch ihnen geht es um das »Ausschalten« von verhassten Menschen (Schulleitern, Mitschülern), um das »Einnehmen« von symbolischen Orten (Schulen) und das Demonstrieren ihrer überwältigenden und nicht zu besiegenden Macht. Dennoch ist das Verständnis dieser Jugendlichen in Bezug auf Eliteeinheiten weniger das von professionellen, im Team handelnden Spezialisten. Die Jugendlichen sehen eher das früher oft verbreitete Klischee eines einsamen Killers. Filme wie *Rambo*, *Phantom Commando* oder auch *Invasion USA* haben Bilder für Phantasien geschaffen, die noch heute aufgegriffen werden, wenn der Wunsch erwacht, als Über-Mann spektakulär und blutig Rache zu nehmen.

Dabei wird auch das Arsenal der Spezialeinheiten imitiert, indem die Täter oft so viel Tötungswerkzeug mitnehmen, wie sie realistisch betrachtet während ihrer Tat gar nicht nutzen können. Natürlich soll auf diese Weise auch symbolisch die eigene Zerstörungskraft gezeigt werden.

Selbst eine Uniformierung wird imitiert, denn die Täter tragen zur Tatzeit entweder durchgehend schwarze Kleidung, militärische Tarnkleidung oder Trenchcoats. Insbesondere Trenchcoats sind inzwischen zu einem Wahrzeichen der jugendlichen Amokläufer geworden. Zum einen können unter dem Mantel ungesehen langläufige Schusswaffen transportiert werden. Zum anderen ist der Trenchcoat aber auch eine bewusste Anlehnung an frühere Amoktäter, die einen solchen Mantel bei ihrer Tat getragen haben. Dies geht so weit, dass sich einer der Täter von seiner Mutter zu sieben verschiedenen Geschäften fahren ließ, um den richtigen Trenchcoat für seine Tat zu erstehen. Natürlich war der Mutter nicht bewusst, warum ihr Junge unbedingt gerade jenes Kleidungsstück haben wollte.

Betrachtet man diese Hintergründe, lässt sich ein tieferes Verständnis für die Entstehungsbedingungen von Amokläufen durch Jugendliche an Schulen und für die Bedeutung der Taten für die jeweiligen jugendlichen Täter entwickeln: Es handelt sich stets um eine »zeremonielle« Form der Gewalt. Für die Jugendlichen stellt ihre Tat eine feierliche und hochsymbolische Handlung dar, die präzise geplant wird und bei der die einzelnen Bestandteile der Tat für die Täter eine hohe Bedeutung besitzen. Nicht nur der Ort und der Tag sind bedeutsam. Die Täter kaufen auch gezielt bestimmte Waffen und Kleidungsstücke für die Tat – mitunter haben diese Gegenstände sogar eine deutliche Aussage. Jener Jugendliche, der am 17. September 2009 im bayerischen Ansbach zwei Schülerinnen schwer und sieben Schüler sowie eine Lehrerin leicht verletzte, hatte sich extra für seine Tat ein T-Shirt anfertigen lassen, das die Aufschrift »Made in School« trug. Damit wollte er seine Sichtweise zur Ursache des Amoklaufs deutlich machen: Das Problem ist sozusagen »hausgemacht«. Mitunter wird selbst eine für den Täter bedeutungsvolle Hintergrundmusik für die Tat ausgewählt und es werden Abschiedsfilme hinterlassen, die die Beweggründe des Täters für sein Massaker deutlich machen sollen.

Aus diesen Erkenntnissen ergeben sich eine Menge Möglichkeiten für die Prävention: Das Versinken dieser Jugendlichen in destruktiven Phantasiewelten und ihre Träume, als Elitekrieger aufzutreten, stellen eine Flucht aus der eigenen, unerträglichen Realität dar. Es liegt daher nahe, dass alles darangesetzt werden muss, dass sie ihre Realität wieder als positiv wahrnehmen. Es müssen ihnen positive Zukunftsperspektiven und Sichtweisen für ihr Leben aufgezeigt werden, damit ihre Gewaltphantasien unnötig werden.
Dies gilt auch für die übrigen Risikofaktoren. Die Jugendlichen müssen die Fähigkeit erlangen, Wege zur Anerkennung zu finden, ihr Kontrollvermögen zu stärken, mit Kränkungen umzugehen und soziale Kernkompetenzen zu entwickeln, die einer Gewaltanwendung entgegenwirken. Mitmenschlichkeit und Verantwortung gehören ebenso wie Empathie, Kommunikationsfähigkeit, Zivilcourage sowie Kooperations- und Konfliktfähigkeit zu den grundlegenden sozialen und emotionalen Kompetenzen, die junge Menschen lernen sollten, damit sie sich gefahrlos für sich und andere in unserer Gesellschaft bewegen können. Ebenso ist das Erlernen sozialer und emotionaler Kompetenzen eine der Grundvoraussetzungen für das Gelingen unseres gesellschaftlichen Lebens in einer globalisierten Welt. Wir sind daher als Gesellschaft dazu aufgefordert, diese Fähigkeiten zu entwickeln und an unsere Jugend weiterzugeben. Beispielsweise ist das mittels sozialer Trainingskurse oder über die Vermittlung von sozialem Lernen in der Schule möglich. Ideal wäre es, ein eigenes Fach »Soziales Lernen« fest und regelmäßig im Lehrplan zu verankern. Die Basis dafür ist bereits vorhanden: Umfassende Lehrmaterialien sind ebenso verfügbar wie komplette evaluierte Trainings zur Stärkung der sozialen Kompetenz, beispiels-

weise *Lions-Quest*, *Fit for Life* oder Franz Petermanns *Training mit Jugendlichen.*

Eine strukturelle Stärkung kann durch innerfamiliäre »Erziehungssicherheit« erreicht werden. Das frühzeitige Erlernen von sozialem Verhalten in der Familie sollte die Basis für eine spätere schulische Prävention bilden.

Ist dies aber nicht geglückt, bleiben immer noch zahlreiche Wege, Amoktaten zu verhindern. Da es in allen nationalen und internationalen Fällen deutliche Warnsignale gegeben hat, müssen diese korrekt eingeschätzt werden, damit Jugendliche bereits dann wieder in die Gesellschaft integriert werden können, wenn ihre Pläne sich noch in einem sehr frühen Stadium befinden. Gelingt dies, so kann die Entstehung von Amoktaten sehr effektiv unterbunden werden. Das Bedrohungsmanagement ist hierzu ein nicht zu unterschätzendes Werkzeug.

Im Idealfall sollte dieses Wissen frühzeitig durch Aus- und Fortbildung an Schulen verankert werden. Weiß an der Schule niemand mit diesem Wissen umzugehen, können schulpsychologische Dienste und schulbezogen arbeitende Polizeibeamte die Aufgabe übernehmen. Auch gut ausgebildete Schulsozialarbeiter stellen eine wertvolle Unterstützung dar.

Werden beispielsweise Drohungen oder schwere Gewaltphantasien bekannt, dann muss schnell reagiert werden. Im Team von Schule, Polizei und Schulpsychologie, idealerweise noch ergänzt durch weitere Institutionen wie das Jugendamt und die Kinder- und Jugendpsychiatrie, kann die Lage besser eingeschätzt und Hilfe angeboten werden. So wird die soziale Integration gestärkt und ein auffällig gewordener Jugendlicher von seiner Absicht abgehalten.

Sehr wichtig ist auch, dass Schulen ausgesprochen vorsichtig mit dem Thema »Amok« im Rahmen des Unterrichts umgehen. Die direkte Beschäftigung mit dem Thema birgt große Gefahren: Einerseits können einzelne Jugendliche, die bereits

Gewaltphantasien hegen, durch das Thema angeregt werden, sie weiter auszugestalten. Eine tatsächliche Umsetzung wird dadurch wahrscheinlicher.

Andererseits werden potenzielle Trittbrettfahrer dazu angeregt, eine Amokdrohung auszusprechen. Auch wenn diese Jugendlichen niemanden schädigen wollen, schürt ihre Androhung die Angst in der gesamten Schule.

Um diese beiden »Nebenwirkungen« zu vermeiden, sollten auf keinen Fall Romane oder Theaterstücke im Unterricht genutzt werden, die von einzelnen Schülern als Verherrlichung der Täter gewertet werden könnten. Ebenso dürfen fiktive Erzählungen nicht sehr gefühlsbetont auf die Tat eingehen oder das Leid der Opfer vernachlässigen.

In einzelnen Fällen kann es dennoch notwendig sein, das Thema im Unterricht aufzugreifen. Dies ist beispielsweise der Fall, wenn gerade ein Amoklauf in der Nähe passiert ist und die Schüler daher Redebedarf haben. Es ist dann jedoch unbedingt notwendig, eine altersangemessene und vielschichtige Aufarbeitung zu ermöglichen. Es muss den Schülern deutlich werden, wie komplex die Motive der Täter wirklich sind, denn Vereinfachungen führen schnell zu einer Identifikation mit den Tätern. Ebenso sollte auf Fotos, detaillierte Tatvorgangsweisen und persönliche Aufzeichnungen der Amokläufer verzichtet werden. Zusätzlich sollten Lehrer die Schüler auf weiterführende Beratungsmöglichkeiten und konkrete Hilfestellungen sowie Gruppenangebote für auffällige Schülerinnen und Schüler hinweisen.

Wenn die Schüler Probleme haben, die ihnen unlösbar erscheinen, bekommen sie auf diese Weise zumindest konkrete Hilfsmöglichkeiten an die Hand. Auch über bauliche Sicherungsmaßnahmen an Schulen kann nachgedacht werden. Welche Maßnahmen für die jeweilige Schule sinnvoll und auch umsetzbar sind, sollte gemeinsam mit dem Schulträger, der Polizei und der Feuerwehr am runden Tisch diskutiert werden.

Meist ist es vorteilhaft, den Zugang zur Schule einzuschränken, indem nur Haupteingänge von außen zu öffnen sind, Nebeneingänge aber nicht. Schulfremde Personen auf dem Gelände sollten sofort angesprochen und gegebenenfalls vom Gelände verwiesen werden, wenn es keinen guten Grund für ihre Anwesenheit gibt.

Die Innensicherung kann durch Knäufe an den Außenseiten der Klassenzimmertüren verbessert werden. Die Türen sind dann von außen nur noch mit einem Schlüssel zu öffnen. Ebenfalls empfehlenswert ist eine deutlich erkennbare Nummerierung der Klassen, und zwar auch von innen. Eingänge und Etagen sollten ebenfalls klar gekennzeichnet werden, denn dies erleichtert im Notfall die Orientierung. Damit auch Polizei und Rettungskräfte sich im Schulgebäude zurechtfinden, können Gebäude-, Belegungs- und Rettungspläne an verschiedenen Stellen im Gebäude bereitgestellt werden.

Die eigentlichen Alarmsysteme wie etwa Gong oder Gegensprechanlage sollten erkennbar unterschiedliche Signale für das Verlassen (Feuer, Katastrophen) und für das Verbarrikadieren (Amok) nutzen. Dabei ist es günstig, wenn nur Lehrer das Alarmsignal für das Verbarrikadieren kennen, damit im Ernstfall schnell reagiert und Panik unterbunden werden kann. Es sollte jedoch ein Signal oder eine Klangfolge gewählt werden, die im Ernstfall auch erkannt wird. So manche Schule hat in den letzten Jahren festgestellt, dass niemand auf ein lange vorher festgelegtes Alarmsignal reagierte.

Zuletzt noch eine Warnung: Auf gar keinen Fall dürfen »Amokübungen« mit Schülern durchgeführt werden, wie sie Nick und Kevin in unserer Geschichte erleben. Abgesehen davon, dass auf diese Weise Insiderwissen an potenzielle Täter weitergegeben und Angst unter Schülern geschürt wird, werden durch solche Übungen auch Trittbrettfahrer angeregt. Nicht selten findet sich im Anschluss eine hingekritzelte Amokwarnung – und genau das soll ja vermieden werden.

»Voll geil«, erzählte Nick. »Die haben die Internetadresse gesperrt, auf der ein Brief und so Filme von ResistantX lagen. Sie haben's natürlich verpeilt, dass jeder die neu hochladen kann. Jetzt ist das alles schon an drei verschiedenen Stellen zu finden. Ich glaub, wenn ResistantX uns von da oben irgendwo zusieht, dann hat der richtig Spaß.«
Sie hatten sich an einer Dönerbude mit Bier und Wodka zum Fleisch versorgt und gingen weiter in Richtung Beach Party. Peter, ein Kumpel von Nick von einer anderen Schule, hatte sich ihnen angeschlossen. Es war bereits dunkel geworden. Alle waren gut gelaunt, nur Chrystian war als einziger gereizt. Er hatte heute gleich zwei unpersönliche Absagen auf Bewerbungen bekommen, in die er große Hoffnung gelegt hatte. Chantal versuchte vergeblich, ihn zu trösten. Ihr Sohn war bei Kevins und Chrystians Eltern geblieben.
Chrystian nahm einen Zug aus der Wodkaflasche.
»Manchmal möcht ich einfach eine Pumpgun nehmen und … hat der ResistantX schon richtig gemacht, das. Aber wenn ich mal abtreten will, dann würde ich's besser machen.«
»Kannst du aber nicht«, erwiderte Peter spöttisch. »Hast einen Sohn.«
»Hey, lass meinen Sohn da aus dem Spiel, ja? Ja?« Chrystian sah Peter aggressiv an. Doch Peter grinste nur spöttisch.
»Der wird vielleicht so ein kleiner Rambo. Du bist außerdem zu alt dafür.«
»Mein Sohn wird gar kein kleiner Rambo!« Chrystian ballte die Fäuste. Peter ließ sich davon gar nicht beeindrucken.
»Ach komm. Blas dich nicht so auf. Kannst eh nichts machen, wenn du nicht direkt in den Knast kommen willst. Ich sag dir, dein Sohn wird ein klasse Oberschläger. Was soll er denn sonst werden.«
»Hältst du endlich dein Maul!«, brüllte Chrystian. Kevin sah sogar im Schummerlicht der Straßenlaternen, dass Chrystians Halsschlagader hervortrat und er puterrot anlief. Es kam einem Wunder gleich, dass er nicht längst zugeschlagen hatte.
Aber es war trotzdem zu spät. Peter hatte Chrystian aus der Reser-

ve gelockt, den immer coolen Chrystian, und es war nur noch eine Frage der Zeit …

»Hauptschule halt«, zuckte Peter die Schultern und lachte Chrystian ins Gesicht. »Kannst du nicht einsehen, was?« Und dann tat Peter etwas, was so unglaublich dämlich war, dass es Kevin die Sprache verschlug. Er tätschelte Chrystian auf beide Wangen.

Chrystian explodierte. Er stieß Peter mit beiden Händen von sich, dass er gegen die Wand hinter sich taumelte. Als Peter abwehrend die Hände hob, schlug Chrystian schon zu, durchbrach mühelos seine Deckung und traf ihn mitten ins Gesicht.

»Hältst du endlich dein Maul?«, brüllte Chrystian. Chantal kreischte auf, aber Chrystian hörte sie gar nicht.

Peter blutete aus der Nase, war einen Augenblick lang benommen, setzte sich aber zur Wehr. Doch Chrystian war er nicht gewachsen. Die Schöße von Chrystians cremefarbenem Jackett flogen nur so, als er Peter nach allen Regeln der Kunst zusammenschlug. Kevin versuchte vergeblich, ihn zurückzuhalten; mit ungeheurer Wucht schlug Chrystian auf den Kopf des bereits am Boden Liegenden ein, er führte die Schläge mit aller Kraft, sodass der Kopf seines Opfers jedes Mal heftig auf den Asphalt schlug. Bald regte sich Peter nicht mehr.

»Drecksau, Schwein, lass meinen Sohn aus dem Spiel!«, schrie Chrystian und spie ihm ins blutüberströmte Gesicht. »Hauptschule, was? Rambo, was? Drecksau verdammte!«

Er trat auf den leblosen Körper ein, bis es Chantal und Kevin gelang, ihn endlich zurückzuziehen. Unter Peters Körper sammelte sich eine rasch anwachsende Blutlache.

Die Schläge waren nicht die Ursache gewesen. Weshalb Peter gestorben war, lag an den Scherben der zerbrochenen Bierflasche, die ausgerechnet hier an der Häuserwand gestanden hatte: Durch Chrystians Schläge hatte eine der größeren Scherben ihn tödlich verletzt. Und weil sie geflohen waren und er zu spät gefunden wurde, kam für Peter jede Hilfe zu spät.

Diesmal gab es keine Sozialstunden mehr. Diesmal kam Chrystian ins Gefängnis. Für sehr, sehr lange Zeit.

Drei Web-Tipps:

- www.schulpsychologie.de
  (Schulpsychologische Beratungsstellen in Deutschland)
- www.webcourage.de
  (Regionale Polizei- und Internetwachen in Deutschland)
- www.stiftung-gegen-gewalt-an-schulen.de
  (Webseite der Elterninitiative »Aktionsbündnis Amoklauf Winnenden«)

Drei Buch-Tipps:

Bründel, H.: »Tatort Schule. Gewaltprävention und Krisenmanagement an Schulen«, Köln 2009

Robertz, F. J.: »School Shootings. Über die Relevanz der Phantasie für die Begehung von Mehrfachtötungen durch Jugendliche«, Frankfurt 2004

Robertz, F. J./Wickenhäuser, R.: »Der Riss in der Tafel. Amoklauf und schwere Gewalt in der Schule«, 2. Auflage, Heidelberg 2010

Kapitel 9

Weggesperrt: Gewalt als Ausdrucksmittel

desperado

Kevin feierte seinen fünfundzwanzigsten Geburtstag. Viele Jahre waren vergangen, seit Chrystian wegen Totschlags ins Gefängnis gekommen war. Seit sein Bruder im Knast war, war für Kevin alles bergab gegangen: Mit Ach und Krach hatte er seinen Abschluss geschafft, hatte unzählige Bewerbungen für Ausbildungsplätze geschrieben, die alle umsonst gewesen waren, und war schließlich zu seinem Entsetzen von der Bundeswehr ausgemustert worden. Er hatte so sehr darauf gehofft, sich dort verpflichten und eine Ausbildung machen zu können, wenigstens den LKW-Führerschein. Aber die Schweine hatten ihn nicht haben wollen. Also hockte er mit fünfundzwanzig immer noch zu Hause und feierte den miesesten Geburtstag seines Lebens. Sogar der Besuch seines Bruders im Knast hatte heute nicht geklappt. Das wäre wenigstens etwas gewesen. Aber so …

Als wäre ein trüber Tag noch nicht genug, klingelte Chantal am Nachmittag an der Tür und war in Tränen aufgelöst. Er brachte sie erst einmal ins Wohnzimmer, wo sie sich ins Sofa fallen ließ und schluchzte.

»Matthes …«, schniefte sie.

Kevin erstarrte. »Ist er okay?«

Chantal schüttelte den Kopf und wischte sich mit einem Taschentuch die Tränen aus den Augen.

»Was ist passiert?«, fragte Kevin ungeduldig. Chrystian liebte seinen Sohn über alles. Wenn dem Kind etwas zugestoßen war …

Als sie sich endlich ein wenig beruhigt hatte, berichtete sie: »Er hat sich schon das ganze Schuljahr gegen die anderen Jungen wehren müssen, er hat sich oft prügeln müssen und jetzt hat er sich mit einem viel größeren Jungen angelegt und ihm fast ein Auge ausgeschlagen! Weil der auch wieder gesagt hat, Chrystian sitzt im Knast und Matthes ist deswegen ein Arsch! Es ist furchtbar!«

»Na, muss er jetzt nachsitzen?«, fragte Kevin, der sich Chantals Aufregung darüber nicht so recht erklären konnte. Gleich darauf bereute er seine Worte. Chantal heulte laut auf.

»Schulverweis!«, schluchzte sie. »Er hat 'nen Schulverweis bekommen!«

»'nen Schulverweis?«, fragte Kevin entgeistert. »Aber warum das denn? Das können die doch nicht machen!«

Chantal wurde von einem neuerlichen Weinkrampf geschüttelt. »Was sage ich nur Chrystian? Der dreht durch! Der dreht total durch! Was sage ich ihm nur? Was?«

»Ach, Chrystian ist viel zu cool dafür«, versuchte Kevin zu beschwichtigen.

»Du weißt nicht, wie er geworden ist!«, widersprach Chantal. »Chrystian war immer so locker ... aber jedes Mal, wenn ich ihn wieder besuchen komme, ist er härter geworden. Fast wie ein Stein, weißt du. Manchmal habe ich den Eindruck, da sitzt ein anderer Mensch!«

»Das kannst du doch nicht sagen!«, rief Kevin. »Er ist dein Freund!«

Chantal sah ihn verzweifelt an – so verzweifelt, wie Kevin sie noch nie zuvor gesehen hatte.

»Chrystian ist echt anders geworden! Er sagt, er darf sich nichts gefallen lassen und dass er klarkommt, aber jedes Mal, wenn ich ihn sehe, hat er einen neuen blauen Fleck!«

»Das hattest du schon mal erzählt. Matthes fand es ziemlich cool, wie sein Vater sich bei all den Knackis durchsetzt!«

»Ja, eben!« Chantal schluchzte. »Er findet Chrystian super! Er hat es in der Schule nur so gemacht wie sein Vater, er ist halt auch kein Feigling, ganz wie Chrystian! Aber deswegen haben sie ihn jetzt rausgeschmissen!«

Kevin blickte ratlos.

»Ey, der Chrystian dreht total durch, wenn ich ihm das erzähle! Der dreht total durch!« Chantal legte das Gesicht in die Hände und begann zu schluchzen. »Ich schaff das nicht!«
Und ehe Kevin sich selbst versah, hörte er sich murmeln: »Ich sag ihm das.«
Chantal sah ihn aus tränenverschleierten Augen an. Ihr Make-up schmierte hässliche Strähnen über ihre Wangen. »Würdest du das wirklich tun?«
»Klar!« Kevin bemühte sich, selbstsicher zu klingen. Auf einmal überfielen ihn Zweifel, ob die Idee wirklich so gut war. Aber jetzt gab es kein Zurück mehr. Ein supergeiler Geburtstag, dachte er, als er sich später vor seinen Computer setzte und das Spiel Duke Nukem Forever anwarf. Jetzt hatte er sich auch noch den nächsten Besuch bei Chrystian vermasselt.
Jedes Mal hatte der Besuch im Knast etwas Unheimliches. Nicht nur wegen der Kontrollen, die jeder Besucher über sich ergehen lassen musste. Die Mauern starrten kalt und abweisend und obwohl der Besucherraum mit Farben und Bildern nicht so klinisch rein wirkte, wie Kevin es sich früher immer vorgestellt hatte, ließen die schweren Zugangstüren und die ständige Beobachtung durch Vollzugsbeamte und Kameras einen niemals vergessen, wo man sich befand.
Kevin bereute sein Versprechen schon jetzt. Wieso musste ausgerechnet er jetzt damit ankommen, wo er seinen Bruder seit einer Ewigkeit nicht gesehen hatte! Aber er hatte es nicht ertragen können, Chantal so niedergeschlagen zu sehen. Kevin verfluchte die Frauen.
Dann öffnete ein Beamter die Tür und Chrystian trat ein. Kevin sprang auf und hatte für einen Augenblick die Pflicht gegenüber Chantal vergessen, die er sich aufgebürdet hatte. Er war überwältigt, Chrystian wiederzusehen. Sie umarmten sich. Kevin musste die Tränen zurückhalten, so sehr berührte es ihn. Dann setzten sie sich an einen der Tische und Kevin stellte zwei Flaschen Cola hin.

Chrystian hatte sich wirklich verändert. Sein Gesicht war kantiger geworden und in seinem Blick lag zugleich Härte und Wachsamkeit, als erwarte er jederzeit einen Angriff aus dem Nichts. Auch was die blauen Flecken betraf, hatte Chantal recht: Einer war auf seinem Jochbein zu sehen und sein linkes Auge erweckte den Eindruck, als hätte er vor längerer Zeit ein Veilchen abbekommen.

»Hey, herzlichen Glückwunsch zum Geburtstag! Wie geht es dir, Alter?«, fragte Chrystian.

Kevin zuckte mit den Schultern. »Sauschwer, 'nen Ausbildungsplatz zu bekommen«, meinte er. »Und du?«

»Ach, mir geht's gut. Du schaust auf die Beule, was? Das ist schon o.k. so – du hast nicht gesehen, wie der aussieht, der das getan hat. Alter, du musst dich hier durchsetzen, weißt du. Sonst bist du am Arsch. Gleich bäm in die Fresse, dann haben die anderen Respekt. Na, ich komm gut klar hier! Ich sag dir, viele bringen mir hier mehr Achtung entgegen als irgendjemand da draußen.« Chrystian sah ihn prüfend an. »Sag mal, ist alles klar mit dir? Ich merk doch, dass was nicht stimmt. Ist alles okay?«

Kevin schlug die Augen nieder. Er begann auf seiner Unterlippe herumzukauen wie damals, als er noch ein kleiner Schüler gewesen war.

»Na, was ist mit meinem kleinen Bruder. Hast du Stress?«

Kevin hob den Blick mit einem Ruck.

»Ich muss dir was sagen«, begann er. »Ich habe es Chantal versprochen. Matthes …« Er zögerte.

»Was ist mit Matthes? Ihm ist nichts passiert, das willst du mir jetzt nicht sagen, oder? Oder?« Chrystian spannte sich an. »Sag schon, was ist los, Mann?«

Stockend erzählte Kevin von Matthes' Schulverweis.

Chrystian schnaubte ungläubig. »Aber warum? Das können die doch nicht einfach machen! Alter, es gibt doch noch das Recht, oder? Warum denn?«

Kevin erzählte, dass sich Matthes immer wieder geprügelt hatte und es beim letzten Mal schiefgegangen war. »Er wollte sein wie du«, sagte er, ohne darüber nachzudenken, dass das für Chrystian wie ein Vorwurf klingen musste. Sein großer Bruder erstarrte.

»Er hat sich geprügelt, weil er sein wollte wie ich?«, fragte er mit erstickter Stimme.

Kevin kaute wieder auf seiner Unterlippe herum. »Ja, nein, oder doch, ach, was weiß ich, er mag dich so total, du bist doch sein totaler Held!«

»Wegen mir …« Chrystian war bleich geworden. Seine Körperspannung war mit einem Schlag fort, er saß zusammengesunken da wie ein Mehlsack, das Leuchten in seinen Augen war erloschen und er schien plötzlich um Jahre gealtert zu sein. Kevin überkam ein Grausen, wie er es so tief noch nie verspürt hatte.

»Alles … alles klar?«, fragte er. »Ey, Bruder! Ey!«

Chrystian raffte sich zusammen und nickte. Aber die Kraft und Coolness, die er sogar noch hier im Knast ausgestrahlt hatte, war verschwunden. Bis zum Ende der Besuchszeit wechselten sie kaum noch ein Wort. Als Kevin sich von seinem Bruder verabschiedete, war das mulmige Gefühl in seinem Magen zu einem harten Klumpen geworden.

Der Besuch bei Chrystian ließ Kevin nicht los. Chantal sagte er nichts davon, nur dass Chrystian es mit Fassung aufgenommen hatte. Aber besonders nachts, wenn er allein im Bett lag, begann eine unbestimmte Sorge an ihm zu nagen. Besonders schlimm war das Gefühl, dass er Chrystian demnächst nicht einfach wiedersehen konnte. Dass Chrystian gar nicht weit weg im Knast war und trotzdem so weit, als liege ein Ozean zwischen ihnen, machte es nur noch schlimmer.

Es war, als habe er eine böse Vorahnung gehabt. Wie jeden Tag holte er gegen Mittag die Post, nachdem er sich aus dem Bett gekämpft hatte. Das meiste waren die üblichen Rechnungen und Werbung. Nur bei einem Brief stutzte Kevin: Es war ein neutraler Fensterumschlag ohne Absender, wie ihn Banken versenden, adressiert war er nicht wie die übrige Post an seine Mutter, son-

dern an die »Familie«. Er riss den Umschlag auf und fragte sich, ob seine Mutter schon wieder beim Teleshopping zugeschlagen hatte und wie hoch wohl die Zahlungsaufforderung diesmal ausgefallen war. Aber es war ein offizielles Schreiben. Von der Justizvollzugsanstalt. Kevin merkte, wie alle Kraft aus ihm wich. Er las den Brief zwei-, dreimal. Und konnte es nicht glauben. Das musste ein Irrtum sein. Es musste noch einen anderen Chrystian geben. Das konnte nicht sein. Das gab es gar nicht.
Sein Verstand wies ihn unerbittlich zurecht. Dort stand Chrystians Name, unter ihrer Familienadresse.
Chrystian hatte Selbstmord begangen. Sein Bruder war tot.

Das Ende seiner »Karriere« als Gewalttäter verbrachte Chrystian im Gefängnis. Das Gefängnis ist ein sagenumwobener Ort: Hartnäckig halten sich Gerüchte, dort lebe es sich gut, jeder Gefangene habe auf seiner Zelle sogar einen Fernseher und man bekomme ständig Besuch und Freizeitaktivitäten ermöglicht. Doch derartige Legenden kann sicherlich nur verbreiten, wer noch nie mit inhaftierten Gewalttätern gesprochen und noch nie die Qual in den Augen von Menschen gesehen hat, die 23 Stunden am Tag in ihrer Zelle verbracht haben und die auf engstem Raum mit anderen Gefangenen leben, denen sie nicht trauen. Ich persönlich kann sagen: Auch nach anderthalb Jahrzehnten Trainings mit Langzeitinhaftierten beschleicht mich immer noch ein Gefühl der Beklemmung, wenn sich die Gitter hinter mir schließen. Und dann ein Gefühl der Erleichterung und Freiheit, wenn ich am Abend nach einem langen Trainingstag die Justizvollzugsanstalt wieder verlasse. Die Trainingsteilnehmer dagegen müssen noch für viele Jahre hinter den vergitterten Fenstern bleiben. Das ist auch gut so, denn diese inhaftierten Männer haben furchtbare Dinge getan und ihren Opfern körperliche, seelische und soziale Wunden zugefügt, die selten ganz verheilen werden. Daher ist es absolut gerechtfertigt, dass sie inhaftiert sind und ihre Strafe im wahrsten Sinne des Wortes verbüßen. Doch einfach oder gar angenehm ist dies nicht für sie.

Mitte 2009 befanden sich gut 73 000 Gefangene in den 195 Gefängnissen Deutschlands. Der Anteil der zu einer Jugendstrafe verurteilten Straftäter beträgt gut 6000 Inhaftierte in 27 Anstalten des Jugendstrafvollzugs beziehungsweise in Sonderabteilungen der Erwachsenenanstalten. Etwa 250 dieser jungen Menschen sind Frauen. Das Alter der nach Jugendstrafrecht Inhaftierten beträgt 14 bis 24 Jahre – wobei nur zehn Prozent dieser Gruppe unter 18 Jahren alt sind.

Warum ist der Strafvollzug nun so unangenehm? Neben umfassenden Entbehrungen, Einschränkungen, Abhängigkeiten und einer Reduzierung auf immer wiederkehrende und spärliche Umwelteindrücke ist das Klima in einem Gefängnis durchsetzt von Gewalt.

In Haft besteht für die Gefangenen das ständige Risiko, drangsaliert, erpresst, sexuell missbraucht oder körperlich verletzt zu werden. Einige schwerwiegende Fälle der Tötung von Gefangenen durch Mitgefangene, wie beispielsweise 2001 in Ichtershausen und 2006 in Siegburg, sind nur die Spitze des Eisbergs. Gerade die gemeinschaftliche Unterbringung während der Ruhezeit und lange Einschlusszeiten ohne sinnvolle Freizeitbeschäftigung gelten als Risikofaktoren. Die fortlaufende Streichung von Personalstellen infolge der Finanzkrise steht dabei in einem seltsamen Kontrast zum steigenden Behandlungs- und Betreuungsbedarf aufgrund einer wachsenden Zahl der Gewalt- und Drogentäter, der Langzeitinhaftierten und dem immer noch bestehenden Problem der Überbelegung. Auch die ethnische Vielfalt führt zu Problemen bei der sprachlichen Verständigung, zu unterschiedlichen religiösen Bedürfnissen und letztlich zu weiteren Konfliktpotenzialen.

Im Jugendstrafvollzug ergeben sich dabei zusätzlich einige besondere Problemlagen: So beschreibt der Kölner Professor für Erziehungshilfe Philipp Walkenhorst, dass das Zeitgefühl der jungen Gefangenen stärker auf das gegenwärtige Empfinden ausgerichtet ist als auf die Zukunft. Als Konsequenz ist ihre Selbstkontrolle meist schwächer ausgeprägt und sie leiden intensiver unter dem erzwungenen Alleinsein und der Trennung vom gewohnten Umfeld als ältere Inhaftierte. Disziplin- und Autoritätskonflikte werden von ihnen daher stärker gegenüber dem Personal ausgetragen.
Prinzipiell verfügen Jugendliche zwar noch über offenere Entwicklungsmöglichkeiten als erwachsene Strafgefangene und sind durch pädagogische Mittel weit besser erreichbar, jedoch ist das Haftklima extrem ungünstig: Langeweile und bedrückende Zukunftsperspektiven frustrieren und hemmen die Motivation zur positiven Entwicklung. Gleichzeitig weisen Mitinhaftierte sie in noch unbekannte Bereiche und Techniken des Verbrechens ein und organisieren den Handel mit illegalen Gütern wie etwa Drogen. Gefangene können dabei von den Mitinsassen durchaus auch zum Handel gezwungen beziehungsweise dahingehend unter Druck gesetzt werden. Entstehen dabei Schulden, werden diese mithilfe von Gewalt eingetrieben. Gegenleistungen für die Schwarzmarktgüter sind beispielsweise die Übermittlung von Nachrichten, anderweitige verbotene Gegenstände oder sexuelle Hingabe.
Eine Überlebensstrategie für die Inhaftierten ist unter anderem ein permanentes Misstrauen gegen Mithäftlinge, ebenso wie gegen Justizvollzugsbeamte. Die eigene Situation in Haft wird als dauerhaft angstauslösend wahrgenommen und die ebenfalls andauernden psychischen und sozialen Belastungen frustrieren die jungen Inhaftierten zusätzlich. Körperliche Gewalt stellt in diesem Klima einen probaten Weg zur notwendigen Durchsetzung dar. Gerade Neuinhaftierte müssen

sich durch physische Stärke und den Beweis brachialer Gewaltanwendung behaupten, um einen Platz in der sozialen Hackordnung zu finden. Doch auch Kontakte zu einflussreichen Mitgefangenen, gute Rechtskenntnisse und erlangte Hafterfahrung verbessern das Image unter den Mitgefangenen. Neuankömmlinge sind daher oft besonders gefährdet, Opfer von Misshandlung und Unterdrückung zu werden. Sind sie nicht bereit, selbst Gewalt anzuwenden und fehlt es ihnen an Durchsetzungsvermögen, dann sinken sie im Ansehen erheblich.

Auch die Art der begangenen Delikte beeinflusst die Position in der Hierarchie. Während Mörder höher angesehen sind, stehen Männer, die wegen Kindesmissbrauch in Haft sind, auf der niedrigsten Stufe der sozialen Leiter. Gewalt gegen sie dient weniger der Etablierung einer Hackordnung, denn hier sind sie ohnehin schon ganz unten, sondern der demonstrativen Abgrenzung. Mit einem »Kinderficker« wollen andere Inhaftierte nicht in Verbindung gebracht werden.

Die meist während der gesamten Haftzeit in unterschiedlichen Formen andauernden Statuskämpfe beinhalten nicht selten sexuelle Gewalt. Während für Deutschland keine verlässlichen Statistiken vorhanden sind, belegen US-Studien, dass etwa 20 Prozent der Inhaftierten während ihrer Haftzeit mindestens einmal Opfer von sexueller Nötigung oder Vergewaltigung durch andere Gefangene werden. In der Regel dringen diese Taten aus Scham oder Angst vor dem Täter nicht zu den Justizvollzugsbeamten durch und erst recht nicht ans Licht der Öffentlichkeit.

In diesem Klima hat Chrystian sich lange behauptet. Letztlich hat er jedoch die Gewalt gegen sich selbst gewendet und sich umgebracht. Internationalen Studien zufolge liegt das Risiko für eine solche Selbsttötung in Haft vier- bis zwölfmal höher als in Freiheit. In deutschen Justizvollzugsanstalten werden etwa 90 Suizide pro Jahr gezählt. 85 Prozent dieser Menschen erhängen sich. Chrystian ist jedoch nicht dem rauen und beängstigenden Alltag der Haft erlegen. Er tötete sich, weil sein Lebenstraum geplatzt war: Die Quelle seines Durchhaltevermögens im Gefängnisalltag war der Wunsch, sein innig geliebter Sohn möge es einst besser haben und er könne ihm nach der Haftentlassung ein guter Vater sein. Erst als Chrystian erkennen muss, dass nun auch Matthes begonnen hat, Gewalt als Lösungsweg zu nutzen – ganz so wie er es ihm vorgelebt hat und auch in Haft beständig weiter vorlebte –, bricht Chrystian zusammen. Wenn Matthes sich schlägt, um seinen Vater vor den Mitschülern zu verteidigen und wenn Chrystian Matthes gleichzeitig ein negatives Vorbild ist, dann erscheint ihm das Leben wertlos. Aber es ist nicht nur ein Suizid als Flucht aus der Situation. Ohne einen inhaftierten Vater scheint sein Sohn bessere Chancen zu haben. Chrystian nutzt den letzten Ausweg eines besiegten Kriegers und opfert sich für seinen Sohn.

Doch schon die letzten Jahre in Haft hatten Chrystian verwandelt. Wenn Chantal schildert, wie Chrystian sich in der Zeit seiner Inhaftierung geändert hatte, wie er von Besuch zu Besuch »härter geworden« war, beschreibt sie die von außen sichtbaren Anzeichen. Dazu zählen im Allgemeinen auch Tätowierungen, oft von Spinnen oder Tränen, und eine eigene »Knastsprache«, die sich durch die dauerhafte Abschottung von der Außenwelt entwickelt. Der eigene Wortschatz hinter Gittern stiftet dabei durchaus eine Art Gemeinschaftsgefühl.

Aber auch innerlich verändern sich die Inhaftierten über die Jahre, was oft die Folge eines bestimmten Images ist, das sie in Haft pflegen, um sich vor den Mitgefangenen zu schützen. Nach der Haftentlassung bleiben Spuren dieser Verhaltensweisen zurück. Sprachgewohnheiten werden oftmals ebenso beibehalten wie die beständige intensive Wachsamkeit.

Wie schafft es ein Jugendlicher überhaupt, durch sein Verhalten und seine Einstellung andere Menschen zum eigenen Schutz auf Abstand zu halten und einen Ruf der Unberührbarkeit zu kultivieren?
Der Soziologe Jack Katz beschreibt, dass der Jugendliche sich zunächst als hart und gefühllos zeigen muss, als ein Mann, der sich von anderen nichts sagen lässt und niemals klein beigeben wird. Das kann durch eine bestimmte Art der Kleidung und des Körperschmucks symbolisch unterstrichen werden. Narben und Tätowierungen zeigen, dass Schmerzen ertragen werden können, werden aber durchaus auch genutzt, um abgesessene Gefängnisjahre oder die Hierarchie innerhalb einer Gruppe deutlich sichtbar zu machen. Obwohl die Wahl der konkreten Kleidungsstücke natürlich in erster Linie auch der jeweils aktuellen Jugendkultur unterliegt, sind dunkle oder verspiegelte Sonnenbrillen besonders beliebt. Denn sie ermöglichen es, in den Augen eines anderen Menschen zu lesen, während die eigenen Blicke verschleiert werden. Dies ist ein klarer strategischer Vorteil: Die eigene Unversehrtheit hängt schließlich davon ab, die Absichten anderer Menschen rechtzeitig zu erkennen.
Auch die bewusste Wahl der Sprache kann den Eindruck des »harten Kerls« verstärken. Beherrscht ein Jugendlicher die typische Wortwahl gefängnisspezifischer Ausdrücke, dann zeigt dies, dass sich der Sprechende in Haft auskennt. Die intensive Nutzung von definitiv nicht gesellschaftsfähigen Schimpfworten unterstreicht den Willen, sich nicht an Konventionen zu halten. Besonders effektiv ist eine gezielt eingesetzte, verunsichernde Schweigsamkeit. Dies ermöglicht, Gefühle und Absichten zu verschleiern und sich so als uneinschätzbar zu geben. Denn wer nicht einschätzbar ist, kann bei anderen Angst erzeugen. Muss Sprache genutzt werden, dann pressen die harten Kerle wenige gedämpfte Worte aus kaum geöffneten Lippen hervor. Ein fast perfektes Beispiel bilden

etwa die Filmcharaktere der schweigsamen Einzelgänger, für die Clint Eastwood so berühmt geworden ist.
Natürlich genügt es nicht, sich als unberührbar zu geben und den Mitinsassen nur sprachlich klarzumachen, dass jeder kleine Angriff sofort unbarmherzig beantwortet werden wird. Es muss auch in unregelmäßigen Abständen ein Exempel statuiert werden, damit dies keine leere Drohung bleibt. Wie Chrystian geben sich daher einige Insassen als besonders unbeugsam, indem sie immer wieder Streit anfangen oder leichte Provokationen von ihren Mitinhaftierten überbewerten und sich so eine Rechtfertigung schaffen, Gewalt anzuwenden. Chrystians blauer Fleck ist nicht nur ein Ausdruck seiner letzten Schlägerei, sondern auch ein Warnsignal an andere, dass er bereit ist, zuzuschlagen.
Den Einstieg in eine Auseinandersetzung zu finden ist einfach. Bewusste Fehlinterpretationen von Blicken oder Aussagen sind jederzeit möglich. So kann eine Bemerkung des Gegenübers stets als Provokation umgedeutet werden:
A: »Wen schaust du an?«
B: »Niemanden.«
A: »Du nennst mich einen Niemand?«
Oder der Start in einen Streit wird schlicht mit einer lauthals verkündeten Erfindung begonnen: »Was hast du gerade über meine Mutter gesagt? Du hast meine Mutter eine Hure genannt?«
Bieten sich derartige Provokationen gerade nicht an, dann reicht ein gezielter Rempler. Das scheinbar versehentliche Zusammenstoßen mit dem Gegenüber kann dann genutzt werden, um einen körperlichen Kampf zu beginnen oder um eine wahre »Show« zu starten, die möglichst viele Umstehende mitbekommen sollen. Denn entschuldigt der gezielt Angerempelte sich nicht dafür, dass er nicht aufpasste, kann dies lautstark verkündet werden, um die Aufmerksamkeit der Gruppe zu erlangen. Will das Gegenüber den-

noch nicht kämpfen, wird er im nächsten Schritt als Schwächling beleidigt. Ein Image, das im Gefängnis sehr gefährlich sein kann: Der Angerempelte hat quasi keine andere Wahl mehr, als der Provokation ebenfalls mit Gewalt zu begegnen.
Die Jugendlichen könnten auch einfach zuschlagen, ohne zunächst ein Schauspiel aufzuführen. Aber es kommt hier nicht darauf an, das Gegenüber nur zu verletzen. Vielmehr wollen sie, dass möglichst viele andere das Schauspiel mitbekommen. Sie wollen als unberechenbar wahrgenommen werden und so ein Schutzschild um sich bilden, damit andere Schläger sich leichtere Opfer suchen. Daher ist gerade diese »Show« besonders wichtig.
Treffen zwei Jugendliche aufeinander, die beide ein solches Image pflegen, ist ein gewalttätiger Ausgang nahezu unabwendbar. Beide müssen zeigen, dass sie sich nichts gefallen lassen. Im Prinzip wird so immer wieder auch die interne Rangordnung erkämpft. Das scheinbar irrationale Aufeinander-Einschlagen ist in Wirklichkeit höchst rational. Beide empfinden nicht etwa eine vorgespielte starke Wut, durch die sie ihre Kontrolle verlieren würden. Sie führen vielmehr eine symbolisch wichtige Handlung durch, die möglichst alle anderen mitbekommen sollen. Obwohl andere glauben sollen, dass die »harten Jungs« ihre Kontrolle verlieren, ist ihre Gewalt tatsächlich zu jedem Zeitpunkt klar beabsichtigt und zielgerichtet. Je irrationaler ihre Gewaltanwendung nach außen erscheint, je überbordender sie ihre Gewalt anwenden und je stärker sie ihre Kontrolle der Situation demonstrieren, desto mehr werden sie als jemand wahrgenommen, dem man besser nicht zu nahe tritt.

Schon der Vergleich mit der Mimik von Clint Eastwood ließ Sie vermutlich an den passenden Kriegertyp denken, der ein ähnlich demonstratives Verhalten wie der inhaftierte Chrystian zeigt. Der Desperado oder Gesetzlose, mit dessen Portrait Eastwood bekannt wurde, findet sich historisch vor allem im sogenannten »Wilden Westen«. Dieser Typ Mann stellt keineswegs eine reine Fiktion aus entsprechenden Filmen und Büchern dar: Vorbilder des auf sich allein gestellten Gesetzlosen, der sich durch eine ihm feindliche Gesellschaft schlägt, waren reale Gestalten. Um zu verdeutlichen, weshalb sich gerade in Nordamerika dieser Typus herausgeschält hat, ist ein Blick in die Kolonialgeschichte der USA hilfreich.

Im 19. Jahrhundert wurde das Gebiet der USA immer weiter nach Westen ausgedehnt. Ein riesiges Land breitete sich dort für die Siedler aus. Weide- und Ackerland, Ortschaften, die aus dem Nichts entstanden, hier und da auch Goldvorkommen, die ein jeder geradezu mit bloßen Händen aufsammeln konnte, all dies muss eine unwiderstehliche Anziehungskraft auf die damaligen Menschen ausgeübt haben. Doch das scheinbare Paradies der grenzenlosen Freiheit hatte auch seine Schattenseiten. Nicht nur mussten jene Menschen besiegt und vertrieben werden, die als sogenannte Ureinwohner bereits hier lebten. Auch stellten die enormen Entfernungen die Siedler vor neue Herausforderungen: Selbst mit Telegraph und Eisenbahn blieb das Land riesig – Nachrichten und Reisende waren entsprechend lange unterwegs.

Kombiniert mit der Notwendigkeit, jederzeit das eigene Leben gegen Angriffe von Ureinwohnern mit der Waffe verteidigen zu müssen und einer erst langsam entstehenden staatlichen Ordnungsmacht, bot dies den Nährboden für eine besondere Klasse von Kriminellen. Um als normbrechender Einzelgänger in einer feindlichen Umgebung bestehen zu können, war es überlebenswichtig, sich einen entsprechenden Ruf zu verschaffen. Sie zeigten sehr bewusst Härte und wandten demonstrativ Gewalt an, um gefürchtet zu werden.

Der »Wilde Westen« war im 19. Jahrhundert zu einer Projektionsfläche von Träumen und Wünschen geworden. Eine ganze Reihe von Groschenromanen bediente schon damals das Bedürfnis der Menschen nach diesem romantischen Ideal, zu dem auch der einsame Revolverheld gehörte. Einer der bekanntesten ist sicherlich »Buffalo Bill«, der mit einer Wildwest-Show auf Tournee ging. Doch auch Gesetzlose nutzten das allgemeine Interesse für ihre Zwecke und arbeiteten gezielt an ihrer eigenen Mystifizierung. Einer dieser jungen Desperados, William Longley, schrieb ein Jahr vor seiner Hinrichtung 1877 stolz: »Ich habe diese Sachen auf eigene Faust getan – und immer allein.« Er hatte sinnlos erscheinende Tötungen begangen und dabei gezielt an seinem Ruf gearbeitet. Nachdem er im Alter von 15 Jahren den ersten Mann getötet hatte, verdingte er sich fortan mal hier, mal da als Cowboy und Spieler und erschoss bis zu seinem Tod am Strang im Alter von 27 Jahren nach eigenen Angaben 32 Menschen. Dabei verschwieg er, dass er keineswegs alle im Ritual einer Schießerei tötete, sondern auch unbewaffnete Männer aus dem Hinterhalt erschoss. Um seinen Ruf zu stärken, trug er durch Erzählungen und Lügen gezielt zu seiner Legendenbildung bei. Unter anderem behauptete er, einen Mann erschossen zu haben, nur weil der ihn beim Einschlafen beobachtet hatte. Dies sandte ein klares Signal: Niemand konnte sich in seiner Gegenwart sicher fühlen. Doch das galt auch umgekehrt. Es wird berichtet, dass ihn ein Gefängnisaufseher fragte, warum er in all den Jahren nie gefasst oder getötet worden sei. Er habe geantwortet: »Weil ich niemals im Leben überhaupt einem vertraut habe.« Emotionale Bande waren daher unmöglich. Das Schutzschild ließ sie nicht zu. Longley soll eine tiefe Befriedigung aus dem Gefühl gezogen haben, dass gewöhnliche Menschen aus Angst einen weiten Bogen um ihn machten.

Ganz wie Chrystian und viele junge Männer in Haft baute Longley mit Bedacht einen Ruf als knallharter Kerl auf. Und ganz wie bei Chrystian war dies in erster Linie ein Weg, um sich selbst zu schützen.

Longley und all den anderen Gesetzlosen der noch jungen USA konnte erst Einhalt geboten werden, als es gelang, ein tatsächlich durchsetzbares Normen- und Wertesystem zu schaffen. Nicht nur die Formulierung der Gesetze als solches, sondern auch die Möglichkeit, die Normeinhaltung kontrollieren und durchsetzen zu können, waren dabei wichtig. Dies bedeutet einerseits, dass in Haft eine Personaldecke geschaffen werden muss, dass die Jugendlichen auch vor gegenseitigen Übergriffen geschützt werden können, und andererseits, dass eine Sensibilität erreicht wird, die ermöglicht, Übergriffe zu bemerken und zu bestrafen. Hierzu müsste etwa beachtet werden, ob es Gruppierungen gibt, die sich feindselig gegenüberstehen, ob schwächere Gefangene Schikanen ausgesetzt sind und ob Gefangene Verletzungen aufweisen, die sie nicht erklären können oder wollen.
Im Juli 2007 veröffentlichte das Landesjustizministerium NRW einen Abschlussbericht zu Gewaltvorfällen in Haft, deren Ergebnisse nach ihrem Vorsitzenden Innensenator a. D. Eckart Werthebach auch Empfehlungen der »Werthebach-Kommission« genannt werden. Darin wird u. a. eine Ausweitung von offenem Jugendvollzug und Wohngruppenvollzug gefordert, um den Jugendlichen altersgemäße soziale Kontakte zu ermöglichen. Zudem soll eine stärkere Einzelunterbringung und die Verbesserung des Notfallmeldesystems verhindern, dass Mitgefangene über Stunden hinter den verschlossenen Türen einer Gemeinschaftszelle gequält werden können. Besonders wichtig ist sicherlich die Empfehlung, neue Erziehungs- und Behandlungskonzepte zu entwickeln und einzusetzen, die regelmäßige Aktivitäten ermöglichen, Besuchskontakte sicherstellen und den festgeschriebenen Resozialisierungsanspruch tatsächlich einlösen.

Um diese Ziele umzusetzen, ist jedoch eine zureichende Personalausstattung unabdingbar. Und in Zeiten der Konjunkturkrise bleiben damit alle guten Ziele weitgehend eine Utopie. Wir müssen also weit früher ansetzen. Dann, wenn Gewalt noch keine Alltagslösung für einen Jugendlichen ist und wenn noch keine Opfer zu Schaden gekommen sind. Dass wir effektive Möglichkeiten haben, die derzeitige Situation tatsächlich durch gute, frühzeitige Präventionsarbeit zu verbessern, werden wir Ihnen in unserem letzten Kapitel zeigen.

Kevin öffnete die Tür. Ein riesiger Mann stand da, mit Oberarmen wie Baumstämme, einem runden, vernarbten Gesicht und Glatze. Seine Arme waren über und über verziert mit Tätowierungen. Obwohl er eigentlich furchteinflößend wirken müsste, machte er eher den Eindruck eines geprügelten Hundes. An seiner Rechten hing eine Plastiktüte, die prallgefüllt war mit Bierdosen.
»Ja?«
»Ich bin der John«, erklärte der Mann. »Du bist Kevin?« Als Kevin nickte, fuhr er fort: »Ich bin der Kumpel von deinem Bruder gewesen. Als er noch gelebt hat, weißte. Du, ich soll dir was von ihm sagen.«
»Du warst mit Chrystian in einer Zelle?« Kevin war wie elektrisiert. »Komm rein, komm rein!«
Im Wohnzimmer ließ sich John in die Sofakissen fallen, reichte Kevin ein Dose Bier hinüber und riss sich auch eine auf. Er nahm tiefe Züge aus der Bierdose und ließ sie dazwischen immer wieder sinken, um mit einem Hundeblick für einen Augenblick ins Nirgendwo zu starren. Kevin rückte unruhig auf seinem Sessel hin und her – was wusste John von seinem Bruder?
Schließlich schmatzte John mit den Lippen. »Dein Bruder war ein korrekter Typ«, erklärte er und trank.
»Du warst mit ihm in einer Zelle?«
»Na ja, weißte«, sagte John und riss eine neue Bierdose auf. Nach einer Pause fuhr er fort: »Weißte, ich hab meine Strafe jetzt abge-

rissen, weißte, und bevor dein Bruder gegangen ist, da hat er mir so ein Versprechen abgenommen.« Pause. »Und weißte, wenn ich was verspreche, also wenn einer mein Wort kriegt, weißte, dann halte ich das. Ich schon.« Pause. Kevin zwang sich zur Ruhe und nahm zusammen mit John einen weiteren Schluck. Das Bier schmeckte billig und sauer. »Er hat mir was gesagt, das soll ich dir sagen, weißte, wenn ich raus bin. Und weil er echt kein Schwein ist, dein Bruder, da hab ich gesagt, Chrys, hab ich gesagt, mein Wort, das haste. Mein Wort haste.« Pause. »Ich dachte, weil ich früher rauskomm als er. Kann doch keiner ahnen, dass er dann so was macht. Gerade der.«

»Warum hat er sich umgebracht?«, fragte Kevin leise. Die Bierdose lag unbeweglich in seiner Hand.

»Weil sein Sohn von der Schule ist. Der Matthes, weißte. Weil er sich gebeult hat. Sein Sohn, weißte, das war alles für ihn.« Pause. »Weißte, ich hab selber eine Tochter. Die ist alles für mich, echt so alles! Aber der Chrys, der war noch krasser. Der hat immer gesagt, ›Mein Sohn soll es mal besser haben, für den tue ich alles.‹ Ich mein, das tue ich auch für meine Tochter, aber bei ihm war's noch krasser, weißte. Er hat jedem eine eingeschenkt, der was über seinen Sohn gesagt hat. Aber als er das mit dem Rauswurf gehört hat, hat sich dein Bruder ein Kopfkino gemacht, ich sag dir.« Pause. »Der hat sich den Kopf total kaputt gemacht. Da ging gar nichts mehr. Gar nichts.« Pause. »Und als dann Aufschluss war, hab ich mir gedacht, weißte, das ist doch merkwürdig, wo der sonst immer draußen ist. War er aber nicht. Na und dann …« Pause. John riss sich ein neues Bier auf und starrte in die Öffnung. »Dann hat er sich weggehängt. Hat sich vom Gitter am Fenster wegrutschen lassen, mit dem Laken um den Hals. Geht langsam, dann biste weg.«

»Aber warum?«

John sah ihn mit traurigen Hundeaugen an und hob die Schultern. »Weißte, er hat immer gesagt, sein Sohn wird nicht so wie er, der fährt nicht ein. Der ist nicht so bescheuert und schlägt sich, hat er

gesagt. Na, und dann war er fertig, weil sein Kleiner sich geprügelt hat. Weil Papa sich auch prügelt.« Pause. »Chrys hat immer wieder was von Vorbild erzählt und dass er versagt hat und dass sein Sohn jetzt auch in den Bau kommen wird, wenn er so weitermacht. Weil er der falsche Vater ist oder so. Junge, dein Bruder war echt kaputt. So fertig habe ich ihn noch nie gesehen, weißte. Dass sein Kleiner wegen ihm jetzt von der Schule ist, das hat er nicht gepackt.«
»Und, was hat er dir gesagt?«
»Er hat mir gesagt: ›Geh zu Kevin, weißte. Sag ihm von mir: Pass auf Matthes auf.‹« John dachte angestrengt nach und machte eine längere Pause. »Du sollst ihm ein Vorbild sein, das hat Chrys gesagt. Du sollst es besser machen als er. Weil er hat versagt, sagte er. Na und dann hat er sich weggehängt. Alter, der war total kaputt.«
Sie saßen noch eine ganze Weile da. Als die Tüte mit den Bierdosen fast leer war, ging John. Er ließ einen Berg leerer Dosen zurück. Und einen Berg Verantwortung, der Kevin schwindeln ließ. Sein Bruder hatte ihm die Verantwortung für das Leben von Matthes auferlegt. Weil er sich selbst die Schuld gegeben hatte, dass Matthes sich mit anderen prügelte. Weil Matthes seinen Vater bewundert hatte und sich schlug, weil Chrystian sich schlug.
Kevin ging in sein Zimmer und nahm das Springmesser vom Tisch, das Chrystian ihm mal geschenkt hatte. Er trug jetzt die Verantwortung für den Sohn seines Bruders. Und er musste es besser machen als Chrystian, das erwartete sein Bruder von ihm. Dazu gehörte, Matthes nicht ein Vorbild zu sein, das nur mit Gewalt weiterkam. Kevin ließ das Messer ein paar Mal aufspringen. Dann ließ er es in den Mülleimer fallen. Er würde den letzten Wunsch seines Bruders erfüllen. Er sah kurz nach oben, wo Chrystian jetzt vielleicht war und auf ihn herunterschaute, und nickte. Ja, das werde ich, dachte er. Verlass dich auf mich.
Er zog seine Schuhe an und machte sich auf den Weg zu Chantal und Matthes.

Drei Web-Tipps:

- www.podknast.de
  (Jugendliche berichten von ihrem Gefängnisalltag)
- www.strafvollzug-online.de
  (Forum zu Themen des Strafvollzugs)
- www.seele-in-beton.de
  (Fotoprojekt von Jugendlichen der JVA Wuppertal)

Drei Buch-Tipps:

Bennefeld-Kersten, K.: »Ausgeschieden durch Suizid. Selbsttötungen im Gefängnis«, München 2009

Goerdeler, J./Walkenhorst, Ph.: »Jugendstrafvollzug in Deutschland«, Mönchengladbach 2008

Zimbardo, Ph.: »Der Luzifer-Effekt. Die Macht der Umstände und die Psychologie des Bösen«, Heidelberg 2008

Kapitel 10

Wege aus der Gewalt: Ein Nachwort

Turnierritter

Wir tragen gemeinsam mit Kevin die Verantwortung für unsere nachfolgende Generation. Also müssen wir uns auch Gedanken darüber machen, wie wir Matthes, stellvertretend für all die Kinder und Jugendlichen unserer Gesellschaft, zu einem friedfertigen Miteinander bewegen können.

Ein sehr frühzeitig einsetzender Weg dorthin ist die Stärkung der Erziehungsfähigkeit von Familien. Denn im Rahmen der Erziehung können schon im Kleinkindalter soziale Kompetenzen und die Anerkennung moralischer Normen gefördert werden. Konsequentes Verhalten, vor allem aber emotionale Wärme und Interesse am Kind sind dabei wesentliche Hilfsmittel. Ein solcher Weg ist ebenso grundlegend wie anspruchsvoll, jedoch nicht Thema dieses Buches.

Denn wir haben uns nicht die frühkindliche Entwicklung angesehen, sondern thematisiert, was Jugendliche in verschiedenen Kontexten zur Gewalt greifen lässt. Neben einer ganzen Reihe von unterschiedlichen Faktoren entdeckten wir dabei immer wieder Hinweise auf ein kriegerisches Selbstbild bei gewaltbereiten Jugendlichen. Als Nährboden für dieses Selbstbild fanden wir Kriegerträume, die als Handlungsentwürfe fest in der kollektiven Phantasie unserer Gesellschaft verankert sind und so Anregungen und Rechtfertigungen für Gewalt bieten.

Daher müssen wir uns der Frage stellen: Was tun wir mit unseren jungen Kriegern und ihren Träumen? Diese Frage ist komplex, da die Ansichten weit auseinandergehen. Vor allem von Politik und Presse hören wir meist Forderungen nach

brachialen Lösungen: Nach längeren Haftstrafen, Warnschuss-Arresten, Boot-Camps oder ähnlichen Maßnahmen, die allesamt auf Abschreckung und Wegsperren beruhen. Solche Lösungen tragen mitunter sogar ganze Wahlkämpfe. Sie machen uns weis, da sei endlich einmal ein Politiker, der den jugendlichen Tätern gegenüber hart auftritt und damit die Gewalt im Keim erstickt. Die reale Wirkung dieser Vorschläge ist aber eine andere. Kriminologen machen immer wieder deutlich, dass derlei Mittel kontraproduktiv sind. Es gibt keine wissenschaftliche Grundlage für die Erwartung, durch mehr, durch früher einsetzende oder durch härtere Strafen die Jugendgewalt verringern zu können. Was diese Vorschläge wirklich bewirken, ist: Sie sprechen das einfache Rachebedürfnis der Bevölkerung an.
Will man nur Rache üben, dann kann man derartig vereinfachende Lösungen verfolgen. Will man indes Jugendliche dazu bewegen, gar nicht erst zu Gewalt zu greifen, will man also anstelle einer zwar sensationsreichen, aber letztlich lebensfeindlichen Bestrafungsgesellschaft die positive Gemeinschaft und das Miteinander stärken, dann erreicht man mit derart populistischen Wegen das Gegenteil. Das zeigt sich auch am Rückfall in die Gewalt durch aus dem Gefängnis entlassene Jugendliche. So ist die Rückfallquote mit rund 70 Prozent bei Arrest derart hoch, dass sie nur von der Jugendstrafe ohne Bewährung mit einer 80-prozentigen Rückfallwahrscheinlichkeit noch übertroffen wird.
Die Erhöhung der Rückfallwahrscheinlichkeit durch Inhaftierung, Gefängnisstrafen und Abschreckung ist eine kriminologische Binsenweisheit. Studien beweisen das seit Jahrzehnten. Dennoch treten unsere Politiker weiterhin im Wahlkampf mit solchen Forderungen auf, völlig unbeeindruckt von öffentlichen Stellungnahmen durch Fachkräfte, wie etwa einer 2008 publizierten Resolution von fast 1000 Hochschullehrern und Praktikern der Jugendstrafrechtspflege. Wählerstimmen

mögen sie damit gewinnen. Der Herausforderung, das Problem effektiv anzugehen, stellen sie sich nicht.
Statt mehr sinnleerer Härte brauchen wir ein Mehr an zweckmäßiger Prävention. Es muss darum gehen, dass Gewalttaten gar nicht erst begangen werden, damit Opfern ihre schwerwiegenden Erfahrungen und der Gesellschaft die enormen Folgekosten einer Gewalttat erspart werden.
Und wenn Gewalttaten doch aufgetreten sind, dann muss es darum gehen, dass die Chancen für eine Re-Sozialisierung und Re-Integration verbessert werden, damit nach einer Inhaftierung keine weiteren Gewalttaten begangen werden.
Dies können wir auch am Bild der Kriegerträume verdeutlichen: Sperren wir einen Krieger ein, der sich ungerecht behandelt fühlt, dann wird er nicht einfach lammfromm und schwört der Gewalt ab. Stattdessen baut er durch die jahrelangen Frustrationen eher noch mehr Wut und Rachephantasien auf, stählt seinen Körper in der »Muckibude« der Justizvollzugsanstalt und lernt von den übrigen inhaftierten »Kriegern«, wie er noch effektiver andere Menschen besiegen kann. Absolut irrwitzig wird es, wenn man jugendliche Gewalttäter im Gefängnis Kampfsportarten erlernen lässt. Kampfsport im Kindesalter kann durchaus eine moralische Grundlage vermitteln. Wenn diese aber nicht in der Kindheit gelegt wurde, dann ist es dafür nach einer langen Phase des grenzenlosen und eigennützigen Anwendens von Gewalt längst zu spät. Es sind keine Kinder mehr, die begierig die ethischen Aspekte des Sports aufsaugen und im Trainer das moralische Vorbild sehen, sondern erfahrene Gewalttäter. Durch reine Kampfsportschulung eignen sie sich schlicht neue Tricks an, um noch effektiver gegen andere Menschen vorgehen zu können. Dass sie uns diese Motivation nicht im Training verraten, liegt auf der Hand. Die Krieger verlernen durch derartige Maßnahmen nicht das Kämpfen, sondern verbessern sich darin. Verinnerlicht wird nicht die Philosophie, sondern die Technik.

Dies soll keineswegs bedeuten, dass wir Gefängnisstrafen prinzipiell ablehnen. Natürlich ist es gerechtfertigt und notwendig, die gesellschaftlichen Normen auch mit Nachdruck durchzusetzen. Doch darf es nicht alleine bei diesem Druck bleiben. Wir dürfen die Krieger nicht nur einsperren, sondern müssen ihnen ein alternatives Handlungskonzept beibringen, das sie attraktiv finden und nach ihrer Inhaftierung anwenden werden. Sie benötigen also parallel zur Normverdeutlichung und Strafe auch einen attraktiven Gegenentwurf zum gesetzlosen Gewalttäter, ebenso wie sie lernen müssen, ihre Gewalt zu beherrschen.
Re-Sozialisierung und Re-Integration bedeutet keineswegs, einen »Schmusekurs« einzuschlagen. Es bedeutet vielmehr, dass zusätzlich zur Strafwirkung auch die Möglichkeiten gestärkt werden müssen, sich gewaltlos in der Gesellschaft zu bewegen. Das kann beispielsweise gefördert werden, indem während einer Haftzeit verhaltens- und fähigkeitenorientierte Programme durchlaufen werden, die akademische, berufliche und vor allem soziale Fähigkeiten vermitteln. Es muss darum gehen, einerseits legale Möglichkeiten einer Anstellung nach der Entlassung zu fördern, andererseits aber auch den Jugendlichen beizubringen, die eigene Gewalt kritisch zu sehen und kontrollieren zu lernen. Die Stärkung von Mitgefühl, die kritische Selbstsicht, die Steigerung von Handlungsoptionen – all dies wirkt deutlich besser in Bezug auf die Vermeidung weiterer Gewalttaten, als Gewalttäter einfach nur wegzusperren. Studien zeigen: Je strukturierter und gezielter derartige Programme durchgeführt werden, desto besser ist die gewaltpräventive und rückfallvermeidende Wirkung.
Doch wenden wir uns wieder der viel früher einsetzenden *Prävention* zu, denn unsere vordringliche Aufgabe muss es sein, schon die erste Gewalttat durch gute Präventionsarbeit zu verhindern und nicht erst zu warten, bis wir mit der Strafgerichtsbarkeit reagieren müssen. Wie ist eine frühe Präven-

tion angesichts der in diesem Buch aufgezeigten Kriegerträume und angesichts des subjektiven Sinns von Gewalt für einige junge Menschen möglich?
Es wäre absurd, unsere jungen Krieger komplett von Aggression und Gewalt abbringen zu wollen. Beides ist Teil des Menschseins. Es muss uns vielmehr gelingen, die Aggression und Gewalt zu kanalisieren, ihr eine Richtung zu geben, die für andere Menschen unschädlich ist. Den Gegenentwurf zum Gewalttäter, der in einem Tophit der Gruppe Silbermond ebenso wie von einer ganzen Welle von Autoren nach Coelho ein »Krieger des Lichts« genannt wird, finden wir in unseren historischen Vorbildern am ehesten im Ideal eines spätmittelalterlichen Turnierritters.
Obwohl es in vielen Kulturen Ritter und ritterähnliche Stände gab, kommt uns für gewöhnlich der europäische Ritter in den Sinn, hoch zu Ross und in eine schimmernde Vollrüstung gehüllt, einen Visierhelm tragend, Schwert und Lanze zur Hand. Seinem Stand gemäß besaß ein solcher Ritter einen mal mehr, mal weniger umfangreichen Schatz an Privilegien. Für seine Stellung verpflichtete der Ritter sich aber auch zur Treue gegenüber seinem Lehnsherrn. Gepaart mit einem steigenden Repräsentationsbedürfnis entwickelte sich daraus die höfisch-ritterliche Kultur, die ihr Markenzeichen in Turnieren fand: Bei diesen großen Veranstaltungen, die wir noch heute bei Mittelalter-Festspielen in den Ruinen alter Burghöfe bestaunen können, galt ein festes Reglement. Oft bestand der Preis darin, die Gunst einer Frau durch den eigenen Erfolg zu erlangen. Hier manifestierten sich die ritterlichen Tugenden: Ehre, Ruhm und Tapferkeit.
Zwar verblasste die Blüte des Rittertums in der frühen Neuzeit, sie hinterließ aber Spuren, die bis in die Gegenwart reichen. Nicht umsonst wird ein den Damen gegenüber zuvorkommender Herr »Kavalier« (aus dem Französischen: »Chevalier«, Ritter) genannt und es kommt auch nicht von

ungefähr, dass Ritterlichkeit ein Begriff für Hilfsbereitschaft und selbstloses Handeln ist.
Natürlich übte ein solcher Ritter in Turnieren auch Aggression und Gewalt aus, doch geschah dies regelgeleitet innerhalb der gesellschaftlich vorgegebenen Normen und nicht wie etwa beim Templer aus Fanatismus und Rassismus. Die Waffen eines Turnierkämpfers waren mit Absicht stumpf. Teilweise wurden auch nichtmetallische Waffen aus hartem, gestopftem Leder benutzt und Schiedsrichter wachten über die Regeleinhaltung. Zu einer solchen regelgeleiteten Lebensweise mit Fähigkeiten und Kompetenzen wie etwa Mitgefühl, Achtung und »Ritterlichkeit« müssen wir unsere jungen Krieger bewegen.

Ist das auch bei einem Jungen wie dem kleinen Matthes möglich? Er hat bisher gelernt, dass Gewalt zur Durchsetzung gehört und dass er Gewalt nutzen kann, um sich Respekt zu verschaffen. Sein Vater Chrystian wendete sie seit Jahren demonstrativ an. Ihm will er als kleiner Krieger nacheifern. Es liegt jetzt an Kevin, ihm beizubringen, dass Gewalt zwar eine Lösung ist – jedoch eine denkbar schlechte. Sehen wir uns also Möglichkeiten an, wie Matthes' gewalthaltiges Verhalten in prosoziale Wege geleitet werden kann.
Wenn wir Metastudien analysieren, wie ein Jugendlicher dazu gebracht werden kann, sich gewaltloser zu verhalten und »ritterlich«-soziale Normen zu beachten, dann kommen wir stets auf die gleichen Faktoren zu sprechen:
Da sind zunächst *klare Grenzen, die verständlich vermittelt und konsequent durchgesetzt werden* müssen. Es kommt also nicht nur darauf an, dass Jugendliche Normen kennen, sondern sie müssen auch eine bestimmte Reaktion auf Normbrüche erwarten, damit für sie eine Normsicherheit entsteht. Ein Beispiel: Oft beinhalten Schulordnungen Dutzende von Regeln, die Schüler kaum behalten, geschweige denn einhal-

ten können. Es ist daher wichtig, eine überschaubare Menge deutlicher Normen zu setzen, diese verständlich zu machen und letztlich auch mit Sanktionen auf eventuelle Normbrüche zu reagieren. Hat eine Schule etwa die Vorschrift, auf dem Schulhof nicht zu rauchen, dann muss diese Norm jedem Jugendlichen sehr deutlich gemacht und bei einem Verstoß auch geahndet werden. Die Praxis sieht oft so aus, dass eine Sanktion von dem jeweiligen Lehrer abhängig ist, der einen Raucher erwischt. Ein Lehrer, der als Jugendlicher selbst geraucht hat, sieht geflissentlich über den Normbruch hinweg, ein weiterer bittet den Schüler unauffälliger in einer Ecke zu rauchen und ein dritter Lehrer bestraft den Schüler. Auf diese Weise bleibt die Sanktion unklar und die Norm wird von Schülern immer wieder ausgetestet. Besteht hingegen Klarheit, wie eine Norm zu bewerten ist, dann werden sich die Schüler auch daran halten.

Dies betrifft die kleinen Vergehen auf dem Schulhof wie auch die in unserem Buch wichtigen Bullyingvorfälle oder Prügeleien. Nicht selten kommt es vor, dass ein Opfer »zu seinem Schutz« das Klassengefüge verlassen muss, der Täter hingegen in der Klasse bleibt und »zu Erziehungszwecken« Aufmerksamkeit erhält. Weder wird ihm das Vergehen auf diese Weise bewusst, noch hat er erfahren, dass sein Fehlverhalten klare negative Konsequenzen für ihn nach sich zieht.

Normsicherheit ist sogar der Schlüssel zu einem funktionsfähigen Jugendstrafsystem. Denn je nach Fall und Ort vergehen von der Erfassung eines jugendlichen Tatverdächtigen über die Ermittlung, die Abschlussentscheidung der Staatsanwaltschaft bis hin zum Urteil des Jugendrichters und nachfolgendem Strafantritt gut und gerne sieben bis zwölf Monate. In diesem Zeitraum hat ein Jugendlicher oft den Bezug zwischen seiner Gewalttat und der sehr viel späteren Strafe verloren. Auch hier besteht keine Normsicherheit. Ein weiteres Begehen von Gewalttaten erscheint den Jugendlichen in dieser Zeit als wenig dramatisch, da noch keine fühlbare Reaktion der Justiz erfolgt ist. Die Grenze ist ihnen weder klar noch wird sie spürbar durchgesetzt.

Helfen kann eine Verfahrensbeschleunigung, wie sie unter dem Begriff »Neuköllner Modell« im Berliner Stadtbezirk Neukölln erfolgreich erprobt und im Juni 2010 auf alle Berliner Bezirke ausgeweitet wurde. Erst wenn die Verfahren nach diesem Modell schnell, stringent und mit deutlich spürbaren Konsequenzen geführt werden und wenn ein Jugendlicher bei Gesetzesverstößen immer wieder auf die gleichen Personen trifft, kann das Erziehungsstrafrecht bei Jugendlichen effektiv wirken.

Doch konsequente Setzung und Durchsetzung von klaren Grenzen darf keinesfalls als bloße Disziplinierung und Unterdrückung verstanden werden. Es geht vielmehr auch um Wertschätzung, Respekt, Liebe, Anerkennung und die Bedürfnisse der Kinder und Jugendlichen. Es ist wichtig, dass *Jugendliche die Schule und die Gesellschaft wieder als Lebensraum für sich begreifen.*

Gerade in Zeiten von PISA-Studien, in denen Schulleistungsuntersuchungen als wichtiger erachtet werden als das soziale Miteinander, muss ein Gegensignal gesetzt werden. Gewaltanwendung von Schülern wird auch bedingt durch das Schulklima, die Lehrer-Schüler-Beziehungen und das Verhalten von Lehrkräften. Der Direktor am Zentrum für Lehrerbildung, Schul- und Berufsbildungsforschung Wolfgang Melzer fasst dies mit seinen Kollegen prägnant zusammen: »In den Klassen, in denen weniger Gewalt vorkommt, ist die Lehrerprofessionalität hoch, das Klassengefüge intakt, es bestehen überdurchschnittliche Beteiligungsmöglichkeiten für die Schüler, die Schülerbefindlichkeit ist positiv, d. h., die Schüler haben wenig Leistungsangst und gehen gern zur Schule.«

Diese Notwendigkeit eines guten Klimas gilt jedoch nicht nur für die Schule, sondern auch für unsere Gesellschaft.

Seit Jahren beklagen Soziologen, dass die Kluft zwischen den Lebenswelten von Jugendlichen und Erwachsenen immer größer wird. Durch die rasante Entwicklung der Neuen Medien wird dies noch verstärkt. Auch hier gilt es, dass Erwachsene Jugendlichen wieder Orientierung geben, ein Klima des Miteinanders schaffen und so die Kluft zwischen den Generationen verringern. Statt sich zurückzuziehen und die Jugendlichen bei der Entdeckung virtueller Welten ungeschützt und allein zu lassen, ist Verantwortung und Engagement gefordert. Und sei es nur in der Reflexion von Werten. Sich über die Gewaltexzesse in Computerspielen hinter vorgehaltener Hand aufregen, das kann jeder. Doch wann haben wir uns zuletzt mit den Jugendlichen in unserer Umgebung über die Möglichkeiten und Nutzungen von Handys, Internet und Spielen unterhalten? Wann haben wir ihnen gegenüber zuletzt ehrliches Interesse gezeigt und Werte offen diskutiert?

Eng verbunden mit dem gesellschaftlichen Klima sind auch die im Kapitel über Amokläufer diskutierten Schutzfaktoren. Wir erinnern uns an die Wichtigkeit von stabilen Bezugspersonen, gesellschaftlichen Perspektiven und Gruppenstrukturen. Liegen diese Faktoren bei einem Kind wie Matthes nicht in ausreichendem Maße vor, so sollten wir alles daransetzen, diese *Schutzfaktoren zu schaffen*. Das kann jedoch nur gelingen, wenn das Kind diese Faktoren auch aus eigenen Kräften aufrechterhalten kann. Und damit kommen wir wieder zu dem so wichtigen Aspekt des sozialen Lernens. Denn allein das Vorliegen eigener sozialer Kompetenzen ist ein langfristiger Schlüssel, um die eigenen Schutzfaktoren auch verlässlich nutzen zu können: Es muss dazu etwa erlernt werden, wie man Beziehungen aufbaut und aufrechterhält, wie man Perspektiven in der Gesellschaft entdeckt und verwirklicht, wie man in Gruppen aufgenommen und eingebunden wird.

Es dürfte bereits in den letzten Kapiteln deutlich geworden sein, dass das *soziale Lernen* die Essenz der Gewaltprävention darstellt. Mit Mitteln des sozialen Lernens kann das eigene Verhalten reflektiert und die Handlungsmöglichkeit erweitert werden. Gewalt bleibt dann nicht mehr die einzige Lösung für Jugendliche, sondern wird nur noch eine mögliche Option, die noch dazu nicht zielführend ist. Schritt für Schritt können Wege zu einem friedlichen Miteinander gefunden werden. Dabei heißt »friedlich« keineswegs konfliktlos, denn auch Konflikte gehören untrennbar zum menschlichen Leben. Es heißt aber, dass die Jugendlichen durch gezielte Angebote lernen, gewaltfrei mit Konflikten umzugehen. Methoden wie beispielsweise Gruppenübungen, Rollenspiele, Gespräche, kreative Ausdrucksweisen oder das Lernen am Modell können genutzt werden, um Mitgefühl, Selbstwertgefühl, Gesprächsfähigkeiten, Konfliktfähigkeiten und Zivilcourage zu fördern.
Alle bislang geschilderten Grundlagen effektiver Gewaltprävention wirken einer gewalttätigen Ausprägung von Kriegerträumen entgegen. Einige innovative Konzepte versuchen sogar, das Phänomen direkt zu beeinflussen. Bislang sind diese Konzepte noch nicht evaluiert – ihre gewaltpräventive Wirkung ist also noch nicht wissenschaftlich bewiesen worden. Dennoch geben diese Ansätze berechtigte Hoffnung, die Kriegerträume von gewaltbereiten Kindern und Jugendlichen in eine positive Richtung umzuleiten.
So zum Beispiel die Methode der *Kampfesspiele*. Während die generelle geschlechtsspezifische Arbeit mit Jungs in den letzten Jahren populärer wird und sich speziell in Bezug auf das Thema Gewalt durch Jungen und Männer ganze Netzwerke von Beratungsstellen, wie etwa *Männer gegen Männer-Gewalt*, in Deutschland, Österreich und der Schweiz zusammengefunden haben, geht *Kampfesspiele* noch einen Schritt weiter in der Akzeptanz von Kriegerträumen: Aggressions- und

Gewaltpotenziale werden nicht verleugnet, sondern konstruktiv genutzt und ein faireres Miteinander entwickelt. Dabei geht es gerade nicht darum, neue Einzelkämpfer zu schulen oder Kampftechniken zu erlernen, sondern es werden Themen wie Respekt, Mitgefühl, Fairness, aber auch Ehre und Beschämung über Spiele direkt erlebt und reflektiert. Ziel ist die Schaffung von Handlungsalternativen, um eine selbstbewusste und respektvolle Männlichkeit zu entwickeln, die positiv mit männlicher Kraft und Aggression umgeht. In fairen Spielen ohne Verlierer und ohne Verletzungen soll erlebt werden, dass Mitgefühl und Verbundenheit wichtige Eigenschaften eines guten Kämpfers und eines angesehenen Mannes sind. Jugendliche können ihre Kriegerträume auf diese Weise gefahrlos ausleben. Sie werden in sinnvolle Bahnen gelenkt.

Neue Impulse für die Präventionsarbeit gibt auch regelmäßig der *Deutsche Präventionstag*, der größte europäische Kongress zu diesem Thema. Im Mai 2010 waren bei den mehr als 200 Ausstellern und 300 Referenten auch einzelne Projekte zu erkennen, die die Arbeit mit gewaltbereiten Jungen und Mädchen zu neuen Ufern tragen. Die Kriegerträume der Jugendlichen werden aufgegriffen und mit dem positiveren Image eines »Helden« neu besetzt. So wurden etwa Maßnahmen für »Kurzzeithelden« im Bereich der Erlebnispädagogik angeboten oder »Heroes« (Helden) als Projekt gegen Unterdrückung und Gewalt im Namen der Ehre geschult.

Bei all den hoffnungsvollen Entwicklungen darf jedoch eines nicht vergessen werden: Es ist wichtig, auch den gesellschaftlichen Kriegerträumen, die Erwachsene unseren Kindern und Jugendlichen in einer von Gewalt gesättigten Gesellschaft Tag für Tag vorleben, Rechenschaft zu tragen. Sie einzuordnen, ihre Gefahren zu zeigen und vor allem positive Gegenbeispiele zu schaffen, ist für die Zukunft unumgänglich. Bei all der Gewalt in Filmen, Spielen, Büchern, Songtexten, Nachrichten und nicht zuletzt durch das Vorbild von Bezugspersonen ist es geradezu zu erwarten, dass Jugendliche dieses mächtige Werkzeug ausprobieren und von seinen Möglichkeiten fasziniert sind. Wir müssen der allgegenwärtigen, schädigenden Gewalt in unserer Gesellschaft daher positive Vorbilder entgegensetzen und selbst Vorbild sein, damit unsere Kinder Gewalt auch in ihren schwerwiegenden Auswirkungen verstehen können und sie nicht zum Schaden anderer einsetzen.

Dabei liegt es nicht nur an Kevin, sondern auch an Chantal, an Matthes' Verwandten, Freunden und Lehrern, ihm den Weg eines »Kriegers des Lichts«, eines »Turnierritters«, eines »Helden« zu zeigen – ganz egal wie wir den Typus eines verantwortungsvollen, versöhnlichen Kriegers nennen mögen. Denn wie ein afrikanische Sprichwort sagt: »Es braucht ein ganzes Dorf, um ein Kind zu erziehen.« Wir stehen alle in der Verantwortung.

Handeln wir also danach: Zeigen wir unseren Jugendlichen wieder positive soziale Lebensentwürfe in einer gewalthaltigen Gesellschaft auf, bemühen wir uns wieder, ein gutes Vorbild zu sein, und geben wir ihnen wieder aktiv eine Orientierung, was es bedeutet, friedfertig miteinander zu leben. Auf diese Weise wird eine Sicherheit und Geborgenheit im Zusammenleben geschaffen, wie sie durch technische Maßnahmen und Repressalien nie erreicht werden kann.

Drei Web-Tipps:

- www.kriminalpraevention.de/wissen-gegen-gewalt.html
  (Netzwerkportal Gewaltprävention)
- www.dvjj.de/artikel.php?artikel=989
  (Stellungnahme zum Jugendstrafrecht von Fachkräften)
- www.praeventionstag.de
  (Europäischer Kongress für Präventionsarbeit)

Drei Buch-Tipps:

Cierpka, M.: »Möglichkeiten der Gewaltprävention«, 2. Auflage, Göttingen 2008

Robertz, F. J./Steffes-enn, R.: »Training von Empathie und Gewaltverzicht. Neue Wege in der praktischen Arbeit mit Gewalttätern«, Frankfurt, erscheint 2011

Schubarth, W.: »Gewaltprävention in Schule und Jugendhilfe: Theoretische Grundlagen, Empirische Ergebnisse, Praxismodelle«, Köln 2004

Literatur

Allen, N.: »Homicide: Perspectives on Prevention«, Human Sciences Press, New York 1980

Austin, S.: »Women's agressive phantasies. A post-jungian exploration of self-hatred, love and agency«, Routledge, East Sussex 2005

Autrata, O./Scheu, B.: »Jugendgewalt. Interdisziplinäre Sichtweisen«, VS Verlag für Sozialwissenschaften, Wiesbaden 2009

Backes, U.: »Politische Extreme«, Vandenhoeck & Ruprecht, Göttingen 2006

Backes, U./Jesse, E. (Hrsg.): »Jahrbuch Extremismus & Demokratie«, Bd. 21, Nomos, Baden-Baden 2009

Baier, D./Pfeiffer, C./Simonson, J./Rabold, S.: »Jugendliche in Deutschland als Opfer und Täter von Gewalt« (KFN Forschungsbericht Nr. 107), Hannover 2009

Bailey, S.: »Adolescents Who Murder«, in: Journal of Adolescence, 19, 1996, S. 19–39

Baron, R. A./Richardson, D. R.: »Human Aggression. Second Edition«, Kluwer Academic Publishers, Dordrecht 2004

Baumeister, R. F.: »Evil. Inside Human Cruelty and Violence«, Freeman, New York 1999

Begue, L./Subra, B.: »Alcohol and Aggression: Perspectives on Controlled and Uncontrolled Social Information Processing«, in: Social and Personality Psychology Compass, 2, 2008, S. 34–62

Begue, L. et al.: »A Message in a Bottle: Extrapharmacological Effects of Alcohol on Aggression«, in: Journal of Experimental Social Psychology, 45, 2009, S. 137–142

Benedek, E. P./Cornell, D.: »Juvenile Homicide«, American Psychiatric Press, Washington 1989

Bennefeld-Kersten, K.: »Ausgeschieden durch Suizid – Selbsttötungen im Gefängnis«, Dustri, München 2009

Bergmann, W./Huther, G.: »Computersüchtig. Kinder im Sog der modernen Medien«, Walter, Düsseldorf 2006

Berkowitz, L.: »Aggression. Its Causes, Consequences, and Control«, McGraw-Hill, New York 1993
Boehnke, K./Münch, Th.: »Jugendsozialisation und Medien«, Pabst Science Publishers, Lengerich 2005
Boers, K./Reinecke, J. (Hrsg.): »Delinquenz im Jugendalter. Erkenntnisse einer Münsteraner Längsschnittstudie«, Waxmann, Münster 2007
Borum, R./Fein R./Vossekuil B./Berglund, J.: »Threat assessment: defining an approach for evaluating risk of targeted violence«, in: Behavioral Sciences & the Law, 17 (3), 1999, S. 323–337
Brizendine, L.: »Das weibliche Gehirn«, Goldmann, München 2008
Brosius, H.-B./Schwer, K.: »Die Forschung über Mediengewalt«, Nomos, Baden-Baden 2008
Bruhns, K./Wittmann, S.: »›Ich meine, mit Gewalt kannst du dir Respekt verschaffen‹: Mädchen und junge Frauen in gewaltbereiten Jugendgruppen«, Leske und Budrich, Opladen 2002
Bründel, H.: »Tatort Schule. Gewaltprävention und Krisenmanagement an Schulen«, Luchterhand, Köln 2009
Buford, B.: »Geil auf Gewalt. Unter Hooligans«, Goldmann, München 2010
Busch, K./Zagar, R./Hughes, J./Arbit, J./Bussell, R.: »Adolescents Who Kill«, in: Journal of Clinical Psychology, 46, 1990, S. 472–485
Buss, D.: »Der Mörder in uns«, Spektrum, Heidelberg 2008

Campbell, M. A.: »Cyber bullying: An old problem in a new guise?«, in: Australian Journal of Guidance and Counselling, 15, 2005, S. 68–76
Chesney-Lind, M.: »The Female Offender. Girls, Women, and Crime«, Sage Publications, London 1997
Cierpka, M.: »Möglichkeiten der Gewaltprävention«, 2. Auflage, Vandenhoeck & Ruprecht, Göttingen 2008
Coleman, L.: »The copycat effect. How the media and popular culture trigger the mayhem in tomorrow's headlines«, Paraview, New York 2004
Collins, R.: »Violence. A Micro-sociological Theory«, Princeton University Press, Princeton 2008
Cormier, B. M./Markus, B.: »A Longitudinal Study of Adolescent Murderers«, in: Bulletin of the American Academy of Psychiatry, 8 (3), 1980, S. 240–260
Cornell, D. G./Benedek, E. P./Benedek, D. M.: »Charakteristics of Adolescents Charged with Homicide: Review of 72 Cases«, in: Behavioral Sciences and the Law, 5 (1), 1987, S. 11–23

Cornell, D. G.: »MMPI Profiles of Adolescents Charged with Homicide«, in: Behavioral Sciences & the Law, 6 (3), 1988, S. 401–407
Cornell, D. G.: »Prior Adjustment of Violent Juvenile Offenders«, in: Law and Human Behavior, 14 (6), 1990, S. 569–577
Cornell, D. G.: »Juvenile Homicide: A Growing National Problem«, in: Behavioral Sciences & the Law, 11, 1993, S. 389–396
Cornell, D. G./Sheras, P. L.: »Guidelines for Student Threat Assessment: Field-Test Findings«, in: School Psychology Review, 33 (4), 2004, S. 527–546
Craig, W. M./Pepler, D. J.: »A peek behind the fence«, in: Developmental Psychology, 31, 1995, S. 548–553
Crespi, T. D./Rigazio-DiGilio, S. A.: »Adolescent Homicide and Family Pathology: Implications for Research and Treatment with Adolescents«, in: Adolescence, 31, 1996, S. 353–367
Csikszentmihalyi, M./Charpentier, A.: »Flow – Das Geheimnis des Glücks«, Klett-Cotta, Stuttgart 2010

Daly, M./Wilson, M.: »Homicide«, Aldine De Gruyter, New York 1988
Daly, M./Wilson, M.:»The Truth about Cinderella: A Darwinian View of Parental Love«, Weidenfield and Nichols, London 1998
Daly, M./Wilson, M.: »Evolutionary psychology of lethal interpersonal violence«, in: Heitmeyer/Hagan (eds.): Handbook of research on violence, Westview, New York 2003, S. 709–734
Denmark, F./Krauss, H./Wesner, R. W. et al. (Hrsg.): »Violence in schools. Cross-national and cross-cultural perspectives«, Springer, New York 2005
Dörmann, U./Heinz, W.: »Zahlen sprechen nicht für sich. Aufsätze zu Kriminalstatistik, Dunkelfeld und Sicherheitsgefühl aus drei Jahrzehnten«, Luchterhand, Köln 2004
Douglas, J. E./Burgess, A. W. u.a.: »Crime Classification Manual. A Standard System for Investigating and Classifying Violent Crimes. 2nd edition«, John Wiley & Sons, San Francisco 2006
Dünkel, F.: »Strafvollzug in Deutschland – rechtsstaatliche Befunde«, in: Aus Politik und Zeitgeschichte, 7, 2010, S. 7–14
Dunning, E.: »Zuschauerausschreitungen. Soziologische Notizen zu einem scheinbar neuen Problem«, in: Elias/Dunning: Sport im Zivilisationsprozeß, Lit-Verlag, Münster 1984, S. 123–132

Edgar, K./O'Donnell, I./Martin, C.: »Prison Violence. The dynamics of conflict, fear and power«, Willan Publishing, Devon 2003

Egg, R. (Hrsg.): »Tötungsdelikte«, Kriminologische Zentralstelle, Wiesbaden 2002
Eisenberg, G.: »Amok – Kinder der Kälte. Über die Wurzeln von Wut und Hass«, Rowohlt, Reinbek bei Hamburg 2000
Eisenberg, G.: »Gewalt, die aus der Kälte kommt. Amok – Pogrom – Populismus«, Psychosozial, Gießen 2002
Elias, N.: »Der Fußballsport im Prozess der Zivilisation«, in: Lindner: Der Satz ›Der Ball ist rund‹ hat eine gewisse philosophische Tiefe, Transit, Berlin 1983, S. 12–21
Ewing, C. P.: »When Children Kill: The Dynamics of Juvenile Homicide«, Lexington Books, Massachusetts/Toronto 1990
Ewing, C. P.: »Kids Who kill. Juvenile Murder in America«, Mondo, London 1993

Faller, K./Kneip, W.: »Soziales Lernen mit System. Das Buddy Prinzip«, Vodafone Stiftung, o.O. 2006
Fattah, Ezzat A.: »Understanding Criminal Victimization«, Prentice-Hall Canada, Scarborough/Ontario 1991
Fein, R./Vossekuil, B./Pollack, W./Borum, R./Modzeleski, W./Reddy, M.: »Threat assessment in schools: A guide to managing threatening situations and to creating safe school climates«, U.S. Secret Service and Department of Education, Washington D.C. 2002
Fischer, G./Riedesser, P.: »Lehrbuch der Psychotraumatologie«, UTB, Stuttgart 2009
Fox, J. A.: »Trends in Juvenile Violence. A Report to the United States Attorney General on Current and Future Rates of Juvenile Offending«, prepared for the Bureau of Justice Statistics – United States Department of Justice, Washington D.C. 1996
Fröhlich-Gildhoff, K.: »Gewalt begegnen. Konzepte und Projekte zur Prävention und Intervention«, Kohlhammer, Stuttgart 2006
Fromm R.: »Digital spielen – real morden?«, Marburg, Schüren-Verlag 2003
Funk, J. B.: »Aggression and psychopathology in adolescents with a preference for violent electronic games«, in: Aggressive Behavior, 28, 2002, S. 134–144

Gabler, J.: »Ultrakulturen und Rechtsextremismus. Fußballfans in Deutschland und Italien«, PapyRossa, Köln 2009
Galtung, J.: »Strukturelle Gewalt«, rororo, Reinbek bei Hamburg 1988
Garbarino, J.: »See Jane Hit. Why Girls are growing more violent and what we can do about it«, Penguin Books, New York 2006

Garofalo, J.: »Crime and the Mass Media«, in: Weiner/Zahn/Sagi (eds.): Violence, Harcourt, San Diego 1990, S. 322–327
Glaser, St./Pfeiffer, Th.: »Erlebniswelt Rechtsextremismus«, Wochenschau Verlag, Schwalbach 2007
Glatzel, J.: »Mord und Totschlag«, Kriminalistik Verlag, Heidelberg 1987
Goerdeler, J./Walkenhorst, Ph.: »Jugendstrafvollzug in Deutschland«, Forum Verlag, Mönchengladbach 2008
Greiffenhagen, M.: »Die SINUS-Studie über rechtsextremistische Einstellungen bei den Deutschen«, Rowohlt, Reinbek bei Hamburg 1982
Grimes, T./Anderson, J.A./Bergen, L.: »Media Violence and Aggression«, Sage Publications, Los Angeles 2008
Grimm, P./Rhein. S.: »Slapping, Bullying, Snuffing! Zur Problematik von gewalthaltigen und pornografischen Videoclips auf Mobiltelefonen von Jugendlichen«, Vistas, Berlin 2007
Grossman, D.: »On Killing. The Psychological Cost of Learning to Kill in War and Society«, Back Bay Books, Boston 1996
Grossman, D./Chistensen, L.W.: »On Combat. The Psychology and Physiology of Deadly Conflict in War and Peace. Third Edition«, Warrior Science Publications, Millstadt, IL 2008

Hagedorn, O.: »Mediation – durch Konflikte lotsen«, Klett, Stuttgart 2009
Hanewinkel, R./Knaack R.: »Mobbing: Gewaltprävention in Schulen in Schleswig-Holstein«, IPTS, Kronshagen 1997
Hardwick, P.J./Rowton-Lee, M.: »Adolescent Homicide: Towards Assessment of Risk«, in: Journal of Adolescence, 19, 1996, S. 263–276
Hausmanninger, Th./Bohrmann, Th. (Hrsg.): »Mediale Gewalt. Interdisziplinäre und ethische Perspektiven«, Fink, München 2002
Hayer, T./Scheithauer, H.: »Bullying«, in: Scheithauer/Hayer/Niebank (Hrsg.): Problemverhalten und Gewalt im Jugendalter, Verlag W. Kohlhammer, Stuttgart 2008, S. 37–52
Heide, K.M.: »Why Kids Kill Parents: Child Abuse and Adolescent Homicide«, Ohio State University Press, Columbus, OH 1995
Heide, K.M.: »Juvenile Homicide in America: How Can We Stop the Killing?«, in: Behavioral Sciences and the Law, 15, 1997, S. 203–220
Heide, K.M.: »Young Killers. The Challenge of Juvenile Homicide«, Sage Publications, London 1999
Heinke, D.: »Tottreten – eine kriminalwissenschaftliche Untersuchung«, Pabst Science Publishers, Lengerich 2010

Heinz, W.: »Kriminelle Jugendliche – gefährlich oder gefährdet?«, UvK, Konstanz 2006
Heitmeyer, W./Peter, J.-I.: »Jugendliche Fußballfans«, Juventa, Weinheim 1988
Heitmeyer, W./Hagan, J.: »Internationales Handbuch der Gewaltforschung«, Westdeutscher Verlag, Wiesbaden 2002
Heitmeyer, W./Schröttle, M.(Hrsg.): »Gewalt: Beschreibungen, Analysen, Prävention«, Bundeszentrale für politische Bildung, Bonn 2006
Hilgers, J./Erbeldinger, P.: »Gewalt auf dem Handy-Display. Lebenswelten und Motive von sogenannten ›Happy slappern‹«. In: merz, Medien und Erziehung, Zeitschrift für Medienpädagogik, 1, 2008
Hinduja, S./Patchin, J. W.: »Bullying Beyond the Schoolyard: Preventing, and Responding to Cyberbullying«, Sage Publications, Thousand Oaks, CA 2009
Hirschi, T./Laub, J. H: »Craft of Criminology: Selected Papers«, Transaction, New Brunswick 2002
Hirschi, T.: »Causes of Delinquency«, Transaction, New Brunswick 2002
Hobsbawn, E.: »Das Zeitalter der Extreme: Weltgeschichte des 20. Jahrhunderts«, dtv, München 1998
Hobsbawn, E.: »Gefährliche Zeiten. Ein Leben im 20. Jahrhundert«, dtv, München 2006
Hoffmann, D.: »Attraktion und Faszination Medien. Jugendliche Sozialisation im Kontext von Individualisierung und Modernisierung«, Lit-Verlag, Münster 2002
Hoffmann, J.: »Amok – ein neuer Blick auf ein altes Phänomen«. In: Lorei (Hrsg.) Polizei & Psychologie. Kongressband der Tagung ›Polizei & Psychologie‹ am 18. und 19. März 2003 in Frankfurt am Main, Polizeiwissenschaft, Frankfurt 2003, S. 397–414
Hoffmann, J./Wondrak, I. (Hrsg.): »Umgang mit Gewalttätern«, Polizeiwissenschaft, Frankfurt a. M. 2009
Hole, G.: »Fanatismus«, Psychosozial Verlag, Gießen 2004
Holinger, P. C./Offer, D./Barter, J./Bell, C.: »Suicide and Homicide Among Adolescents«, Guilford Press, New York 1994
Holtappels, H. G./Heitmeyer, W./Melzer, W./Tillmann, K. J. (Hrsg.): »Forschung über Gewalt an Schulen«, Juventa, Weinheim 2008
Howell, J. C.: »Juvenile Justice & Youth Violence«, Sage Publications, London 1997
Hurrelmann, K./Bründel, H.: »Gewalt an Schulen«, Beltz Verlag, Weinheim 2007

Illi, M.: »Hooliganismus in der Schweiz – Erscheinungsformen und Ursachen«, unveröffentlichte Lizentiatsarbeit der Philosophischen Fakultät an der Universität Zürich 2004

Imbusch, P.: »Der Gewaltbegriff«, in: Heitmeyer/Hagan (Hrsg.): Internationales Handbuch der Gewaltforschung. Westdeutscher Verlag, Wiesbaden 2002, S. 26–57

Jaishankar, K./Shariff, S.: »Cyber Bullying: A Transnational Perspective«, in: Schmalleger/Pittaro (eds.): Crimes of the internet, Prentice Hall, Upper Saddle River, NJ 2008, S. 66–83

Jamison, K. R.: »Wenn es dunkel wird. Zum Verständnis des Selbstmordes«, BTV, Berlin 2002

Jaschke, H.-G.: »Politischer Extremismus«, Verlag für Sozialwissenschaften, Wiesbaden 2006

Jonas, K. J./Boos, M./Brandstätter, V.: »Zivilcourage trainieren. Theorie und Praxis«, Hogrefe, Göttingen 2007

Jones, G.: »Kinder brauchen Monster. Vom Umgang mit Gewaltphantasien«, Ullstein, Berlin 2005

Josephs, R. A./Markus, H. R. et al.: »Gender and self-esteem«, in: Journal of Personal and Social Psychology, 63 (3), 1992, S. 391–401

Jugert, G./Rehder, A./Notz, P./Petermann, F.: »Soziale Kompetenz für Jugendliche. Grundlagen, Training und Fortbildung«, 5. Auflage, Juventa, Weinheim 2007

Jugert, G./Rehder, A./Notz, P./Petermann, F.: »Fit for Life: Module und Arbeitsblätter zum Training sozialer Kompetenz für Jugendliche«, Juventa, Weinheim 2010

Kahlert, Th.: »Zur sozialen und persönlichen Entwicklung jugendlicher und heranwachsender Tötungsdelinquenten«, Dissertation: Uni Tübingen 1978

Kassis, W.: »Wie kommt die Gewalt in die Jungen«, Haupt, Bern 2003

Katz, J.: »Seductions of Crime. Moral and Sensual Attractions in Doing Evil«, Basic Books, New York 1988

Keeley, L. H.: »War before civilization«, Oxford University Press, Oxford 1997

Keppler, A.: »Mediale Gegenwart. Eine Theorie des Fernsehens am Beispiel der Darstellung von Gewalt«, Suhrkamp, Frankfurt a.M. 2006

Kernberg, O. F.: »Borderline-Störungen und pathologischer Narzissmus«, Suhrkamp, Frankfurt a.M. 1983

Kersten, J.: »Junge Männer und Gewalt«, in: Neue Kriminalpolitik, 7, 1995, S. 22–27

Kersten, J.: »Sichtbarkeit und städtischer Raum. Jugendliche Selbstinszenierung, Männlichkeit und Kriminalität«, in: Breyvogel (Hrsg.): Stadt, Jugendkulturen und Kriminalität, Dietz, Bonn 1998, S. 112–128

Kiefer, M.: »Islamischer, islamistischer oder islamisierter Antisemitismus?« Welt des Islams, 46, 2006, S. 277–306

Kirsch, A.: »Gewalt bei sportlichen Großveranstaltungen«, Europäischer Verlag der Wissenschaften, Frankfurt a.M. 2000

Kirsh, St.: »Children, adolescents, and media violence: A critical look at the research«, Sage Publications, Thousand Oaks, CA 2006

Klärner, A./Kohlstruck, M. (Hrsg.): »Moderner Rechtsextremismus in Deutschland«, Hamburger Edition, Hamburg 2006

Klees, R. u.a.: »Mädchenarbeit. Praxishandbuch für die Jugendarbeit. Teil 1«, 6. Auflage, Juventa, Weinheim 2007

Koslowski, R.: »Die Kriminologie der Tötungsdelikte«, Europäischer Verlag der Wissenschaften, Frankfurt a.M. 1999

Kowalski, R./Limber, S.: »Electronic bullying among school-aged children and youth«, in: Journal of Adolescent Health, 41, 2007, S. 22–30

Kowalski, R./Limber, S./Agatston, P.: »Cyberbullying«, Blackwell, Oxford 2008

Kraft, E.: »Cyber bullying: A worldwide trend of misusing technology to harass others«, In: The Internet Society II: Advances in Education, Commerce & Governance, 36, 2006, S. 155–166.

Kraft, U./Köhler, D./Hinrichs, G.: »Risiko- und Schutzfaktoren bei jungen Straftätern«, Polizeiwissenschaft, Frankfurt a.M. 2008

Kreuzer, M./Geiger-Battermann, B.: »Gewalt ist auch weiblich. Band 1: Gladbacher Gewaltstudie«, Schriftenreihe des Fachbereiches Sozialwesen an der Hochschule Niederrhein, Mönchengladbach 2008

Kreuzer, M./Geiger-Battermann, B.: »Gewalt ist auch weiblich. Band 2: Analysen – Hintergründe – Interventionen«, Schriftenreihe des Fachbereiches Sozialwesen an der Hochschule Niederrhein, Mönchengladbach 2009

Krowatschek, D./Theiling, U.: »Wenn mir eine dumm kommt schlag ich zu. Gewalt und Aggression bei Mädchen«, Kreuz, Stuttgart 2008

Kunczik, M./Zipfel, A.: »Gewalt und Medien. Ein Studienhandbuch«, Bohlau, Köln 2006

Labuhn, A. S.: »Zivilcourage: Inhalte, Determinanten und ein erster empirischer Zugang«, Polizeiwissenschaft, Frankfurt a.M. 2004

Lämmer, M.: »Zum Verhalten von Zuschauern bei Wettkämpfen in der griechischen Antike«. In: Spitzer/Schmidt (Hrsg.): Sport zwischen Eigenständigkeit und Fremdbestimmung, Bonn 1986, S. 75–85

Lamparter, U.: »Zur Psychodynamik von Tötungsdelikten Jugendlicher und Heranwachsender«, Dissertation: Uni Tübingen 1978

Langer, J.: »Auf Leben und Tod. Suizidalität bei Jugendlichen als Herausforderung für die Schulseelsorge«, Peter Lang, Frankfurt a.M. 2001

Laubenthal, K.: »Gefangensubkulturen«, in: Aus Politik und Zeitgeschichte, 7, 2010, S. 34–39

Lempp, R.: »Jugendliche Mörder. Eine Darstellung an 80 vollendeten und versuchten Tötungsdelikten von Jugendlichen und Heranwachsenden«, Verlag Hans Huber, Bern 1977

Lempp, R.: »Zur Psychopathologie scheinbar unverständlicher Tötungsdelikte von Jugendlichen und Heranwachsenden«, in: Kerner/Kaiser (Hrsg.): Kriminalität. Persönlichkeit, Lebensgeschichte und Verhalten, Springer, Berlin 1990, S. 265–273

Lempp, R.: »Jugendliche Mörder«, in: Haessler u.a. (Hrsg.): Forensische Kinder-, Jugend- und Erwachsenenpsychiatrie, Schattauer, Stuttgart 2003, S. 50–60

Lempp, R.: »Das Kind im Menschen. Über Nebenrealitäten und Regression – oder: Warum wir nie erwachsen werden«, Klett-Cotta, Stuttgart 2003

Lempp, R.: »Nebenrealitäten: Jugendgewalt aus Zukunftsangst«, Polizeiwissenschaft, Frankfurt a.M. 2009

Lewis, D. O./Moy, E./Jackson, L. et al.: »Biopsychosocial Characteristics of Children who Later Murder: A Prospective Study«, in: American Journal of Psychiatry, 142, 1985, S. 1161–1167

Lewis, D. O.: »Intrinsic and Environmental Characteristics of Juvenile Murderers«, in: Journal of the American Academy of Child and Adolescent Psychiatry, 27, 1988, S. 582–587

Lewis, D. O./Yeager, C./Lovely, R. et al.: »A Clinical Follow-up of Delinquent Males: Ignored Vulnerabilities, Unmet Needs, and the Perpetuation of Violence«, in: Journal of the American Academy of Child and Adolescent Psychiatry, 33, 1994, S. 518–528

Lewis, D. O.: »Guilty by Reason of Insanity. A Psychiatrist Explores the Minds of Killers«, Fawcett-Columbine, New York 1998

Leymann, H.: »Mobbing: Psychoterror am Arbeitsplatz und wie man sich dagegen wehren kann«, rororo, Reinbek bei Hamburg 1993

Li, Q.: »Cyberbullying in Schools. A Research of Gender Differences«, in: School Psychology International, 27 (2), 2006, S. 157–170
Li, Q.: »New bottle but old wine: A research of cyberbullying in schools«, in: Computers in Human Behaviour, 23 (4), 2007, S. 1777–1791.
Littmann, E./Potschulat, B./Szewczyk, H.: »Ergebnisse forensisch-psychologisch-psychiatrischer Begutachtungen von 63 jugendlichen Tötungsdelinquenten (aus der ehemaligen DDR)«, in: Monatsschrift für Kriminologie und Strafrechtsreform, 76 (1), 1993, S. 17–32
Loper, A. B./Cornell, D. G.: »Homicide by Adolescent Girls«, in: Journal of Child and Family Studies, 5, 1996, S. 323–336
Lösel, F./Bliesener, Th./Fischer, Th./Pabst, M.: »Hooliganismus in Deutschland«, Bundesministerium des Innern, Berlin 2001
Lösel, F./Bliesener, Th.: »Aggression und Delinquenz unter Jugendlichen«, Luchterhand, München 2003
Lowenstein, L. F.: »Why Children Kill«, in: Contemporary Review, 264, 1994, S. 88–90
Luckenbill, D. F.: »Criminal Homicide as a Situated Transaction«, in: Weiner/Zahn/Sagi (eds.): Violence, Harcourt, San Diego 1990, S. 59–65
Lünse, D./Rohwedder, J./Baisch, V.: »Zivilcourage. Anleitung zum kreativen Umgang mit Konflikten und Gewalt«, 3. überarb. Auflage, Agenda, Münster 2001

Maines, B./Robinson, G.: »Crying for Help. The No Blame Approach to Bullying«, Lucky Duck, London 1997
Malmquist, C. P.: »Homicide. A Psychiatric Perspective«, American Psychiatric Press, Washington/London 1996
Mansel, J.: »Angst vor Gewalt. Eine Untersuchung zu jugendlichen Tätern und Opfern«, Juventa, Weinheim 2001
Marneros, A.: »Blinde Gewalt. Rechtsradikale Gewalttäter und ihre Opfer«, Scherz, Frankfurt a.M. 2005
Martin, L. R./Martin, P.: »Gewalt in Schule und Erziehung«, Klinkhardt, Bad Heilbrunn 2003
Maxson, Ch. L./Klein, M. W.: »Defining Gang Homicide: An Updated Look at Member and Motive Approaches«, in: Huff (ed.): Gangs in America. 2nd edition, Sage Publications, London 1996, S. 3–20
McDonald, J. M.: »The Murderer and his Victim. Second Edition«, Charles C. Thomas, Springfield, IL 1986

Medienpädagogischer Forschungsverbund Südwest: JIM 2009. Jugend, Information, (Multi-) Media. Basisuntersuchung zum Medienumgang 12- bis 19-Jähriger, Stuttgart 2010

Meloy, J.R./Hempel, A.G./Mohandie, K./Shiva, A.A./Gray, B.T.: »Offender and Offense Characteristics of a Nonrandom Sample of Adolescent Mass Murderers«, in: Journal of the American Academy of Child and Adolescent Psychiatry, 40 (6), 2001, S. 719–728

Melzer, W./Schubarth, W./Ehninger, F.: »Gewaltprävention und Schulentwicklung. Analysen und Handlungskonzepte«, Klinkhardt, Bad Heilbrunn 2004

Meyer, G./Dovermann, U./Frech, S./Gugel, G. (Hrsg.): »Zivilcourage lernen. Analysen – Modelle – Arbeitshilfen«, Institut für Friedenspädagogik, Tübingen 2004

Middendorf, W.: »Kriminologie der Tötungsdelikte«, Boorberg, Stuttgart 1984

Mikos, L./Hoffmann, D./Winter, R.: »Mediennutzung, Identität und Identifikationen«, Juventa, Weinheim und München 2007

Mikos, L.: »Gewalt ist nicht gleich Gewalt. Ein Plädoyer zur Differenzierung des Gewaltbegriffs«, in: Medien Praktisch, 27 (1), 2003, S. 12–17

Miller, T.W. (eds.): »School Violence and Primary Prevention«, Springer, New York 2008

Mohandie, K.: »School Violence Threat Management«, Specialized Training Services, San Diego 2000

Moore/Petrie/Braga/McLaughlin (eds.): »Deadly Lessons. Understanding Lethal School Violence«, National Academies Press, Washington D.C. 2003

Müller, J./El Gawad, W.A.: »›Antisemitismus‹ in der arabischen Welt«, AKV Edition Hamouda, Leipzig 2008

Muncie, J.: »Youth and Crime. A Critical Introduction«, 2nd edition, Sage Publications, London 2004

Murdoch, D.: »Alcohol and crimes of violence: Present issues«, in: International Journal of the Addictions, 25 (9), 1990, S. 1065–1081

Musolff, C./Hoffmann, J. (Hrsg.): »Täterprofile bei Gewaltverbrechen«, 2. Auflage, Springer Medizin Verlag, Heidelberg 2006

Myers, W.C.: »What Treatments Do We Have for Children and Adolescents Who Have Killed?«, in: Bulletin of the American Academy of Psychiatry & Law, 20, 1992, S. 47–58

Myers, W.C./Scott, K./Burgess, A.W. et al.: »Psychopathology, Biopsychosocial Factors, Crime Characteristics and Classification of 25

Homicidal Youth«, in: Journal of the American Academy of Child and Adolescent Psychiatry, 34 (11), 1995, S. 1483–1489

Newman, K. S./Fox C./Harding, D. J./Mehta, J./Roth, W.: »Rampage. The social roots of school shootings«, Basic Books, New York 2004
Nolting, H.-P.: »Lernfall Aggression«, Rowohlt, Reinbek bei Hamburg 2005

O'Toole, M. E.: »The School Shooter: A Threat Assessment Perspective«, FBI Academy, Quantico, VA 1999
Oerter, R./Montada, L.: »Entwicklungspsychologie«, 6. Auflage, Beltz Psychologie Verlags Union, Weinheim 2008
Ogilvie, E.: »Cyberstalking«, Crime & Justice International, 17 (50), 2001, S. 26–29.
Ohder, C.: »Gewalt durch Gruppen Jugendlicher. Eine empirische Untersuchung am Beispiel Berlins«, Hitit, Berlin 1992
Olweus, D.: »Gewalt in der Schule«, Hans Huber Verlag, Bern 2006
Orvin, G. H.: »Understanding the Adolescent«, American Psychiatric Publishing, Washington D.C. 1996
Otto, I.: »Aggressive Medien. Zur Geschichte des Wissens über Mediengewalt«, Transkript Verlag, Bielefeld 2008

Palfrey, J./Gasser, U.: »Generation Internet«, Carl Hanser Verlag, München 2008
Petermann, F./Petermann, U.: »Training mit Jugendlichen: Aufbau von Arbeits- und Sozialverhalten«, Hogrefe, Göttingen 2007
Peucker, Ch./Gaßebner, M./Wahl, K.: »Analyse polizeilicher Ermittlungsakten zu fremdenfeindlichen, antisemitischen und rechtsextremistischen Tatverdächtigen«, in: Wahl (Hrsg.): Fremdenfeindlichkeit, Antisemitismus, Rechtsextremismus – Drei Studien zu Tatverdächtigen und Tätern, Bundesministerium des Innern 2001
Pfahl-Traughber, A.: »Die Autonomen – Portrait einer linksextremistischen Subkultur«, in: Aus Politik und Zeitgeschichte, 9–10, 1998, S. 36–46
Pietraß M.: »Bild und Wirklichkeit. Zur Unterscheidung von Realität und Fiktion bei der Medienrezeption«, Leske und Budrich, Opladen 2003
Pilz, G. A.: »›Tatort Stadion‹ – Wandlungen der Zuschauergewalt«, in: Landeszentrale für politische Bildung BW: Der Bürger im Staat, Fußball und Politik, 1/2006
Pilz, G. A./Wölki-Schuhmacher, F.: »Übersicht über das Phänomen

der Ultrakultur in den Mitgliedstaaten des Europarates im Jahre 2009«, Expertise für den Europarat. Leibniz Universität Hannover: Institut für Sportwissenschaft 2010

Pincus, J. H.: »Base Instincts. What Makes Killers Kill?«, Norton & Compagny, New York 2001

Popp, U.: »Geschlechtersozialisation und schulische Gewalt«, Juventa, München 2002

Przemeck, E.: »Schule und das Lions Quest Programm ›Erwachsen werden‹«, Cuvillier, Göttingen 2008

Putallaz, M./Bierman, K. (eds.): »Aggression, Antisocial Behavior, and Violence among Girls. A Developmental Perspective«, Guilford Press, New York 2005

Quandt, T./Wimmer, J./Wolling, J. (Hrsg.): »Die Computerspieler. Studien zur Nutzung von Computergames«, VS Verlag für Sozialwissenschaften, Wiesbaden 2009

Raithel, J./Mansel, J.: »Kriminalität und Gewalt im Jugendalter: Hell- und Dunkelfeldbefunde im Vergleich«, Juventa, Weinheim 2003

Ransch-Trill, B.: »Phantasie. Welterkenntnis und Welterschaffung. Zur philosophischen Theorie der Einbildungskraft«, Bouvier, Bonn 1996

Raskauskas, J./Stoltz, A.: »Involvement in traditional and electronic bullying among adolescents«, in: Developmental Psychology, 43 (3), 2007, S. 564–575

Reik, Th.: »In Gedanken töten«, Kindler, München 1981

Ressler, R. K./Burgess, A. W./Douglas, J. E.: »Sexual Homicide. Patterns and Motives«, The Free Press, New York 1996

Richard, B./Grünwald, J./Recht, M.: »Happy Slapping: Medien- und bildanalytische Sicht eines aktuellen Phänomens«, in: Scheithauer/Hayer/Niebank (Hrsg.): Problemverhalten und Gewalt im Jugendalter, Verlag W. Kohlhammer, Stuttgart 2008, S. 72–85

Rieker, P.: »Rechtsextremismus: Prävention und Intervention«, Juventa, Weinheim 2009

Robertz, F. J.: »School Shootings. Über die Relevanz der Phantasie für die Begehung von Mehrfachtötungen durch Jugendliche«, Polizeiwissenschaft, Frankfurt a.M. 2004

Robertz, F. J.: »Todbringende Phantasien. Amokläufer auf der Suche nach dem Guten und Bösen«, in: Gehirn und Geist, 06, 2007, S. 29–34

Robertz, F. J. (Hrsg.): »Gewaltphantasien«: Polizeiwissenschaft, Frankfurt a.M. 2010

Robertz, F. J./Wickenhäuser, R.: »Der Riss in der Tafel. Amoklauf und schwere Gewalt in der Schule«, 2. Auflage, Springer Medizin Verlag, Heidelberg 2010
Robertz, F. J./Wickenhäuser, R.: »Orte der Wirklichkeit. Gefahren in medialen Lebenswelten Jugendlicher«, Springer Medizin Verlag, Heidelberg 2010
Robertz, F. J./Steffes-enn, R.: »Training von Empathie und Gewaltverzicht. Neue Wege in der praktischen Arbeit mit Gewalttätern«, Polizeiwissenschaft, Frankfurt a.M. (erscheint 2011)
Rohmann, G. (Hrsg.): »Krasse Töchter. Mädchen in Jugendkulturen«, Archiv der Jugendkulturen, Berlin 2007
Rowley, J. C./Ewing, C. P./Singer, S. I.: »Juvenile Homicide: The Need for an Inderdisciplinary Approach«, in: Behavioral Sciences and the Law, 5 (1), 1987, S. 1–10
Russel, D. H.: »Girls Who Kill«, in: International Journal of Offender Therapy and Comparative Criminology, 30, 1986, S. 171–176

Sachs, J.: »Checkliste Jugendgewalt«, Orell Füssli, Zürich 2009
Santtila, P./Haapasalo, J.: »Neurological and Psychological Risk Factors Among Young Homicidal, Violent, and Nonviolent Offenders in Finland«, in: Homicide Studies, 1 (3), 1997, S. 234–253
Schauer, H. »US Rangers: Geschichte einer Elitetruppe«, Motorbuch, Stuttgart 2002
Scheithauer, H./Hayer, T./Petermann, F.: »Bullying unter Schülern: Erscheinungsformen, Risikobedingungen und Interventionskonzepte«, Hogrefe Verlag, Göttingen 2003
Schnack, D./Neutzling, R.: »Kleine Helden in Not. Jungen auf der Suche nach Männlichkeit«, Rowohlt, Reinbek bei Hamburg 2000
Schröder, M./Schwanebeck, A.: »Schlagkräftige Bilder. Jugend, Gewalt, Medien«, Verlag Reinhard Fischer, München 2008
Schubarth, W.: »Gewalt und Mobbing an Schulen: Möglichkeiten der Prävention und Intervention«, Kohlhammer Verlag, Stuttgart 2009
Schubarth, W.: »Gewaltprävention in Schule und Jugendhilfe: Theoretische Grundlagen, Empirische Ergebnisse, Praxismodelle«, Luchterhand, Köln 2004
Schuster, B./Kuhn H.-P./Uhlendorff, H. (Hrsg.): »Entwicklung in sozialen Beziehungen. Heranwachsende in ihrer Auseinandersetzung mit Familie, Freunden und Gesellschaft«, Lucius, Stuttgart 2005
Schwarzmeier, J.: »Die Autonomen zwischen Subkultur und sozialer Bewegung«, Books on Demand, Norderstedt 2001

Seaton, J.: »Carnage and the media. The making and breaking of news about violence«, Allen Lane, London 2005
Sewell, K. W./Mendelsohn, M.: »Profiling potentially violent youth: Statistical and methodological problems«, Childrens Services: Social Policy, Research, and Practice, 3, 2000, S. 147–169
Shariff, S.: »Cyber-Bullying. Issues and solutions for the school, the classroom and the home«, Routledge, London 2008
Shariff, S.: »Confronting Cyber-Bullying«, University Press, Cambridge 2009
Sherman, L. W.: »Thinking About Crime Prevention«, in: Sherman/Gottfredson et al. (eds.): Preventing Crime. What Works, What Doesn't, What's Promising, University of Maryland: Department of Criminology and Criminal Justice, 1997, S. 31–60
Sherman, L. W./Farrington, D. P./Welsh, B. C./Layton MacKenzie, D. (Hrsg.): »Evidence-Based Crime Prevention. Revised edition«, Routledge, New York 2006
Shoemaker, D. J.: »Theories of Delinquency. Sixth edition«, Oxford University Press, New York/Oxford 2009
Siegel, L. J.: »Criminology. Ninth Edition«, Weat Publishing, Minneapolis/St. Paul 2006
Sielert, U./Klees, R. et al.: »Praxishandbuch für die Jugendarbeit. Gesamtwerk 2 Bände«, Juventa, Weinheim 2007
Silkenbeumer, M.: »Biografische Selbstentwürfe und Weiblichkeitskonzepte aggressiver Mädchen und junger Frauen«, Lit Verlag, Berlin 2007
Simon, F. B.: »Tödliche Konflikte«, 2. Auflage, Carl-Auer-Systeme, Heidelberg 2004
Simons, D.: »Tötungsdelikte als Folge misslungener Problemlösungen«, Verlag für Angewandte Psychologie, Stuttgart 1988
Slater, M. D.: »Alienation, aggression, and sensation seeking as predictors of adolescent use of violent film, computer, and website content«, in: Journal of Communication, 53, 2003, S. 105–121
Slater, M. D.: »Violent media content and aggressiveness in adolescents«, in: Communication Research, 30, 2003, S. 713–736
Slonje, R./Smith, P. K.: »Cyberbullying: Another main type of bullying?«, in: Scandinavian Journal of Psychology, 49, 2008, S. 147–154
Sommerey, M.: »Die Jugendkultur der Ultras: Zur Entstehung einer neuen Generation von Fußballfans«, Ibidem, Stuttgart 2010
Sorrells, J. M.: »What Can Be Done about Juvenile Homicide?«, in: Crime & Delinquency, 26, 1980, S. 152–161

Spröber, N./Schlottke, P./Hautzinger, M.: »Bullying in der Schule. Das Präventions- und Interventionsprogramm ProACT+E«, Beltz Verlag, Weinheim 2008

Steinberg, G.: »Das Netzwerk des islamistischen Terrorismus: Der nahe und der ferne Feind«, Beck, München 2006

Stephens, R. D.: »The National School Safety Center's Report on School Associated Violent Deaths«, National School Safety Center, Westlake Village 2002

Strehlow, U./Piesiur-Strehlow, B./Müller-Küppers, M.: »Tötungsdelikte Jugendlicher und Heranwachsender aus der Sicht des jugendpsychiatrischen Gutachters«, in: Zeitschrift für Kinder- und Jugendpsychiatrie, 16, 1988, S. 80–86

Streib, V. L.: »Sentencing Juvenile Murderers: Punish the Last Offender or Save the Next Victim?«, in: University of Toledo Law Review, 26, 1995, S. 765–786

Surette, R.: »Self-Reported Copycat Crime Among a Population of Serious and Violent Juvenile Offenders«, in: Crime & Delinquency, 48, 2002, S. 46–69

Sutterlüty, F.: »Gewaltkarrieren. Jugendliche im Kreislauf von Gewalt und Missachtung«, Campus, Frankfurt a.M./New York 2002

Thompson, S./Kyle, K.: »Understanding mass school shootings. Links between personhood and power in the competitive school environment«, in: Journal of Primary Prevention, 26, 2005, S. 419–438

Tillmann, K.-J./Holler-Nowitzki, B./Holtappels, H.G./Meier, U./Popp, U.: »Schülergewalt als Schulproblem«, 2. Auflage, Juventa, Weinheim 2000

Tittle, Ch. R.: »Control Balance: Toward a General Theory of Deviance«, Westview Press, Boulder 1995

Toupin, J./Morissette, L.: »Juvenile Homicide: A Case Control Study«, in: Medicine and Law 9 (3), 1990, S. 986–994

Trotha, T. von (Hrsg.): »Soziologie der Gewalt«, Westdeutscher Verlag, Opladen 1997

Verlinden, S./Hersen, M./Thomas, J.: »Risk factors in school shootings«, in: Clinical Psychology Review, 20, 2000, S. 3–56

Vito, G./Maahs, J./Holmes, R. M.: »Criminology. Theory, Research and Policy. 2nd edition«, Jones and Bartlett Publishers, Sudbury/MA 2006

Volbert, R.: »Tötungsdelikte im Rahmen von Bereicherungstaten: Lebensgeschichtliche und situative Entstehungsbedingungen«, Fink, München 1992

Vossekuil, B./Reddy, M./Fein, R.: »Safe School Initiative. An Interim Report on the Prevention of Targeted Violence in Schools«, US Secret Service, Washington D.C. 2000
Vossekuil, B./Fein, R. A./Reddy, M./Borum, R./Modzeleski, W.: »The Final Report and Findings of the Safe School Initiative: Implications for the Prevention of School Attacks in the United States«, US Secret Service und US Dept. of Education, Washington D.C. 2002

Wahl, K.: »Aggression und Gewalt. Ein biologischer, psychologischer und sozialwissenschaftlicher Überblick«, Spektrum Akademischer Verlag, Heidelberg 2009
Walkenhorst, P.: »Jugendstrafvollzug«, in: Aus Politik und Zeitgeschichte, 7, 2010, S. 22–28
Weaver, C. K./Carter, C.: »Critical Readings: Violence and the Media«, McGraw-Hill, Columbus 2006
Webber, J. A.: »Failure to Hold. The Politics of School Violence«, Rowman & Littlefield, Lanham 2003
Weigelt, I.: »Die Subkultur der Hooligans. Merkmale. Probleme, Präventionsansätze«, Tectum, Marburg 2004
Weiher, R.: »Vollendete Tötungsdelikte. Eine interdisziplinäre Studie unter besonderer Berücksichtigung soziologischer, viktimologischer und kriminalpädagogischer Aspekte«, Brockmeyer-Dissertation, Bochum 1989
Weinert, Th.: »Aggression und Depression: Eine mehrdimensionale Untersuchung an kindlichen und jugendlichen Tötungsdelinquenten«, Vandenhoek & Ruprecht, Göttingen 1976
Welsh, B. C./Farrington, D. P.: »Preventing Crime: What Works for Children, Offenders, Victims and Places«, 2. Auflage, Springer, Berlin 2007
Wetzstein, Th./Erbeldinger, P./Hilgers, J./Eckert, R.: »Jugendliche Cliquen. Zur Bedeutung der Cliquen und ihrer Herkunfts- und Freizeitwelten«, VS Verlag, Wiesbaden 2005
Wickenhäuser, Ruben Philipp: »Jugger. Endzeit-Sport als Jugendkultur?«, Archiv der Jugendkulturen, Berlin 2010
Widom, C. S.: »Does Violence Beget Violence? A Critical Examination of the Literature«, in: Psychological Bulletin 106 (1), 1989, S. 3–28
Willard, N.: »Cyberbullying and Cyberthreats«, Center for Safe and Responsible Internet Use, Eugene/OR 2006
Wilmers, N./Enzmann, D./Schaefer, D. u. a.: »Jugendliche in Deutschland zur Jahrtausendwende: Gefährlich oder gefährdet? Ergebnisse wiederholter Dunkelfelduntersuchungen zu Gewalt und Krimina-

lität im Leben junger Menschen 1998–2000«, Nomos, Baden-Baden 2002
Wolfe, D./Wekerle, C./Scott, K.: »Alternatives to Violence. Empowering Youth to Develop Healthy Relationships«, Sage Publications, Thousand Oaks, CA 1997
Wyn, J./White, R.: »Rethinking Youth«, Sage Publications, London 1997

Zagar, R./Arbit, J./Sylvies, R.et al.: »Homicidal Adolescents: A Replication«, in: Psychological Reports, 67, 1990, S. 1235–1242
Zeltwanger, W.: »Die Motive bei Tötungsdelikten Jugendlicher und Heranwachsender. Eine auslesefreie Untersuchung aus jugendpsychiatrisch-forensischer Sicht«, Dissertation: Uni-Tübingen 1989
Zimbardo, Ph.: »Der Luzifer-Effekt. Die Macht der Umstände und die Psychologie des Bösen«, Spektrum Akademischer Verlag, Heidelberg 2008